KB041953

알랭 바디우

올리버 펠섬 지음
박성훈 옮김

LIVE THEORY

알랭 바디우

초판 1쇄 발행 2022년 4월 15일

지은이 올리버 펠섬
옮긴이 박성훈

펴낸이 김현태
펴낸곳 책세상

등록 1975년 5월 21일 제2017-000226호
주소 서울시 마포구 잔다리로 62-1, 3층(04031)
전화 02-704-1251
팩스 02-719-1258
이메일 editor@chaeksesang.com
광고·제휴 문의 creator@chaeksesang.com
홈페이지 chaeksesang.com
페이스북 /chaeksesang 트위터 @chaeksesang
인스타그램 @chaeksesang 네이버포스트 bkworldpub

ISBN 979-11-5931-830-6 94100
      979-11-5931-829-0 (세트)

◆ 잘못되거나 파손된 책은 구입하신 서점에서 교환해드립니다.
◆ 책값은 뒤표지에 있습니다.

알랭 바디우

올리버 펠섬 지음
박성훈 옮김

LIVE
THEORY

Alain
Badiou

차례

약어 목록

이 책의 본문에서는 바디우의 글이나 책들을 나타내기 위해 다음의 약어들을 사용할 것이다.

BE   《존재와 사건Being and Event》

CM   《모델의 개념Le concept de modèle》

CT   《이행적 존재론 소고Court traité d'ontologie transitoire》

DI   《이데올로기에 대하여De l'idéologie》

LM   《세계의 논리Logiques des mondes》

MM   〈흔적과 결여Marque et Manque〉

PP   《정치는 사유될 수 있는가Peut-on penser la politique?》

RM   〈유물론적 변증법의 (재)시작Le (Re)commencement de la
       dialectique matérialiste〉

SI   〈무한소적 전복La subversion infinitesimale〉

TC   《모순의 이론Théorie de la contradiction》

TS   《주체의 이론Théorie du sujet》

TW   《이론적 저술들Theoretical Writings》

LIVE THEORY

알랭 바디우

Alain Badiou

일러두기

1 각주는 모두 옮긴이 주다.
2 원문의 이탤릭체는 고딕체로, 대문자는 볼드체로 표시했다.
3 [ ] 안의 내용은 저자가, 〔 〕 안의 내용은 옮긴이가 쓴 것이다.
4 단행본은 겹화살괄호(《 》), 논문과 회화 작품은 홑화살괄호 (〈 〉)로 묶었다.

1장

알튀세르주의 시기

인식론 그리고 변화의 생산

서론

> "세계는 밑바닥부터 바뀌게 될 것이다."
> '인터내셔널가' 프랑스어판

1968년 5월 초였다. 이날은 루앙의 한 고등학교에서 철학을 가르치는 알랭 바디우라는 이름의 교사가 명망 높은 고등사범학교École Normale Supérieure에서 루이 알튀세르가 개최한 철학 및 과학 관련 세미나에서 맡기로 한 강의의 두 번째 부분을 진행하기로 예정되어 있었다.[1] 300명이 넘는 세미나 청중 중에는 자크 랑시에르와 에티엔 발리바르, 프랑수아 레뇨, 피에르 마슈레 등도 있었다. 바디우의 강의 첫 부분은 인공두뇌학cybernetics 및 구조주의에 함유된 실증주의적 인식론에 대한 통렬한 비판과 수학적 모델 개념에 기초한 조심스러운 카르나프Rudolf Carnap 분석으로 이루어진 것이었는데, 이 부분의 논의는 이미 앞서 전달되고 난 이후였다. 동료들은 단지 모델 개념에 대한 완전한 증명만이 아니라, 그 세미나의 보다 큰 관심사―과학과 이데올로기의 구분, 새로운 지식의 출현 문제—와 관련해 모델 개념이 갖는 중요성에 대한 설명이 제시되기를 기다리고 있었다. 그러나 〔이 날 진행되었어야 할〕바디우의 두 번째 강의는 연기되었다. 학생들은 거리로 뛰쳐나갔고, 보도블록이 날아다니기 시작했으며, 알제리 전쟁에 반대하는 시위를 통해 이미 경험을 쌓은 활동가 바디우는 고등사범학교의 일부를 점거하는 농성에 가담했던 것이다. 그의 주된 역할은 사람들을 진정시키는 것이었는데, 여기에는 현재 파리 8대학 철학과의 중요한 노교수지만 당시에는 단호한 무정부주의자로서 정문을 때려 부수고 있던 진압경찰에게 열정적으로 타자기를 집어던진 르네 셰레르도 포함되어 있었다.[2] 누가 보기에도 라탱 지구Quartier Latin가 고요를 되찾고 고등사범학교도 정상으로 돌아갔지만 결국 바디우의 강의 시간은 다시 잡히지 않았다. 하지만 이듬해 두 강의는 문서의 형태로 다시 모습을 드러내어 마스페로 출판사에서 출간되었다. 이 출판본에는 텍스트의 '이론지상주의theoreticism'를 경고하는 〈서문〉이 달려 있고, 이를 통해 그 강의록을 "지나간 시기"에 할당하는데, 왜냐하면 이제 "우리는 더 이상 표적을 타격하지 않고 겨냥하기만 할 수는 없"게 되었기 때문이다.[3] 이 텍스트로 바디우의 초창기는 끝에 이르게 되고, 두 번째 시기인 마오주의 시기가 시작된다. 최근에야 다시 출간된 그 텍스트는 바로《모델의 개념》이라는 책이다.[4] 그 텍스트의 과녁이 바로 이 장이 다룰 첫 대상이다.

바디우의 '초기 작업'은 아래의 텍스트들로 이루어진다.

- 〈역사적 과정의 자율성L'autonomie du processus historique〉, 《카이에 마르크시스트-레니니스트Cahiers Marxistes-Léninistes》, 12~13호, 1966년 7~10월, 77~89쪽.
- 〈유물론적 변증법의 (재)시작Le (Re)commencement de la dialectique matérialiste〉, 《크리티크Critique》, 23권, 240호, 1967년 5월, 438~467쪽.
- 〈무한소적 전복La subversion infinitesimale〉, 《카이에 푸르 라날리즈Cahiers pour l'analyse》, 9호, 1968년 6월, 118~137쪽.
- 〈흔적과 결여Marque et Manque〉, 《카이에 푸르 라날리즈》, 10호, 1969년 1월, 150~173쪽.
- 《모델의 개념Le concept de modèle》, 1970.

이 목록을 완성하려면 바디우가 레몽 아롱, 조르주 캉길렘, 미셸 푸코, 장 이폴리트, 폴 리쾨르같이 당대를 선도하던 철학자들과 진행한 인터뷰를 기록한 일련의 다큐멘터리라는 대중적인 텍스트를 더해야 할 것이다.* 그리고 우리는 '모델의 개념, 영화Concept of Model, the film'라는 부제가 붙은 미셸 세르와의 약간은 대중성이 덜한 인터뷰를 덧붙여야 한다.[5] 마지막으로 이러

---

* 이 인터뷰 중 일부는 유튜브로 공개되어 있고, 녹취록은 《바디우와 철학자들: 1960년대 프랑스 철학을 묻다Badiou and the Philosophers: Interrogating 1960s French Philosophy》(trans. Tzuchien Tho & Giuseppe Bianco, Bloomsbury Academic, 2013)로 묶여 출판되었다.

한 철학적 집대성으로부터 끄집어낼 가장 중요한 것은 바디우의 초기 문학 작품이다. 아직 미숙한 25세의 청년이었던 1964년에 바디우는 첫 소설《알마게스트: 뒤집힌 궤적Almagestes: Tra-jectoire Inverse》*을 발표했으며, 이는 3년 뒤에 출판된《포르튈랑Portulans》**을 비롯하여 결국 모습을 드러내지 못한《동물우화집Bestiaires》과 함께 3부작을 이루는데, 이로부터 그의 철학적 기획 전체가 어떤 불가능한 문학적 3부작의 완성을 대신하는 대체물이 아닐까 하는 유혹적인 가설이 야기된다.[6]

이 책은 그 자체로 하나의 불가능한 대체물이다. 바디우에 대한 짧은 입문서를 표방하면서도, 그가 자신의 이름을 철학의 장에 도입하는 과정을 따라가는 방식으로 독자에게 그의 저작을 소개하고자 하는 작업이기 때문이다. 이 텍스트는 먼저―이것이 첫째 불가능성인데―간략하게 바디우 저작의 최초 맥락을 되살려내는 시도로 시작된다. 즉 역사적 유물론과 변증법적 유물론에 대한 알튀세르의 구분, 다시 말해 과학과 이데올로기에 대한 구분이라는 맥락, 그리고 고틀롭 프레게의《산술의 기초》***에 대한 자크알랭 밀레의 비판이라는 맥락을 되살려내려 한다. 하나의 긴 해설이라면 바디우의 철학적 혈통에서 사르트

---

* 알마게스트는 별자리와 별들의 운행을 보여주는 '천문도'를 뜻한다.

** 바다를 오가는 길을 나타내는 '해도'를 뜻한다.

*** 원문에는 foundation of arithematic이라는 일반적인 개념어 정도로 처리되어 있지만, 이 말은 프레게가 저술한 책 제목이기도 하다.

르와 바슐라르의 자리를 복원하고, 당대의 지배적인 지성적 운동이었던 구조주의와 그의 복잡한 관계를 재구성해야 할 것이다. 콰인이나 카르나프 같은 존경할 만한 적수들에 대한 바디우의 매우 짧은 언급은 말할 것도 없고 말이다. 그러나 당연히—이것이 둘째 불가능성인데—'긴 해설' 같은 것은 있을 수 없으며, 그저 단행본 형태의 논문들만이 있을 뿐이고, 이러한 논문이란 것은 완전히 다른 성질의 작업이다. 어떤 철학을 소개한다는 것은 가능한 한 빠르게 그 철학으로 들어가는 문을 여는 것이다. 독자가 만일 〔이 텍스트를 읽는〕 동시에 《존재와 사건L'être et L'événement》을 읽기 시작하지 않는다거나, 혹은 아직 번역되지 않은 바디우의 저작들을 읽기 위해 프랑스어 공부를 시작하지 않는다면, 이 소개서는 그 문을 여는 데 있어 충분히 빠르지 않았던 셈이다.

그러나 우리는—이것이 셋째 불가능성이다— 한 철학자의 저작을 해석하지 않은 채로 그의 저작에 대한 소개서를 저술할 수 없다. 바디우의 저작을 시기별로 구분하고, 각 시기에 특수한 기획들을 확인하여 그것들의 운명을 평가하며 알튀세르나 라캉이라는 스승들로부터 그가 떨어져 나가 독립한 시기를 지정하고, 여러 다른 시기를 통합하는 하나의 근본적인 문제틀의 존재를 상정하는 등의 이 모든 것이 바디우를 해석하는 것이며, 특정한 철학적 주제들을 선택하고 배제하는 것이다. 내가 여기서 발전시킨 해석은 바디우 저작의 각 시기—유물론적 인식론에 경도된 초기, 역사적 변증법에 중점을 두었던 마오주의적 시기, 철학과 그 조건들을 다루는 현 시기—에 대한 비교 분석을 통해 진행된다. 이 분석을 위한 실마리는 다수성에 대한 사유와 변화에 대한 사유 사이의 관계에 대한 질문이다. 하지만 이 책이 우선적으로 바디우에 대한 입문서인 이상—이것이 넷째 불가능성인데—이 책은 해석의 과제를 만족스럽게 완수할 수 없다. 이로 인해 나 자신의 개념들, 곧 내가 2장과 3장에서 소묘할 개념들의 체계화가 요구된다.

이 장에서 나는 바디우의 최초 기획들을 확인하고, 그가 어떻게 스승 알튀세르의 작업으로부터 자기 자신의 경로trajectory를 분리해내는지 설명한다. 둘째 장에서는 바디우의 마오주의적 시기를 재구성할 것이다. 셋째 장에서는 《정치는 사유될 수 있는가Peut-on penser la politique?》로 시작해 《존재와 사건》에 중심을 두고 오늘날까지 이어지고 있는 세 번째 시기를 규명하는 시도를 실행할 것이다.

바디우의 첫 번째 철학 텍스트인 《모델의 개념》의 대상으로 돌아가 이야기하자면, 이 대상에 대한 확인은 세 가지 노선의 질문에 의지하게 될 것이다. 첫째는 알튀세르의 변증법적 유물론을 사회 변화의 이론으로 파악하는 바디우의 재구성에 관한 것이며, 둘째는 알튀세르의 과학-이데올로기 구별에 대한 그의 재작업에 관한 것, 셋째는 과학적 지식에 있어서의 변화를 사유하기 위해 수학적인 모델 개념을 사용하는 그의 시험적인tentative 방식에 관한 것이다. 이 문제들 각각에서, 우리는 바디우가 자신의 논증 속에서 어떤 한 문제에 봉착하여 그것을 진단하고,

이에 대응하여 자기 경로를 변경하는 방식을 확인하게 된다.

사회 내에서의 구조적 변화

알튀세르와 마르크스주의적 사회 변화 이론

이 제한된 책의 범위 안에서, 바디우 철학의 출발점을 찾아내는 작업에 있어 가장 필수적인 텍스트는 알튀세르의 중요한 저작인 《마르크스를 위하여》와 《자본 읽기》에 대한 그의 비판적 개관일 것이다. 바디우의 글에는 〈유물론적 변증법의 (재)시작〉이라는 제목이 달렸는데, 이 글은 1967년 비평지 《크리티크》에 발표되었다. 이 텍스트의 위치를 정하기 위해, 우리는 바디우의 눈에 알튀세르의 기획 가운데 가장 중요한 것으로 보인 요소들을 제시하는 방식으로 시작해야 한다.

알튀세르 자신은—그리고 이것이 그의 기획에 대한 바디우의 재구성에서 나타나는 형식주의formalism를 설명하는 데 어느 정도 도움이 되는데—자본주의적인 생산양식 및 생산관계(노동자-관리자 관계)와 생산력(자원, 노동력, 가용 기술) 사이의 근본적 모순 같은 고전적인 마르크스주의적 개념들로부터 한 발짝 물러선 위치에서 작업한다. 알튀세르의 관점에서 이러한 용어들은 마르크스가 《자본》에서 처음으로 개시한 사회과학에, 즉 '역사적 유물론'이라고 불리는 과학에 속한다. 이 분과학은 마르크스의 발견에 의해 시작된 철학과, 즉 '변증법적 유물론'이라고 불리는 철학과 완전히 구별된다. 변증법적 유물론은 (경제적,

15

사회적, 과학적) 실천에 대한 일반이론, 즉 전체 혹은 구조에 있어서의 실제적 변화에 대한 일반이론과 관련되며, 또한 이론적 실천의 장 내부에서 나타나는 과학과 이데올로기의 구별에 관련된다. 알튀세르는 이러한 역사적 유물론과 변증법적 유물론의 차이를 이해했으며, 자신의 이론적인 혁신을 마르크스주의의 혼란스러운 상황을 명확히 하기 위해 설계된 개입으로 보았다. 니키타 흐루쇼프가 [소비에트연방 공산당] 20차 전당대회에서 스탈린을 비난한 이래, 굴라크glag*들과 개인숭배는 알튀세르의 관점에서 볼 때 마르크스에 대한 유해한 자유주의-인간주의적 해석이 만개한 귀결이었다. 이러한 수정주의와 관련하여—알튀세르가 구성원으로서 참여하고 있던—프랑스 공산당 측에서는 이론적 문제들을 논의하고 알튀세르가 조심스럽게 마르크스주의 정치의 "실천적 문제들"이라 지칭하는 사안에 대해 의문을 제기하기를 거부했다. 이런 것들이 《마르크스를 위하여》와 《자본 읽기》에 기록된 이론적, 교육적 계획의 저변에 깔린 주된 동기였다.[7]

이 텍스트들에 대한 개관에서 바디우는 알튀세르 철학에서 끝맺어지지 않은 한 가지 과제를 확인하는데, 그것은 바로 사회와 과학적 지식의 영역 내부에서 일어나는 구조적 변화에 대한 이론화였다. 바디우의 주해에 있어 핵심 텍스트가 되는 〈유물론

---

* 극동 아시아 지역에 분포하던 소련의 유형 수용소.

적 변증법에 대하여〉라는 글에서 알튀세르는 역사적 변화에 대한 마르크스주의 이론—변증법이라고도 알려진—의 구체성을 확인하고자 시도함으로써 이 과제를 시작한다. 그의 작업 가설은 마르크스주의에는 변증법에 대한 명시적인 이론적 정식화 formulation가 결여되어 있지만—달리 말해 마르크스는 결코 하나의 방법으로서의 변증법에 관한 책을 쓰지 않았지만—그럼에도 이 방법은 이미 암시적으로 《자본》과 주요 마르크스주의 정치 문서에서 작용하고 있다는 것이다.[8] 후자의 문서 중에서 그는 특정한 몇몇 서신을 고르는데, 이 서신들에서 레닌은 어떻게 마르크스의 예상과 달리 프롤레타리아 혁명이 부르주아 계급과 자본주의의 승리를 목격하지 못했던 후진국에서 일어나게 되었는지에 대한 설명을 시도한다.[9] 《공산당 선언》에 따르면 혁명이 일어나는 것은 생산관계와 생산력 사이의 모순이 악화되어 혁명이, 즉 생산수단의 소유를 집단화하는 프롤레타리아 혁명이 일어날 수 있을 정도로 양립불가능해지는 지점에 이를 때다. 이와 반대로, 마르크스의 불균등 발전unequal development이라는 개념에 기초하여, 레닌은 현실적으로 1917년의 불안정한 상황을 만들어내는 데 결정적인 역할을 맡았던 것은 단 하나의 모순이 아니라 각각이 다음 것을 강화했던 일련의 모순 전체였으며, 이것이 러시아를 제국주의 열강들로 이루어진 연쇄 중에서 자신이 "약한 고리"라는 잘 알려진 표현으로 지칭하는 것으로 만들었다고 주장한다. 알튀세르는 이 논변을 마르크스주의적 변증법과 헤겔적 변증법 사이의 차이를 보여주는 명확한 증거로 파악한다. 헤겔은—알튀세르가 바디우의 스승이었던 것처럼—마르크스의 스승이었으며, 마르크스주의적 변증법의 명시적인 정식화가 부재하는 가운데 변화의 기본 모델은—알튀세르의 시각에서—언제나 헤겔적인 것이었고, 이런 방식으로 그 기본 모델은 이론적, 정치적 문제들로 이어진다. 헤겔에 따른 변화 모델에서, 하나의 단일체unity는 서로 대립하는 계기들 또는 힘들로 나뉘며, 이에 따라 어떤 모순을 형성한다. 시간이 지남에 따라 이러한 모순적 적대antagonism는 이전의 분리를 무효로 히는negate 하나의 새로운 단일체를, 말하자면 이전 단계들에서 얻은 성질 중 일부를 보존하지만 그럼에도 새로운 어떤 것을 포함하는 단일체를 만들어낸다. 여기서 우리의 관심사는 당연히 헤겔의 변증법이 내포하는 복잡성에 충실한 태도가 아니라, 바디우의 경로가 어떤 방식으로 헤겔에 대한 알튀세르의 묘사에 영향을 받게 되는가 하는 것이다.

변화의 기원에 있어서의 단일성을 주장하는 테제를 반박하면서 알튀세르는 마르크스주의자에게 역사적 변화는 언제나 이미 주어져 있는 복합적으로 구조화된 전체의 내부에서 시작된다고 주장한다. 다음으로 통일 즉 최종적 종합으로의 회귀를 약속하는 헤겔적 모델의 목적론과는 달리, 역사적 변화의 시작은 어떤 방식으로든 그 자체의 종말의 형성을 내포하지 않는다는 주장이 이어진다. 알튀세르에게 있어 헤겔적 목적론은, '경제주의'로 알려지며 확고하게 자리 잡은 마르크스 해석을, 다시 말해 엥겔스 자신이 제2인터내셔널 기간에 맞서 싸웠던 경향을 승인

한다는 점에서, 그저 허수아비와 같은 대상이 아니라 하나의 내부적 위협이다. 경제주의는 자본주의가 일의적이고도 목적론적인 방식으로 발전한다고 주장한다. 말하자면 경제의 모순들은 어떠한 역사적 우연과 우회를 거치게 되더라도 가차 없이 프롤레타리아 혁명과 사회주의로 이어지리라는 것이다. 헤겔에 따른 변화 모델의 최종 양상은 변증법이라는 원동력, 즉 변화의 작인作因, agent 자체의 위치와 관련된다. 그것은 모든 곳에 현존하지만 어디에도 없는 것이다.[10] 이에 반해 알튀세르는 엄격하게 마르크스주의적인 변화 모델에서 변화의 원동력은 복합적인 전체에 속한 하나의 특정한 요소—따라서 사회적 변화의 사례에서는 특정한 하나의 사회적 실천—라고 규정한다. 마르크스주의자들이 헤겔의 '관념론'을 말할 때, 그들은 정확히 변화의 작인에 대한 위치지정의 불가능성을 지시하는 것이다.

그러나 헤겔적 모델은 변화의 사유에서 모습을 드러내는 유일한 경쟁자가 아니다. 또한 초월적인transcendent 변화 모델이 구성될 수 있는데, 이 모델에서는 변화의 작인과 원동력이—사회나 혹은 지식의 장을 막론하고—변화하는 어떤 것과 독립적으로 존재하거나 분리되어 나타난다. 그러한 모델은 아리스토텔레스의 《형이상학》 7권에서 건축가가 실행하는 새로운 집의 생산에 대한 분석에서 관건이 된다. 알튀세르는 추가적인 경쟁자—기계론적인mechanist 변화 모델—를 식별해내는데, 여기서도 변화는 외부적인 어떤 것의 결과로서 일어나지만, 이 경우에는 목적이 부여된 하나의 단일한 작인으로 단일화되지 않는 다수의 힘에서 온 결과다. 이와 달리 알튀세르가 규정하는 것은 하나의 내재적인immanent 모델인데, 이는 변화의 원동력이 변화를 겪고 있는 것 내부에 있다고 보는 모델이다.

바디우가 알튀세르의 이론을 재구성할 때, 변화의 내재적이고도 구체적인 작인의 위치가 하나의 중요한 관심사를 형성하는데, 그는 이를 **구조적 인과성**structural causality의 문제라고 지칭한다(RM, 449). 바디우의 또 다른 중요 관심사는 사회 전체의 일관성을 설명하는 것이다. 그가 보기에 이는 사회 변화에 대한 알튀세르의 이론에 결여되어 있으며, 말하자면 사회적 실천들의 전체성이라는 개념이 없는 것이다.

그러나 정확히 전체의 변환과 이에 따른 해체를 사유하는 것이 목적일 때 전체의 일관성에 대한 설명이 있어야 할 이유는 무엇인가? 변화를 사유하려면 우리는 그 사이에서 변화가 일어나는 두 가지 다른 지점 혹은 상황을 식별해낼 수 있어야 하는데, 그것들은 변화의 시작점이자 종료점일 것이다―하지만 반드시 그런 것은 아닌데 왜냐하면 변화는 이 두 지점 전후로 무한정 이어질 수도 있기 때문이다. 만일 그 사이에서 변화가 일어나는 두 가지 별개의 상황을 식별할 수 없다면, 우리는 두 가지 양립불가능한 테제―모든 것이 지속적으로 변화한다는 테제와 모든 것이 절대적으로 동일하다는 테제―사이에서 흔들리도록 강요될 것이다. 어떤 주어진 공간 안에 있는 모든 개별 요인이 지속적인 변이 가운데 있고 따라서 측정이 불가능하거나, 혹은 모든 요인이 완전히 정체되어 있게 되는 것이다. 하나의 구체적인 변화를 사유하려면 우리는 무엇이 변화하고 있는지 그리고 그것이 어떻게 변화하는지 확인할 수 있어야 한다. 알튀세르의 경우 그의 레닌 독해에서 관건이 되는 것은—혁명을 거쳐—자본주의 사회에서 사회주의 사회로 넘어가는 이행을 이론화하는 것이며, 따라서 그는 자본주의 사회의 일관적 구조와 함께 변화를 통해 나타나는 사회의 일관적 구조를 확인할 수 있어야 할 뿐만 아니라, 또한 변화 그 자체를 계획성 없는haphazard 다각적 사안이 아니라 하나의 일관적 과정으로 생각할 수 있어야 한다. 그렇게 하기 위해 그는 사회 변화가 몇 가지 불변항invariant을 지닌 구조 내부에서 일어난다는 가정을 경유한다. 첫째 불변항은 어떠한 사회도 주요 모순과 함께 이차적인 모순들로 구조 지어진다는 점이다.[11] 둘째 불변항은 주요 모순이 각각의 이차적인 모순들에 의해 결정되며 조건 지어진다는 점이다. 이러한 조건화conditioning가 바로 알튀세르가, 프로이트를 따라서, "과잉결정〔중층결정〕overdetermination"이라고 지칭하는 것이다. 이러한 이차적인 모순들은 종교, 이데올로기, 사법 제도, 국제 관계 및 정치 체계 내부에 존재할 수도 있다. 셋째 불변항은 주요 모순은 언제나 경제적인 것이며, 따라서 자본주의 사회들에서 그것은 자본과 노동 사이의 모순이라는 점이다. 이것이 경제에 의한 "최종 심급에서의 결정"이라는 마르크스주의적 원리를 알튀세르가 정식화하는 방식이다.[12] 레닌의 분석과 또한 마오의 고전적 시론 《모순론》에 대한 알튀세르의 독해에 따를 때, 혁명적 변화에서는 이러한 이차적 모순들이 그것들에 의한 주요 모순의 결정들

을 "응축" 혹은 "축적"시켜 "파열의 단위"를 구성하는 일이 일어난다.[13]

알튀세르의 주장은 마르크스주의 집단들에서 큰 논쟁을 야기했다. 그들의 주된 반론은, 그가 묘사하는 것처럼 결정들의 다원주의로 마르크스주의적 역사 이해의 일원론을 대체할 경우, 자본주의 발전의 근본적 법칙을, 즉 사회주의로의 이행을 보장하는 법칙을 불안정하게 만들거나 이에 의문을 불러오게 되리라는 것이었다. 알튀세르에게 있어 그러한 논변은 경제주의의 범주와 그 강고한 목적론으로 떨어지는 것이었다. 그는 마르크스의 1857년 원고 《그룬트리세》의 〈서설〉로 돌아가서, 경제주의가 여러 다양한 사회 내부에 있는 모순들의 불균등한 발전을 고려하는 데 실패했음을 보인다. 어쨌든 적어도 한 가지 층위에서 알튀세르의 비판은 상당히 정확했다. 과잉결정과 모순들의 복수성에 대한 설명은 자본주의 사회에서 사회주의 사회로의 이행이 역사적 필연이 아니라는 단순한 인식으로 귀결된다는 점에서 말이다. 더 이상 역사의 합목적성〔목적론〕teleology 같은 것은 없다. 역사적 변화가 일어난다 해도 그 변화가 더디지만 확실하게 미리 결정된 목적end이나 어떤 내부적 필연성을 실현하는 것은 아니다. 바로 이 지점에서 양상modality이 사회 변화의 이론에 들어서게 되는데, 여기에서 변화의 핵심적인 양상들은 불가능성, 가능성, 필연성, 우연성이다. 그와 바디우가 서로 길을 달리하고 한참 후에 쓴 저작에서, 알튀세르는 명시적으로 우연성contingency을 받아들임으로써 자신의 변화 이론에 함축되어 있는 반反목적론적 취지를 확인했으며, 이와 함께 자기 철학을 "우발적 유물론aleatory materialism" 또는 "마주침의 철학philosophy of the encounter"으로 다시 명명했다.[14]

일관성에 대한 바디우의 이론화

알튀세르의 시각에서 하나의 전체로서의 사회는 서로 겹쳐지는interlocking 실천들의 집합으로 구성된다. 바디우는 자신의 주해에서 알튀세르가 이러한 실천들이 자리하는 현실적인 공간을 먼저 이론화하지 않은 채로 그 실천들의 조합과 위계를 상정했다고 비판한다(RM, 458). 여기서 바디우는 우선 수학에 의지하여 철학적 문제를 해결하려 한다. 《존재와 사건》을 계기로 바디우의 작업에서 어떤 '수학적 전회mathematical turn'가 발생했다면, 그것은 사실상 하나의 복귀다. 그의 철학적 작업은 수학과의 협력으로 시작되는데, 특히 알튀세르의 '언제나 이미 주어져 있는 복합적 구조'의 집합적 단일성—일관성consistency—에 대한 이론화라는 과제와 관련하여 그러하다. 이 수학적 이론은 두 가지 다른 요건을 충족시켜야 하는데, 첫째는 이러한 실천들의 구조에는 위계적 질서〔순서〕hierarchical order가 부여되어야 한다는 것이며, 둘째는 이 질서의 전반적인 변화가 반드시 설명될 수 있어야 한다는 것이다. 첫째 요건에 대해, 바디우는 어떤 하나의 질서를 상정하려면 최대〔값〕maximum를 혹은 하나의 "지배적 실천dominant practice"을 결정하는 것으로 충분하다고 가정한다. 40년 후에 출판된 《세계의 논리Logiques des mondes》에서, 그가 어떤 질서(순서)를 구성하려면 먼저 어떤 것이든 두 개의 주어진 원소 사이에 어떤 방향성이 주어진 관계가 실존함을 증명해야 하며, 그런 다음 최소 원소의 실존을 증명해야 함을 논증하고 있다는 점에 유의하자. 1967년으로 돌아가서 보자면 지배적 실천에는 그 자체의 특정한 구조를 단일화하고 그 구조의 정체성을 지시하는 역할이 주어진다. 예컨대 어떤 주어진 사회구조 내에서의 지배적 실천은 사법적이거나, 이데올로기적이거나, 종교적일 수 있으며, 따라서 이 실천은 그 사회에 특정한 역사적 정체성을 부여하게 될 것이다.

둘째 요건에 대해, 바디우는 변화가 지배적 실천의 전치轉置로 이해될 수 있다고 선언한다(RM, 456). 그렇다면 문제는 무엇이 그러한 전치를 야기하는가 하는 것이다. 알튀세르는 내재적인 변화 모델을 발전시키며, 따라서 변화의 원인은 사회 속에서 찾아낼 수 있는 한 부분이어야 한다. 바디우가 "결정적 실천 determining practice"이라 지칭하는 것이 바로 그것이다. 마르크스의 역사적 유물론의 근본적 테제들과 유사하게, 결정적 실천은 언제나 경제적 실천이다(RM, 457). 바디우의 재구성 및 구조 이론과 관련해 이어지는 난점은 이 실천이 서로 겹쳐지는 결정된 determined 실천들의 위계의 일부를 형성하면서도 동시에 결정하는 determining 실천이라는 또 다른 수준에도 현존할 수밖에 없다는 점이다. 따라서 변화의 출발점은 내부적 배제 internal exclusion 의 위치에 있는데, 이 출발점이 내부적인 이유는 그것이 결정된 실천들의 차원에 속하기 때문이며, 그럼에도 동시에 그것이 그러한 차원에서 배제된 이유는 그것이 결정된 실천들을 결정하기 때문이다. 이것이 '구조적 인과성'의 문제다. 이 시기 바디우가 구조주의에 가졌던 관심의 범위는 레비스트로스의 영기표zero-signifier 개념에서 구조적 인과성의 메아리를 찾는 데 있는데, 이는 예컨대 스피노자의 능산적 자연natura naturans 개념 같은 다른 메아리들이 늘어감에 따라 그 중요성을 잃게 된다(SI, 128; RM, 457 n.23).

바디우는 하나의 구조 이론을 위한 이러한 요건들을 충족하기 위해 하나의 "정세conjuncture"로, 즉 지배적 실천과 결정적 실천 양자 모두를 포함하는 사회적 실천들의 통합된 체제로 읽힐 수 있는 수학적 구조를 구축한다. 우리 연구와 관련하여 이러한 수학적 구성에는 두 가지 두드러진 특징이 있다. 첫째, 바디우는 기초적인 실천들의 집합에 직접적으로 공을 들이기보다, 수학적 함수 개념을 사용하여 각각의 심급instance이 두 가지 실천을 접합하는—하나의 실천이 다른 실천을 배치하는—그러한 "심급들"의 집합을 규정한다(RM, 461; LC, 64). 따라서 이러한 시원적 존재론의 구축은 원자론적인 것이 아니라 기본적으로 관계적인 것이다. 둘째, 바디우의 구축물은 이 심급들의 순서를 정하며 이와 함께 어느 심급이 지배적인 것인지 결정하는 하나의 심급을 포함하게 되는데, 이러한 결정의 관계가 변화의 형식을 만들어낸다. 하지만 이러한 구축물의 약점은 변화의 시작과 강도intensity가, 그리고 그 형식에 있어서의 어떠한 가능한 변이도, 이론화될 수 없다는 것이다. 바디우가 말하는 바에 따를 때, 변화는 명백하며, 이는 역사에 관한 거시적 관점에서 보자면 참이겠지만, 투쟁적 철학이 개입해야만 할 층위에서는, 즉 특정한 정치적 실천의 층위에서는 확실히 그렇지 않다(RM, 455). 2장에서 나는 변화에 관한 이 거시적 관점에 어떤 이름을 붙일 것인데, 왜냐하면 이 목소리는 바디우의 철학에서 되풀이하여 다시 모습을 드러내기 때문이다. 이러한 수학적 구조에서, 바디우가 열린〔확정되지 않은〕 채로 내버려 두는 창 하나는 이 변화의 방향과 효과이며, 그것의 양상은 변화가 일어날 때 그 창이 여러 실천 중 어느 것이 지배적 실천이 될 것인지에 대해 완전히 열려 있다는〔불확정이라는〕 점에서 어떤 순수한 가능성이다.

그러나 이러한 변화의 이론에는 추가적인 문제들이 있다. 바디우가 주장하는 바에 따를 때, 경제주의—알튀세르로부터 받아들인 공격 대상—는 지배적 실천과 결정적 실천을, 곧 정세에 변화를 가져오는 실천을 같은 것으로 동일시하는 경향이 있다. 따라서 경제주의에 따를 때 모든 사회는 경제적 실천에 의해 지배된다(RM, 457). 하지만 바디우의 입장—모든 사회는 경제적 실천에 의해 결정되며, 이에 반해 결정은 지배적 실천의 선택으로 이루어진다—이 어떻게 경제주의를 피하는지는 분명치 않다. 게다가 이러한 수학적 구조에서 실천들의 순서〔질서〕는 상당히 단일화되어 있지만, 이는 새로운 실천이 출현할 어떠한 가능성도 제거하는 박멸을 대가로 한다. 즉 변화는 동일한 실천들을 다른 순서〔질서〕로 바꾸어놓는 재배치로 이론화된다. 내가 진단하는 바에 따를 때, 이러한 문제들의 이면에 놓인 것은 그의 그

림자가 헤겔의 그림자보다 훨씬 더 멀리까지 뻗어 있는 인물의
영향력이다. 바로 아리스토텔레스의 영향력인 것이다.

변화인가 창조인가: 아리스토텔레스의 복귀

여러 해 동안 바디우를 읽은 독자들은 그가 구조적 변화의 문제
를 재구성하는 방식에 한 가지 기이한 점이 있다고 느낄 텐데,
그것은 사회적 '전체' 혹은 '총체'라는 말에 대한 알튀세르의 용
법을 그가 무비판적으로 되풀이한다는 점이다. 나머지 저작 전
반에 걸쳐 바디우는 지속적으로 전체를 비판하며, 덧붙여 이야
기하자면 심지어 이 텍스트에서도 사르트르가 전체라는 용어
를 사용하는 방식을 이데올로기적인 것으로 치부한다(RM, 451
n.18). 이러한 기이한 침묵은 지배적 실천이 전체 내부에 있는 실
천들의 위계―그것들의 순서, 상대적 자율성의 정도들―와 전
체의 전반적인 통일성 양자 모두에 있어 원인이 된다는 바디우
의 주장에 의해 더 강화된다(RM, 456, 461). 더구나 앞서 언급한
것처럼 결정적 실천―역사적 변화의 원인이 되는 실천―은 새
롭게 지배적 위치를 점하게 될 실천을 선택하며, 이에 따라 사회
적 전체의 위계와 전반적인 정체성〔동일성〕을 재편하여 하나의
새로운 정세를 생산한다. 정세의 역사적 변화에 대해 이야기하
며 바디우는 정세 속에서 일어나는 변화의 효과가 그 변화의 실
존 자체의 효과와 혼동된다고 말한다. 예를 들어 바디우는 알튀
세르의 이론에서 변화의 본원과 질서의 본원과 사회적 전체의
단일성 또는 실존의 본원 사이의 융합을 확인한다.[15] 달리 말해

알튀세르에게 있어 사회구조에 변화를 가져오는 과정은 사회의 실존과 내부 질서를 결정하는 것과 동일한 과정이다. 바디우는 텍스트 한 지점에서 이 세 가지 문제―변화, 질서, 실존에 관한―가 별개로 사유될 수 있음을 인식한다. 그의 논변이 지적하는 것은 상당히 정확한데, 말하자면 알튀세르가 장소들의 구조의 실존을 상정하기는 하지만, 실제로 결정(변화)의 동기도 지배(질서)의 동기도 "심급들을 집단화하는 개념"을, 즉 단일화된 전체의 실존을 생산할 수 없다.[16]

이 세 가지 문제에 대한 알튀세르의 융합에서 중요한 것은 변화의 모델을 만들어내는 것인데, 여기서는 전체의 어떠한 변환도 전체의 창조와 동일한 용어들로 사유된다. 달리 말해 오직 한 가지 유형의 변화만이 있으며, 그것은 사회의 형성과 전체적인 변환 모두에서 작용한다. 이러한 견해는 생산주의적 변화 모델 productivist model of change이라 불릴 수 있는 것의 결과이며, 이에 따를 때 변화의 존재는 기술적인 상품 생산이라는 패러다임 아래 사유된다. 아리스토텔레스의 《형이상학》에서 이 모델의 전개가 명시적으로 드러난다. 존재는 실체substance로 사유되고, 실체는 원인cause 범주 아래서 사유되며, 인과적 분석은 집이나 탁자 같은 새로운 실체들의 인공적 생산의 분석을 통해 전개된다. 아리스토텔레스는 네 가지 생산 원인을 식별하는데, 그것들은 작용인efficient cause 또는 변화의 작인, 질료인material cause 또는 변화를 겪게 되는 원재료, 형상인formal cause 또는 선존하는 설계, 목적인final cause 또는 과정의 목표, 곧 완성된 생산물이다.

알튀세르는 일반적인 실천 구조를 이론화할 때 명백히 이러한 아리스토텔레스의 생산주의적 도식을 재생산한다. 원재료와 변환의 수단—설계와 작인을 비롯한—을 그리고 완성된 생산물을 이야기하는 것이다.[17]

알튀세르의 저작에서 이렇게 저변에 깔린 아리스토텔레스적 도식의 효과는 변화, 질서, 실존의 문제들의 융합이다. 생산주의적 변화 모델에서, 어떤 것—아리스토텔레스에게 있어서는 질료, 알튀세르에게 있어서는 사회—에 변화가 일어날 때 이러한 변화는 여기서 관련된 어떤 것의 창조라는 형식을 띠게 된다. 따라서 변화의 동기는 실체나 사회가 어떻게 단일성과 질서를 얻게 되는지에 관한 설명이다. 아리스토텔레스에 따른 생산 분석에서 실체는 그 형상〔형식〕과 질료〔물질〕의 결합이라는 형태로 단일성을 획득하며, 형상이 질료를 지배하게 되는 질서를 획득한다.[18]

생산주의적 변화 모델은, 우리가 본 것처럼, 순수하게 기존 원소들의 재편으로 사유되는 경제주의나 변화의 문제들로 귀착된다. 그러한 모델은 세 가지 논점으로 논박될 수 있다. 첫째, 우리는 변화의 실존과 질서를 지배하고 보장하는 일원화된 작인들의 실존을 상정해야만 하는 것은 아니라고 주장할 수 있다. 둘째, 변화는 대체로 유한하다는 발상에, 즉 단순한 시작과 종착점을 가진다는 발상에 이의를 제기할 수 있다. 말하자면 변화는 연속적이지만 다양한 등급이나 강도를 지닌 것으로 사유될 수 있다.[19] 셋째, 인공적인 생산 자체의 예에서, 그 생산물이 완결된 단일체가 아니며 그보다는 오히려 연속적으로 그것〔그 생산물〕의 정체성에 영향을 미치는 실제적 사용의 맥락 안에 놓인 상호작용들의 그물망 속에 들어가는 것이라고 주장할 수 있다.[20] 앞으로 보게 될 것처럼 바디우는 이후에 전개될 변화에 대한 자신의 사유에서 이러한 개념들을 다른 제명heading들로 이어가게 되는데, 거기서 그는 뚜렷하게 무한한 다수성에 초점을 두며, 특히 《존재와 사건》에서는 변화의 불완전incompletion과 힘agency의 집단화를 강조한다.[21]

아리스토텔레스 자신은 생산주의적 변화 모델과 창조에 관한 그 모델의 초점을 넘어서기 위한 하나의 열쇠를 제공한다. 자연적인 생산—창조와 파괴—을 인공적인 생산과 구분할 때, 후자 속에 질료인이 선존하며 현실적인 변화의 과정보다 더 오래 남게 됨을 주장한 것이다. 변화와 창조의 융합을 피하려면, 변화를 겪는 물질〔질료〕은 그 변화를 초과하여 실존할 수밖에 없다. 즉 변화 도중에 어떤 것은 동일한 것으로 남아야 하며, 그렇지 않다면 변화가 그 어떤 것에 일어난다고 말할 수 없다. 동일하게 남는 것은 휘포케이메논hypokeimenon 또는 기체substrate, 즉 어떤 특정한 실체의 모든 속성을 담고 있는 근본적인 주형이다. 알튀세르에 대한 자신의 비판적 재구성 이후 20년이 흐른 뒤 바디우는 유사한 해법을 받아들인다. 그는 변화를 이미 실존하는 어떤 구조에 대한 무한한 보충의 과정으로 사고하게 되며, 그렇게 함으로써 휘포케이메논에 상당히 가까운 유類적인 다수성generic multiple 개념을 사용하는데, 여기서 이 유적인 다수성은 하나의 전체로서 어떠한 속성도 갖지 않으나 그럼에도 그것의 부분들에 모든 속성이 담겨 있는 것이다. 하지만 유적인 다수성은 동일한 것으로 남는 어떤 것이 아니라 정확히 현시presentation에 이끌려온 존재에 변화를 야기하는 어떤 것이다.

마오주의 시기의 마지막 저작인 《주체의 이론Théorie du sujet》에서 바디우는 초기 저작에서 알튀세르로부터 물려받은 변화의 모델에 관한 자신의 진단을 보다 발전시킨다. 그가 "구조적 변증법"이라 재명명하는 것의 주된 한계는 결정론적이고 과잉완결적인over-complete 변화의 이론을 제시한다는 점이다. 이미 살펴본 것처럼 이 변증법이 말하는 변화의 과정에는 우연성이나 변이들을 위한 공간이 마련되어 있지 않으며, 보다 중요한 측면을 이야기하자면 변화 그 자체가 전면적인 변환보다는 오히려 [양태의] 변용으로 제한된다.

하지만 사회구조의 이론은 바디우가 변화에 대한 사유를 검토하도록 알튀세르의 작업으로부터 제공된 유일한 지지대가 아니었다. 알튀세르의 상당수 초기 저작이 과학적 인식scientific knowledge의 장에서, 특히 마르크스에 의한 역사적 유물론의 발전의 장에서 일어나는 변환들을 이론화하는 데 할애되었다. 이를 배경으로, 바디우는 자크알랭 밀레의 잘 알려진 〈봉합〉이라는 논문에 나타나는 과학과 이데올로기의 연합alliance에 반응하여, 그 자신의 방식으로 과학과 이데올로기의 접합articulation을 발전시키게 된다.

인식에 있어서의 구조적 변화: 과학과 이데올로기

무한한 과정으로서의 인식론적 단절

알튀세르의 기획 내부에서 나타나는 전체 과제들의 구분은 그의 근본적인 주장에서 유래한다고 할 수 있다. 즉 마르크스의 초기 철학적 저술—포이어바흐가 관심을 가진 인간의 문제에 초점을 둔—과 과학적 저술—《자본》에서 시작된—사이에서 인식론적 단절이 일어났다는 주장에서 말이다.[22] 이 단절의 결과 전체적인 조사의 장이 바뀌었으며, 그뿐 아니라 심지어 고전적인 정치경제학의 연구를 통해 발전시킨 과학적 개념들로 인해 마르크스는 더 이상 인간이나 의식에 관한 헤겔 및 포이어바흐의 범주들을 재구성할 수 없게 되었다. 알튀세르의 관점에서 이 단절은 하나의 분과학이 아니라 두 가지 분과학을 산출한다. 첫째는 새로운 과학 그 자체인 역사적 유물론인데, 이 과학이 다루는 대상은 사회들에서 나타나는 생산의 역사이다. 둘째는 새로운 유형의 철학인 변증법적 유물론인데, 이 철학이 다루는 대상은 이론적 생산의 역사이다.[23]

알튀세르는 가스통 바슐라르로부터 인식론적 단절epistemo-logical break이라는 개념을 차용했다고 주장한다. 에티엔 발리바르는 실제로 그가 어떤 방식으로 그 개념에 상당한 수정을 가했는지 보인 바 있다.[24] 바슐라르에게 있어 인식론적 단절은 어떤 한 과학이 그 자체와 결과들을 오류와 환상으로 직조된 당대의 상식으로부터 떼어내는 느리고 점진적인 과정을 지시한다. 반면 알튀세르의 관점에서 과학은 그 자체를 이데올로기로부터 떼어내지만, 후자는 단순히 과학의 인식론적 부정이 아니다. 이데올로기는 어떤 사회적 기능을 갖는다. 개인들이 그들 자신의 경제적, 정치적 삶의 조건들을 경험하는 방식에 대한 결정이라는 기능을 말이다. 알튀세르에게 있어 인식론적 단절은 사건이자—그는 마르크스의 사례에서 상당히 정확하게 사건의 일시를 추정한다—동시에 무한한 과정이다. 그러하기에 어느 순간에도 단절은 완전한 것으로 언명될 수 없고, 순수 과학 같은 담론은 이데올로기와의 혼합이 전혀 없는 것으로 지시될 수 없다. 이데올로기에 어떤 사회적 역할이 있는 이상, 그것은 과학적 담론의 축소시킬 수 없는 일부분이다. 이에 따라 과학과 이데올로기 사이의 상충 관계는 알튀세르에게 있어 하나의 항구적인 특징이 된다. 그러므로 과학은 그 자체의 결과와 고유한 대상들을 시대의 의견doxa으로부터 빼내기 위해 항시적인 정화 작업을 수행할 필요가 있다. 게다가 이는 과학의 부차적인 과제가 아니라 주된 과제이며, 알튀세르에게 있어 과학적 작업의 중심은 이데올로기와의 이러한 지속적인 분리에 있다. 전반적인 이론적 생산의 영역에서, 과학이 최초에 조사의 재료로 취하는 대상들 자체는 이데올로기에 의해 구성된다.[25] 바슐라르의 견해와 마찬가지로 알튀세르에게 있어서도 과학은 점진적으로 그 자체의 대상들을 일반적으로 주어진 대상들로부터 구별해내며, 또 이데올로기라는 체로 거른 경험으로부터 구별해낸다. 더욱이 어떤 담론이 현실적으로 하나의 이데올로기로 확인될 수 있는 것은 오로지 이러한 대상들의 종류 사이에서 구별이 일어났기—그리고 인식론적 단절이 일어나고 있기—때문이다. 즉 하나의 이데올로기는 오직 과학—이에 관한 알튀세르의 예는 마르크스의 역사적 유물론이다—의 관점에서만 이데올로기라고—고전적 정치경제학은 부르주아 계급 이데올로기의 한 심급이라고—진단될 수 있다.

알튀세르는 변증법적 유물론으로서의 철학의 우선적인 기능은 이론적 생산의 역사에 관한 이론을 발전시키는 것이라고 주장한다. 국지적 수준에서 이는 이론의 장 내에서 과학과 이데올로기 간에 경계선을 긋는 작업을 의미한다. 그러므로 철학의 실천적 과제는 과학을 이데올로기로부터 구분하는 것이다. 이러한 견해는 바디우의 저작 전반에 걸쳐 반향하는 두 가지 귀결로 이어진다. 첫째는 철학이 과학으로부터 성찰reflexivity이라는 과제를 가로챈다는 것이다. 말하자면 과학의 고유한 이론적 생산을 검토하는 것은 과학이 아니라 철학이다. 그 결과 과학은 그 자체를 이해할 수 있는 것auto-intelligible이 아니라 새로운 지식의 생산에 있어 맹목적이며 따라서 기계적인 것이 되고 만다. 과학에 대한 이러한 견해는 특별히 알튀세르에게만 나타나는 것이 아니며, 예컨대 에드문트 후설의 《유럽학문의 위기와 선험적 현상학》에서도 발견할 수 있는 고전적인 철학적 견해이다.[26] 철학에 대한 알튀세르의 견해로부터 오는 중요한 둘째 귀결은 철학이, 과학 자체의 고유한 개념들 및 새로운 지식의 대상들을 그것들〔개념들과 대상들〕을 이루는 요소들이 발견되는 이데올로기적 맥락으로부터 끝없이 구분하는 과정에서, 과학의 운동 자체를 이중화한다는 것이다. 따라서 철학은 지식의 장 내부에서 무한히 진행되는 구분의 과정에 관여하며, 이러한 규정은 오늘날에 이르기까지 철학에 대한 바디우 자신의 견해를 이루는 일부로 남아 있다. 철학이 이론적 생산의 장을 과학과 이데올로기로 나누는 끝없는 구분의 셋째 귀결은 철학 자체의 위치를 정하기가 어려워진다는 것이다. 실제로 1965년에서 1968년까지 알튀세르와 그의 제자들(랑시에르, 마슈레, 발리바르, 바디우 등) 사이에서 벌어졌던 철학의 본성에 관한 논쟁에서, 이 문제는 바디우 주장의 뼈대 중 하나를 구성한다.[27] 다른 실천들과 관련하여 철학의 자리를 정하는 문제의 난점은 향후에도 바디우의 주된 관심사 중 하나로 남게 될 것이다.

바디우는 이러한 알튀세르적 맥락과의 관련 속에서 과학과 이데올로기에 관한 자신의 입장을 발전시키기 시작하는데, 이때 특히 세대와〔출신〕기관 등에서 자신과 가까운 저자 자크알랭 밀레를 비판의 대상으로 삼는다. 밀레는 고등사범학교에서 만들어진 '인식론 서클Cercle d'Épistémologie'의 창립 멤버 중한 명이었고, 1966년에서 1969년까지 짧은 기간 발간되었으나상당한 영향력을 미친 학술지《카이에 푸르 라날리즈》의 간행을 책임진 사람이기도 하다. 밀레는〔이 학술지의〕첫 호에〈봉합: 기표의 논리를 위한 요소들La Suture: Éléments de la logique du signifiant〉이라는 글을 발표했고, 바디우는 이에 대한 자신의 대답으로 3년 뒤 마지막 호에〈흔적과 결여: 영에 관하여Marque et

Manque: à propos du zéro〉를 발표한다.[28]

밀레는 자신의 글에서 비록 비정통적이기는 하나 매우 철저한 방식으로 프레게의 《산술의 기초》에서 정수whole number 수열의 구성에 관한 내용을 읽어나가는 독해를 전개한다.[29] 프레게는 하나의 수를 어떤 한 개념의 속성attribute으로 정의한다. 즉 그는 "F라는 개념에 귀속되는 수는 '개념 F와 동수인equinumerical' 개념의 연장extension"이라고 말한다.[30] "어떤 한 개념의 연장"은 하나의 개념 아래 떨어지는 대상들의 수, 즉 그 개념이 침이 되는 그러한 대상들의 수이다. 프레게에게 4 같은 수는 단 하나의 개념에만 주어질 수 있는 것이 아니라, 같은 수의 대상들을 포섭하는 모든 개념에 주어질 수 있는 것이다. 즉 어떤 수는 언제나 개념들의 집합에 할당된다. 이런 이유로 "어떤 한 개념의 연장"은 두 가지 층위의 정의에서 발생한다. 첫째는 "개념 F와 동수인 개념의 연장"으로서의 층위이며, 둘째는 개념 F와 동수인 이 개념 자체의 부분part으로서의 층위이다. 프레게는 개념 F와 개념 G 사이의 동수성equinumericity을 각 개념 아래 떨어지는 대상들 사이의 일대일 대응의 존재로 정의한다.[31] 이 정의의 사례에서 개념 F와 동수인 개념 아래 떨어지는 대상들은 실제로 다른 개념들이며, 그 모든 것이 개념 F와 동등한 수치equal numericity를 갖는다. 밀레의 프레게 해석을 이해하기 위해 유념해야 할 것은 어떤 한 수의 구성이 개념들 아래 포섭되는 대상들에 의지한다는 점이다.[32] 따라서 수 영쭑을 구성하려면 프레게에게는 연장이 영인 개념이 필요하다. 즉 그 아래 어떠한 대상도 포섭하지 않는 개념이 말이다. 〔여기서〕 그는 비자기동일적 대상non-self-identical object 개념을 선택한다. 프레게는 라이프니츠의 동일률 principle of identity—판단들의 진리는 그 대상들의 동일성에 의존함을 말하는—에 대한 그 자신의 전념에 기초하는 그러한 대상은 없다고 상정한다. 그의 다음 과제는 정수의 순서를 규정함으로써 정수 수열을 함께 묶게 될 후계succession의 연산을 정의하는 것이다. 이 후계라는 연산의 첫째 심급은 당연히 수 0에서 수 1로 가는 이행이다. 프레게가 이 이행을 정립하는 방식은 0이라는 단 하나의 대상만이 그 아래 떨어지는 "0과 동일한identical to zero"이라는 개념을 정의하는 것이다. 이에 따라 수 1은 "0과 동일한"이라는 개념의 연장이 된다. 어떤 두 기수cardinal number n과 m 사이의 일반적인 후계 연산을 정의할 때 그는 "n으로 끝나는 자연수 수열natural series of numbers에 귀속됨"이라는 개념을 사용한다. 이 개념의 연장은 수 m인데, 이 수는 자연수 수열이 0으로 시작된다는 조건 아래 n의 후계수successor가 된다.[33] 예를 들어 '3으로 끝나는 자연수 수열에 귀속됨'이라는 개념 아래 떨어지는 대상(수)의 수는 0부터 셀 경우 오로지 4밖에 없으며, 4는 3의 후계수이다. 그러므로 프레게에 의한 정수 수열의 구성에서, 후계라는 연산은 각각의 경우에 매번 0을 셈하게 된다.

자신의 프레게 독해에서 밀레는 "정수 수열에서 연산〔작용〕하는 것은 무엇이며, 정수 수열의 연쇄는 그 자체로 무엇에 기초하는가?"라는 질문을 제기한다. 이에 대한 그의 대답은 다음과 같다. "연쇄의 구성 과정에서, 수열의 창조에서, 주체—오인

된—의 함수〔기능〕가 연산〔작용〕한다."[34] 밀레는 이 주장을 프
레게의 비자기동일적 대상과 라캉에 의해 규정된 기표의 주체
사이의 강한 동형성에 기초한다. 주체와 유사하게 비자기동일
적 대상은 상징질서—프레게의 경우 대상들을 포섭하는 개념
들의 순서—로부터 결여된다.[35] 더구나 주체와 마찬가지로 이
비실존적 대상은 그럼에도 개념의 층위에서 셈해지며—그것
은 0을 생성한다—후계의 연산 내부에서는 또한 하나로 셈해
진다counted-for-one.[36] 이런 이유로 밀레는 0을 "결여의 대체기
호placeholder"*로 지칭하는데, 이는 정확히 라캉이 무의식의 장
내부에 있는 주체를 식별하면서 단항적 흔적unary trait 또는 주
인기표master signifier에 할당하는 역할이다. 이러한 작용〔연산〕
operation들의 조합—비자기동일적 대상의 소환과 이어지는 배
제의, 〔혹은〕 그러한 대상을 0으로 놓는 설정과 정수 수열의 생
성에서 반복되는 그것에 대한 '하나로 셈하기'의 조합—이 바로
밀레가 봉합suture이라 부르는 것이다.

　　일견 여기 있는 모든 것이 매우 놀라운 유비로 보이겠지만,
앞에서 언급한 것처럼 밀레는 정수 수열의 창조 과정에서 주체
가 작용하고 있다고 주장한다. 게다가 자신의 고유한 논증의 서
론에서 그는 다음과 같이 선언한다.

---

*　placeholder는 '무언가 빠져 있는 것을 대신하여 나타내는 말' 또는 '가
　주어나 가목적어 역할을 하는 it같이 문장 속에 자리하며 문법적으로 필
　요하지만 그 자체로는 뜻이 없는 말'을 뜻한다.

내가 라캉의 작업 전반에 퍼져 있는 가르침들을 함께 모아냄으로써 재구축하고자 하는 것은 전체에 걸쳐 기표의 논리라는 이름으로 지칭되어야 한다. 이는 그 작용이 정신분석을 비롯한 모든 지식의 장과 관련하여 형식적인, 즉 그 자체를 후자(모든 지식의 장) 내부에 명시함으로써 후자를 지배하는 […] 일반 논리이다. […] 기표의 논리는 […] 논리학자의 논리 법칙을 따르지 않으며 […] 그것(논리학자의 논리 법칙)의 관할권을 규정하기에, 그것은 그것의 관할권 바깥에 놓인다.[37]

이와 같이 주체와 **타자**Other 그리고 0과 정수 수열 간의 동형성을 이용해 밀레는 자신이 기표의 논리라고 지칭하는 것을 언어학과 정신분석적 임상으로부터 확장하여 모든 지식의 장을 아우르게 한다. 따라서 과학적 담론에는 언제나 하나의 대체물 substitute이, 다시 말해 결여된 주체를 위한 대체기호가 있어야 한다.

바디우의 논리 인식론

당연히 바디우는 이러한 논변을 인정할 수 없는데, 왜냐하면 모든 이론적 생산을 하나의 일반화된 기표의 논리 내부에 포괄하게 되면 과학과 이데올로기의 구별이 불가능해질 수 있기 때문이다. 따라서 〈흔적과 결여〉라는 글에서 그의 목적은 이러한 구별을 보존하는 것인데, 글을 시작하면서 그는 밀레의 텍스트를 다음과 같은 여건들 속에 위치시킨다.

우리에게 있어 자기 기획에 대한 프레게의 이데올로기적 재현과 **기표**Signifier, 결여 및 결여의 장소place-of-the-lack라는 용어에서 나타나는 이 재현의 반복은 양자 모두 순수한 생산적 본질을, 다시 말해 기계로서의 논리가 그 자체[논리]에 의해 다른 곳에서 생산되는 것 외에는 결코 어떤 것도 결여하지 않게 만드는 배치position들의 과정을 가린다. **기표**의 논리는 하나의 형이상학이다. 재현의 재현, 이데올로기에 내부적인 비판적 과정의 진행인 것이다.

이 주장의 유효성을 유지하기 위해 바디우는 알튀세르의 논리 인식론을 적층화된 표기stratified writing들의 기계적 생산으로 밝혀낸다. 하지만 20년 뒤 수를 정의하고자 하는 수학적 시도들을 연구한 《수와 수들Le Nombre et les nombres》이라는 연구서에서 바디우는 밀레의 비수학적 텍스트를 되돌아보며 자신이 아직도 그 텍스트의 논변들을 마무리하지 못했음을 인정한다. 그는 10년 뒤 마오주의에 대한 자신의 헌신을 서술하기 위해 사용하게 되는 것과 정확히 동일한 문구를 사용하여 "나는 여전히 거기에 있다"고 기술한다.[38] 나중의 비판에서 그는 러셀의 역설을 프레게의 집합 정의—집합을 개념의 연장으로 놓는—로 가는 길을 방해하는 장애물로 정리하며, 만일 기표의 논리가 프레게의 구성에 그저 유비적인 데 그치지 않고 정말로 동등한 것이라면, 프레게의 구성에 영향을 미치는 어떠한 논리적 비일관성도 마찬가지로 기표의 논리에 영향을 미치게 될 것임을 시사한다.[39] 이러한 암시는 이후에 후속 연구로 이어지지는 않지만, 밀레에 대한 비판의 지속성은 구조주의에 대한 거리두기라는 간접적이면서도 불완전한 몸짓이 관건이라는 점을 보여주기에 충분하다. 바디우는《주체의 이론》에서 알튀세르의 구조적 변증법의 형태와 관련하여 구조주의를 비판하지만, 기표들의 차등적 접합에 대한 그 기본적인 성향은 비판하지 않는다. 바디우가 밀레와의 관계를 끝낼 수 없다는 점을 보여주는 최종적인 표시는 정확히 방황하는 기표의 형태를 띤다. 이를테면 봉합은《존재와 사건》에서 바디우가 상황과 상황의 존재에 속한〔포함된〕공백void 사이의 관계를 명명하는 데 사용하는 바로 그 용어다.

하지만 1969년에 바디우의 관심사는 그 자신의 고유한 논리의 인식론을 발전시킴으로써 밀레가 논리를 포섭한 방식의 한계를 비판적으로 정하는 것이었다. 그렇게 하면서 그는 알튀세르의 본보기를 따른다. 첫째, 이론을 그 자체의 원재료와 생산수단을 갖는 실천으로 보는 알튀세르의 분석과 궤를 같이하여, 바디우는 논리를 어떤 이상적인 언어나 합리성의 패러다임으로서가 아니라, 규제되고 적층화된 표기들을 생산물로 하는〔특별하게〕분화된 기제로 분석한다. 둘째, 철학의 과제에 대한 알튀세르의 규정과 궤를 같이하여, 그는 논리학자들에 의한 그들 자신의 과학적 활동의 재현들에서 발견되는 이데올로기의 지층들을 감지하고 제거하는 작업에 착수한다. 지금 다루고 있는 사례에서 그는 개념들에 대한 프레게의 의존을, 개념들 아래 놓인 대상들과 자기모순적인 대상들에 대한 포섭을 이데올로기적이면서도 형이상학적인 것으로 기각한다. 그는 수리논리에 그러한 〔의심스러운〕 개념notion들을 사용할 필요가 없음을 보이며, 이를 위해 속성〔술어〕predicate들에 대한 논리적 표기법과 재귀성 reflexivity과 변수들 간의 관계를 사용함으로써 수리논리의 범위 내에서 어떻게 0을 대안적인 방식으로 구성할 수 있는지 실증한다. 더 나아가 바슐라르를 따라서 바디우는 과학에 있어서 동일률의 역할이 대상들과 관련된 것이 아니라, 기호mark들(형식적 표기의 기호들)과 과학에서 사용되는 기술적이고도 실험적인 장치들의 동일성에 대한 최초의 확신과 관련된 것임을 보인다.[40] 이런 이유로 과학은 비자기동일적 사물—밀레에게 있어서는 무의식의 주체—을 결여하는 것이 아니라, 그것을 폐제하는 foreclose 것이다. 과학은 그러한 개체와 관계를 맺지 않는다.

하나의 실천으로서의 논리에 대한 분석에서 바디우는 논리를 표기의 유형들을 생산하는 세 가지 기제로 구분하는데, 그 세 가지 기제는 사용되는 기호들의 군집과 기초적인 문법syntax을 결정하는 연결concatenation의 기제, 그러한 기호들의 시퀀스들을 이루고 그것들을 잘 구성된well-formed 정식과 잘못 구성된 ill-formed 정식으로 구분하는 구성formation의 기제, 그리고 그런 다음 잘 형성된 정식들을 유도가능derivable 정식과 비유도가능 non-derivable 정식으로 구분하는 유도derivation의 기제이다. 이러한 구별을 사용하여 바디우는 자신이 제시하는 0의 구성에 있어 논리를 통해 발견하게 되는 것은 결코 밀레가 말하는 결여의 기호가 아니며, 오히려 결여된 흔적〔기호〕lacking mark들임을 보인다. 예컨대 0에 대한 바디우의 표기법인 $0(x)$─'x는 x가 그 자체와 동일하지 않은 이상 0이다'로 읽는─는 잘 구성된 정식이며, 따라서 그것은 구성의 기제의 층위에서 볼 때 실존한다. 하지만 0을 나타내는 이 정식은 유도의 기제에 의해 기각되며, 따라서 이 특수한 기호〔흔적〕는 유도의 층위에서 '결여된다'고 말할 수 있다. 바디우는 논리에서 기호들이 결여되는 경우는 오직 그것들이 그 기입의 다른 지층들에서 복원될 때밖에 없다는 결론을 내린다. 더욱이 이러한 기호들은 결코 어느 지점에서도 비자기동일적 대상을 포섭하지 않는다.

바디우는 자신의 논증으로부터 두 가지 결론을 이끌어낸다. 첫째 결론은 과학은 주체를 봉합하지 않으며 이데올로기의 영역에 떨어지지도 않는다는 것이다. 과학의 적층화된 질서들의 다수성은 결코 단 하나의 기표의 질서로 환원될 수 없다─이는 비일관적 다수성inconsistent multiplicity 개념의 초기 형태의 출현이라 볼 수 있다. 둘째 결론은 이데올로기적 실천의 한 특정한 영역으로서 철학은 그 자체로 '인간'이나 '진리' 같은 이데올로기적 범주들 아래 과학을 봉합하며, 이로써 과학의 인식론적 단절을 희미하게 만든다는 것이다. 과학에 대한 바디우의 견해와 그의 더 큰 기획에 있어 이 견해가 갖는 함의를 이해하기 위해, 우리는 먼저 그가 과학-이데올로기 구별로 무엇을 하려 하는지 살펴봐야 할 것이다. 일단 과학-이데올로기의 구별이 정신분석으로부터 구제된 이상에 있어서 말이다.

알튀세르의 논변에 대한 바디우의 재구성에서 과학과 이데올로기 사이의 구별은 그 둘의 결합이 환원불가능한 변증법적 과정 내부에서 일어난다. 따라서 그 구별은 하나의 규범으로 작용할 수 없는데 왜냐하면 두 항 중 어느 쪽도 우선적인 것으로 주어지지 않기 때문이다. 즉 과학-이데올로기 쌍은 시초적인 것이다. 게다가 그 구별은 비분배적인non-distributive 것으로, 말하자면 우리는 단순히 실천들 각각을 두 범주 중 하나에 분배하는 방식으로 실천들의 장을 나눌 수 없다(RM, 450).[41] 마지막으로 앞에서 언급한 것처럼 그 구별은 오로지 소급적으로 이루어질 수 있을 뿐으로, 말하자면 우리가 어떤 특정한 이데올로기를 확인하고 그 한계를 정할 수 있는 것은 오직 어떤 특정한 과학의 위치로부터 바라볼 경우이다. 이데올로기의 즉각적인 인정이나 실격을 가능케 하는 이데올로기에 대한 보편적인 정의는 없다. 알튀세르를 따라서 바디우는 과학-이데올로기 쌍의 환원불가능성은 또한 과학적 작업 내부에서 이데올로기의 자연발생적인 출현으로 특징지어진다고 단언한다.<흔적과 결여>에서 그는 프레게의 논리의 인식론이라는 예를 제시하며, 그로부터 오랜 뒤 《존재와 사건》에서는 몇몇 집합론자의 수학적 혁신을 수반하는 실증주의적 철학을 알린다(MM, 156).[42]

소급적 확인과 자연발생적 출현은 과학과 이데올로기가 어떤 방식으로 하나의 쌍을 이루게 되는지 설명하지만, 이 둘이 어떻게 하나의 변증법적 과정을 형성하는지는 설명하지 않는다. 그러한 과정을 위해 바디우는 철학을 도입해야 한다. 철학은 고전적인 철학적 범주들을 통해 과학의 작용들을 해석함으로써 과학의 생산물들을 회복하고 이를 전유한다. 특히 바디우는 전체totality, 진리truth, 의미sense, 주체subject라는 범주를 이데올로기적인 것으로 골라낸다. 예컨대 진리는 논리에 적용될 때 서로 다른 선택 기제들의 다수성을 은폐하는 항이 된다(MM, 150, 155; CM, 38/98).[43] 마르크스주의적 입장에서 볼 때, 과학의 주체에 관한 라캉의 사변에서와는 달리, 주체는 또한 하나의 이데올로기적 범주이기도 하다(MM, 158; RM, 449 n.16). 훗날의 작업에서 바디우가 진리와 주체 양자 모두를 자신의 관점에서 철학의 고유한 과제로 남게 될 것으로 복귀시킨다는 점을 지적할 필요가 있다. 변화의 불변항들을 사유함에 있어 오직 전체라는 [의심스러운] 개념만이 영구적으로 기각될 것이다. 다음으로 과학은 그 자체의 작용에 대한 철학의 부정확한 재현에 대응하여 새로운 개념들을 발전시킨다. 이러한 전유와 대응reaction의 패턴이 과학과 이데올로기 사이의 변증법을 생성하며, 철학은 이데올로기의 역할과 매개자의 역할 양자 모두를 맡게 된다. 하지만 이는 여전히 왜 이 변증법이 하나의 과정이며 어떤 이유로 이러한 전유와 대응이 되풀이되는지 설명하지 않는다. 여기서 작용하는 동력을 이해하려면 우리는 바디우의 과학 이해로 방향을 돌릴 필요가 있다.

과학 그리고 새로움의 기계적 생산

〈흔적과 결여〉의 마지막 부분에서 바디우는 자신의 논리의 인식론의 범위를 넓혀 과학 그 자체를 자기충족적self-sufficient이고 비인격적impersonal이며, 기계적machinic이고 적층화된strati-fied 다수성으로 보는 착상으로 확장한다. 과학은 그 자체의 기호들을 생산하기 위해 다른 이데올로기적 실천이나 사회적 실천을 필요로 하지 않는 이상 자기충족적이고, 주체―구성적이거나 숨겨진―와 관련이 없는 이상 비인격적이며, 지속적으로 기호들의 시퀀스들을 생산하는 이상 기계적이고, 마지막으로 이기호들이 그것들을 서로 상이한 지층에 배치하는 기제들에 의해 구분되어 있다는 점에서 적층화된다. 그러나 과학은 기호들의 새로운 시퀀스를 생산해낼 뿐만 아니라 또한 표기writing들의 새로운 지층들을 생산한다. 논리에 대한 연구에서 바디우는 연결의 기제, 구성의 기제 그리고 유도의 기제를 구별하고 그것들에 수반되는 지층들을 정립하는 데 대부분의 지면을 할애한다. 하지만 뿐만 아니라 그는 0의 속성―유도의 기제에 의해 기각되는―을 하나의 상수constant로 전환하고 이를 유도된 정식들에 더함으로써 얻게 되는 넷째 지층을 언급한다(MM, 160).〈무한소적 전복〉에서 바디우는 이러한 종류의 작용을 길게 검토하며, 그것을 하나의 수학적 수행문mathematical performative으로 서술한다. 다시 말해 하나의 양상을 다른 양상으로 전환함으로써 새로운 표기법들의 영역을 개방하는 명명baptism으로 말이다. 즉하나의 지층에서 불가능한 기호―-1의 제곱근과 같은―에 이름―상상적인 수(허수)imaginary number를 나타내는 i라는―이부여되고, 이에 따라 또 다른 가능적 수들의 수열이 시작된다. 그러한 명명의 작용들은 이와 같이 새로운 표기법들의 지층을 산출한다. 바디우는 이러한 지층들의 증식proliferation을 '기계적'인 것이라 명명하는데, 그 이유는 이 시점에 그의 작업에는 새로움의 출현과 관련된 주체가 없었기 때문이다.

자기 논변의 정점에 이르러 바디우는 즉석에서 약간의 지면과 짧은 각주를 할애하여 생산적인 기계적 다수성으로서의 과학이 《그라마톨로지에 대하여》와 《산종》에서 제시된 데리다의 기획을, 그리고 《말과 사물》*에서 제시된 푸코의 기획을 실현한다고 주장한다. 그가 선언하는 바에 따를 때, 만일 우리가 "글쓰기 자체를 드러내 보이고 그 저자는 없애기〔바란다면〕, 만일 쓰인 **작품**은 주제 혹은 **주체** 없이 일어나야 한다는 말라르메의 명령에 따르기 바란다면, 다른 모든 것의 배제로 향할 급진적으로 세속적인 수단이 존재한다. 바로 그러한 법칙을 가진 과학의 글쓰기로 들어가는 입구가 말이다"(MM, 162 n.18).[44] 《말과 사물》의 마지막 페이지들에서 푸코는 하나의 새로운 인식 체제의 탄생을, 곧 "에피스테메epsteme"의 탄생을 고지하는데, 이는 니체의 저술에서 예고되었으며 그 주된 징조는 인간이라는 범주의 소거가 될 터였다. 바디우는 과학이라는 "맹점 없는 경전적 scriptural **외부**"—아마도 블랑쇼의 용어를 재활용한 것일—가 그 안에서는 "결코 끔찍한 인간의 형상과 마주치지 않을" 운동이라고 주장한다.[45] 설사 바디우가 영어권 세계에서 '포스트구

---

* 지은이는 영어판의 제목인 《사물의 질서 The Order of Things》로 표기하고 있다.

조주의'로 알려지게 될 어떤 것과 관련된 자리에 자신을 위치시킨다고 하더라도, 그것은 그의 경력이 막 시작되었을 때 쓰인 이 페이지들에서 그런 것이다. 과학에 대한 그러한 견해가 데리다나 푸코의 과제와 기획을 실현할 수 있는지 아닌지는 하나의 열린 질문이다. 앞에서 언급한 것처럼 그 문제가 과학에 대한 고전적인 철학의 견해에 달려 있음을 유의해야 하지만 말이다. 40년 후 《모델의 개념》 신판에 붙인 〈서문〉에서 바디우는 수리논리가 자신의 첫 철학책에서 사유의 행선지를 형성했던 방식에 대해 놀라움을 드러낸다.[46]

과학에 관한 바디우의 초기 견해를 이론적 실천의 장 내에서의 구조적 변화를 사유하는 기획과 관련하여 평가하기에 앞서 이 견해의 추가적인 두 양상을 살펴볼 필요가 있다. 첫째는 바슐라르와 알튀세르로부터 물려받은 테제로, 하나의 실천으로서의 과학은 새로운 인식 대상들의 생산으로 특징지어진다는 것이다(RM, 450).[47] 둘째 원칙 또한 바슐라르와 알튀세르의 계보를 이루는 한 요소인데, 이에 따르면 과학에 의해 생산된 지식은 객관적〔대상적〕objective이다. 에티엔 발리바르가 설명하는 바에 따를 때 바슐라르의 최초 몸짓은 객관성〔대상성〕에 대한 과학의 주장을 비판적으로 심문하고 그런 다음 그 지식의 허구적 담보― 선험적 주체 같은―를 설정하거나 혹은 과학의 객관성과 그 역사의 양립불가능성에 관해 우려하는 것이기보다는, 과학적 지식의 객관성을 상정하는 것이었다.[48] 바디우의 작업에서는 이 원칙의 장소가 자리를 바꾼다. 그 원칙의 부정적 상관항correlate은,

바디우가 지식의 정당성 주장에 대한 그 어떤 칸트식의 인식론적 탐구로부터도 거리를 둔다는 점에서, 다소간 안정적으로 유지된다.[49] 만일 그 긍정적 표현—'과학적 지식은 객관적이다'—을 바디우의 알튀세르 재구성에 위치시킨다면, 그것은 아마도 역사적 유물론은 과학이라는 선언에 대한 수용이 될 것이다. 하지만 이 과학의 정의와 개념들과 과제들은 바디우의 초기 텍스트 어디에서도 찾을 수 없으며, 따라서 바슐라르-알튀세르적 몸짓은 다른 곳에 위치할 수밖에 없다. 1992년에 쓴 알튀세르에 관한 글에서 바디우는 스승이 언제나 자신의 "피타고라스주의"에 대해, 즉 수학에 대한 과도한 의존에 대해 책망했음을 밝히며, 고집 센 다른 여러 제자와 마찬가지로 자신이 단순히 가정된 흠결을 과장하는 식으로 반응했다고 주장한다.[50] 실제로 결국 일어나게 된 바디우와 알튀세르의 결별은 단지 정치적인 것만은 아니며, 철학적인 문제나 수학의 지위와 관련된 사안을 포함하는 것이기도 하다. 따라서 바슐라르-알튀세르적 몸짓의 장소는 수학이 존재론임을 천명하는 바디우의 선언이다. 결과적으로 만일 바디우와 알튀세르를 비교한다면 실제로 수학이 유명한 '사회과학'의 자리를 차지하게 되며, 이는 심지어 그의 초기 저작에서도 그러하다. 그러므로 철학은 '변증법적 유물론'의 위치와 과제들을 유지하게 된다. 이리하여 바디우의 집합론적 존재론에 전달되는 여러 불만—지나치게 추상적이다! 어떻게 자본주의를 이론화할 것인가? 사회관계는 어떻게 할 것인가?—은 그러한 전체적인 사회과학에 대한 바람을 적나라하게 드러낸다.[51]

전체적인 사회과학이 부재하는 가운데 바디우는 일관적인 구조적 변화를 사유하는 기획에서 자신의 과학관을 어떤 용도로 사용할 수 있는가?

언뜻 보기에 지층들을 증식시키는 다수성으로서의 과학은 끝없이 지속적이고 예측할 수 없는 변화의 모습을 제공하리라 여겨진다. 과학은 지속적으로 그 자체를 다시 만들고 그 지층들을 확장해나간다.[52] 그러나 이런 것이 어떻게 바디우의 목적에 유용하다는 것인가? 제국주의적인 부르주아 사회에서 계급 없는 사회로의 전환을 사유하는 데 있어 바디우는 두 가지 상이한 구조 간의 전체적인 변화를 이론화할 필요가 있다. 그러므로 만일 그가 다수적이고 지속적인 변화의 실존을 해명했다면, 그가 해야 할 것은 몇 가지 구별되는 상태 혹은 식별가능한 영역을 그 흐름 속에 집어넣는 일이며, 이는 정확히 괴델의 정리들에 관한 글의 부록에서 그가 하는 일이다. 그 부록의 목적은 관념론적 인식론에 따라 진행되는 괴델의 수학적 결과에 대한 연속적인 철학적 복구의 과정을 추적하는 것이다. 이 짧은 역사의 기능은 기계적인 변화를 수학적 구축과 그 이데올로기적 복구 사이의 변증법적 교대에 따라 주기화하는periodize 것이다(MM, 172).[53] 앞서 언급한 과학과 이데올로기의 변증법은 이와 같이 그 원동력과 반복의 근원을 발견하게 되지만, 이를 위해 치러진 대가는 그러한 변증법을 구축함에 있어 철학에 지나치게 과도한 역할을 부여하게 된 것이다. 마오주의 시기에, 정치적 실천의 우월성의 명령 아래, 바디우는 다시 한번 변증법적 변화의 주기화 문제에 대한 해법을 찾아 나서게 될 것이다. 그것이《주체의 이론》에서 중심적인 관심사를 형성한다.

　설령 바디우가 철학에 다른 어떤 공헌도 남기지 않았다 하더라도, 이 유물론적인 논리의 인식론과 관련한 작업, 다시 말해 이데올로기적 범주들과 수학적 구축들을 조심스럽게 풀어내는 작업은 어렵지 않게 여러 대학 도서관에 그의 저술을 위한 자리를 보장해주었을 것이다. 마르크스주의적 용어를 제외하더라도, 그는 단적으로 보다 정확한 과학철학에 대한 공로를 주장할 수 있을 것이다. 명백히 바디우의 시각에서 보기에는 비프레게적인 수리철학을 위한 공간이 있으며, 이는 프레게, 카르나프, 러셀, 콰인 등의 과학적 작업을 고려에 넣으면서도 이 작업의 의미와 범위와 관련하여 그들이 했던 철학적 선택들을 따르지 않는 공간이다.[54] 이것이 정확히 그가《모델의 개념》에서 따라가는 조사의 노선으로, 여기서 그는 논리실증주의에 의한 모델의 이론에 대한 기여들과 이 이론의 형식과학 및 경험과학으로의 도입에서 오는 의미를 구분한다(CM, 22~28/69~80). 하지만 이러한 연구 노선은 신임을 얻기에 충분할 정도의 열매를 맺기 전에 갑작스럽게 끝나버린다. 바로 정치에 의해 중단된 것이다. 내가 제시하는 논지는 이러한 단절이 단지 바디우의 작업 전반의 시기를 구분하는 데만 그치지 않으며, 심지어《모델의 개념》내부에서도 분할이 나타난다는 것이다. 다음 절에서 우리가 향할 목적지가 바로 이 내부적 단절이다.

수학적인 모델의 개념과 과학적인 변화

모델들과 그 분화의 힘들

우리는 크게 한 바퀴를 돌았다. 1968년 4월 29일 〔고등사범학교〕 뒤산 홀Salle Dussane에서 열린 자신의 첫 번째 강의에서 바디우는 모델이라는 범주의 경험주의적 사용에 대한 비판에 착수하여 그 통속적 형태—레비스트로스와 폰 노이만의 방법론에서 발견되는—와 세련된 형태—과학적 언어의 문법syntax에 관한 카르나프의 저작—양자 모두를 비판한다. 통속적인 형태에서, 이론은 현실의 특정한 영역을 나타내는 어떤 추상적인 모델이라고 말해지며, 모델은 현실을 닮도록 조정된다. 세련된 형태에서, 모델은 어떤 형식적 체계에 대한 하나의 해석으로 정확하게 이해되는데, 다시 말해 먼저 공리들과 정리들로 이루어진 하나의 형식적 체계에서 출발해 그런 다음 일련의 규칙을 거쳐 그 체계의 정식들에 부합하도록 만들어진 변항variable들의 의미론적 장을 규정한다는 것이다. 논리실증주의자들이 주장한 바에 따를 때, 과학적 영역 내부에서 형식적 체계는 연역들의 구조에서 발견될 수 있는 데 반해, 의미론적 장은 과학적 대상들에 관한 '관찰 진술들observation statements'에서 발견될 수 있다. 그러한 진술들은 과학적 담론의 문법을 과학적 대상들에 관한 의미론적 해석에 연결시키는 대응의 규칙들을 규정한다. 이것이 모델이라는 용어에 대한 통속적인 경험주의적 사용을 뒤집는 전도를 나타낸다는 점에 유의하자. 모델이라는 것은 형식적 이론이 아니라 오히려 과학적 대상들의 집합에 관한 의미론적 해석이며, 다시 말해 과학적으로 평가된 현상들의 어떤 특정한 장이 이론의 형태를 만드는 것이다. 바디우는 모델 개념의 사용에 관해 논리실증주의를 비판하는 것이 아니라, 단순히 모델 개념에 대해 설명하고 그런 다음 온건한 형태의 이의를 표명한다. 이런 방식으로 이 근대적인 논리 내부적intra-logical 장치는 형식과학과 실험과학 사이의 보다 오래된 철학적, 경험주의적 양분dichotomy을 복원하는 데 사용된다.

바디우 자신의 기획은 그가 모델 개념에 대한 '진보적인' 인식론적 사용이라 지칭하는 것을 발전시키는 것인데, 이는 결코 작다고 할 수 없는 야심이다. 이 목적을 위해 바디우는 모델 개념을 교육적으로 재구축한다. 그는 어떤 측면에서 일단 형식적 문법이 구축되고 의미론적 장이 선택되며 그 변항들이 지정된 다음에도 여전히 형식적 문법의 공리들이 앞서 선택된 의미론적 장 내부에서 일관적임이 증명되어야 하는지 보인다. 바디우의 관점에서 그 결과는 "하나의 구조는, 어떤 형식적 이론의 모든 공리가 그 구조에 있어 유효할 경우, 그 형식적 이론의 한 모델"이라는 것이다(CM, 44/107). 나는 독자들이 텍스트 자체에서 모델의 개념의 이러한 재구축에 관한 세부적 논의를 탐색하기를 요청하는데, 우리 목적에 있어 중요한 것은 바디우가 자신의 논증 과정에서 확인하는 인식론적 원칙들이기 때문이다.

이 원칙 중 첫째는 내재성immanence이다. 모델의 개념의 구축은 전적으로 수학적 집합론에 의지하는데, 그 구축은 집합론에 관한 증명에 착수하지 않는다. 어떤 모델을 만들어내는 과정은 정수 수학과 귀납의 공리에 의지한다. 그러므로 모델에 관해 이야기하는 것은 이러한 수학적 실천들의 "진리" 혹은 실존을 전제하는 것이다(CM, 42/104). 요컨대 논리실증주의와는 반대로, 모델들의 사용에 있어 형식적 사유는 경험적 현상 같은 "외부"와 연결되지 않으며, 과학적 진술은 관찰과 측정이라는 절차들을 통해 입증되지 않는다. 하나의 모델은 수학에 내재적인 해석의 영역 내부에서 펼쳐진다(CM, 52/123). 그래서 바디우는 이 논점을 어떤 근본적인 인식론적 원칙을 펼쳐낼 계기로 파악하는데, 이는 하나의 학파를 창시할 수 있게 하는 원칙이자 그를 다시 한번 프레게의 기획으로부터 멀리 떨어트리는 원칙이다. "우리는 처음부터 스스로 과학 안에 자리 잡는다. 우리는 그것을 무로부터 재구성하지 않는다. 우리는 그것을 창설하지 않는다"(CM, 42/104, 강조는 인용자). 결과적으로 만일 수학적 실천에 대한 실험적, 검증적 차원이 있다면, 그 차원은 현상들의 인위적 생산 및 측정의 형식에서 발견되는 것이 아니라, 오히려 그 실천의 현실적인 표기writing에서, 그 기호[흔적]mark들의 일관된 표현에서, 특히 하나의 형식적 문법의 의미론적인 부합에서 발견되는 것이다(CM, 34, 53). 프레게와 반대로 바디우에게 있어 과학에서의 동일률은 바슐라르의 관점을 따라 과학적 도구들과 실험적 장치들의 동일성과 관련되며, 소위 대상들의 동일성과 관련되지 않는다. 수학의 경우에 정식들은 불변의 법칙들을 따르는 물질적인 기호들로 이루어져야 한다. 말하자면 어떤 x는 언제나 하나의 특정한 정식에서 선언된 각각의 제약들에 종속된 불확정의 변항〔변수〕을 나타내야 한다.

바디우의 논증에서 모습을 드러내는 둘째 인식론적 원칙은 수학에 내부적인 분화와 변화에 관한 것이며, 이는 훨씬 더 파악하기 어렵다. 이 원칙을 표명하기에 앞서, 우리는 모델들에 대한 바디우의 세 가지 서로 다른 설명 및 그가 "분화의 힘들powers of differentiation"이라 지칭하는 것을 검토할 필요가 있다. 첫째 설명은 논리와 수학 사이의 차이에 관련된다. 텍스트의 상당히 앞부분에서 그는 고전적인 알튀세르적 질문을 던진다. "과학의 동력motor은 무엇인가(계급투쟁이 역사의 동력이라는 의미에서)?"(CM, 19/63) 바디우가 명백히 정치적인 질문을 과학적 실천에 적용할 수 있도록 하는 것은, 앞서 언급한 것처럼, 알튀세르가 가졌던 실천에 대한 아리스토텔레스적 견해이다. 30쪽 뒤에서 〔이 질문에 대해〕 그는—이른바 **이성**의 본질이라 가정되는 역사를 초월한 논리의 지위를 논박하며—논리의 역사를 추동하는 동력은 증명적 실천 중에 나타나는 논리의 함축적 사용과 구체적인 역사적 장치로서 논리의 명시적 형식화(직관주의 논리intuitionist logic, 고전 논리classical logic, 초일관 논리para-consistent logic 등) 사이의 간극이라는 대답을 내놓는다(CM, 47/113). 모델들의 분화하는 효과에 대한 둘째 설명은 수학적 구조와 논리적 구조 사이의 차이에 관한 것이다. 바디우는 어떤 방식으로 수학적 공리들이 〔모델 자체의〕 형식적 문법의 일부를 형성하는 경우에만 모든 구조는 아니더라도 특정한 구조들이 그 문법에 맞는 모델들을 형성할 수 있게 되는지 보이는데, 여기서 그가 제시하는 예는 단 하나의 원소를 지닌 구조들에 의해 충족될 수 없는 공리이다(CM, 49/115). 반면 형식적 문법이 논리적 공리들만으로 구성될 때는, 어떠한 구조라도 하나의 모델로 기능할 수 있다. 반대 방향으로도 진행할 수 있는데, 말하자면 특정한 수학적 구조로부터 출발하여 그것의 문법적 형태를 만들어낼 수 있는 것이다. 다시 한번 바디우의 예는 단 하나의 원소만을 내포하는 우주들을 필요로 하며, 그는 그것들의 적합한 공리적 형식을 찾는다. 그의 결론은 "하나의 모델은 논리-수학적 체계의 분화하는 힘에 대한 수학적으로 구성가능한constructible 개념"이라는 것이다(CM, 47~52/113~121).

모델에 대한 앞선 두 설명에서 중요한 것은 수학적 실천의 이중화이며, 수학의 특정한 부분들—'생산수단'—은 상이한 수학적 구조 또는 논리를 분화시키는 데 사용된다는 점에 유의해야 한다. 이러한 수학의 두 가지 심급 간의 차이는 일종의 작인으로 이해되는 변화의 동력이 아니라 오히려 어떤 가능성의 조건이 되는 것으로 여겨지며, 수학은 수학에서 새로운 지식을 생산하는 데 사용될 수 있다. 따라서 그러한 생산적 변화는 어떤 외부적 힘이나 외부적 담론의 적용에 대한 기계적 결과보다는 수학에 내재적인 것으로 남게 된다.

바디우가 제시하는 모델들과 분화에 대한 셋째 설명은 훨씬 더 복잡하다. 그것은 괴델 같은 논리학자들과 수학자들이 다양한 이론의 정합성과 특정한 공준postulate들의 독립성을 증명하기 위해 사용했던 모델들의 역사와 관련된다(CM, 62/140). 예를 들어 1939년에 괴델은 한 가지 모델을 구성해, 선택공리Axiom of Choice가 부가되고 연속체 가설continuum hypothesis이 인정될 경우 체르멜로-프렝켈 집합론Zermelo-Fraenkel set theory이 일관성〔무모순성〕을 유지함을 증명한다.[55] 바디우는 유클리드 기하학 모델의 구성과 이에 기반한 리만 평면기하학 모델의 구성이 유클리드 기하학에서 평행선 공준parallels postulate의 독립성을 증명하는 데 어떤 방식으로 사용될 수 있는지 보인다. 즉 이 두 가지 기하학에서 차이를 보이는 공준―어떤 한 선의 외부에 있는 어떤 점을 지나는 평행선은 단 하나뿐이라고 말하는 공준―은 사실상 유클리드 기하학의 일관성을 보장하는 공리들로부터 독립적이다(CM, 64~66/142~145). 달리 말해 평행선 공준은 다른 공리들로부터 연역될 수 없다.

그런 다음 바디우는 수학에 있어서 그러한 상대적인 일관성과 독립성의 증명에 관한 역사적 효과를 검토하는 쪽으로 방향을 돌린다. 그는 선택공리가 더해진 체르멜로-프렝켈 집합론―ZFC―의 일관성에 대한 괴델의 증명이 그 사실 다음에 오는 것임을, 말하자면 대부분의 수학자가 이미 그 공리의 사용을 선택했고 이에 따라 그 확실성을 선취한다는 사실 다음에 오는 것임을 인정한다. 따라서 괴델의 증명에서 오는 효과는 수학의 "내적 필연성"을 일으키는 것이 아니라, 그러한 선택을 수학의 내적 필연성으로 소급적으로 전환하는 것이다(CM, 64/142). 다시 한번 우리는 양상의 전환을 대하게 된다. 즉 선택공리를 사용함으로써 열리게 된 실용적 가능성들로부터 돌아서서 모델의 구성을 통한 그 공리의 필요성으로 나아가는 방향 전환을 대하게 되는 것이다.

모델의 개념을 "진보적 인식론"으로 확장하기 위해 바디우는 바로 이러한 선취anticipation와 소급작용retroaction의 시간적 방향들을 이용한다. 그는 한 과학의 역사적 진행 과정 내부에서 "하나의 규정된 형식적 장치에 의해, 최초의 실제적 사례들에 대한 실험적 변환을 거쳐, 이 사례들에 사후적으로 할당된 상태 status"를 "모델"이라 지칭할 것을 제안한다(CM, 67/148). 형식화의 생산적 가치는 그것에 의한 수학의 이중화된 기입에 있다. 앞서 언급한 것처럼 특정한 지식들을 사용하고 재생산하는 것—하나의 생산수단으로서의 논리—과 동시에 새로운 지식을 생산하기 위한 특수한 모델들을 구성하는 것—일관적인 이론들의 분화—으로서 이중화된 기입에 말이다. 바디우는 다음과 같은 결론에 이른다.

> '모델'이라는 말이 지시하는 것은 형식화의 역사를 직조하는 소급작용과 선취가 교차된 그물망이다. 설사 그것이 선취와 관련해서는 단절coupure로, 소급작용과 관련해서는 재주조refonte로 지시된다 하더라도 말이다. (CM, 68/149)

이리하여 이러한 선취적 단절과 소급적 개정이라는 계기들은 과학적 지식에서 나타나는 변화의 과정에 대한 주기화를 보여주는 또 다른 견해를 제공한다. 그러나 이러한 견해는 발전되지 않고, 바디우는 자신의 인식론의 일반 원칙들을 소묘하는 이상의 작업을 진행하지 않았으며, 갑작스럽게 텍스트에 대한 결론이 제시된다. 실제로 《존재와 사건》이 나오기 전까지는 변화의 시간성에 대한 이 짧은 탐구의 속편을 찾을 수 없을 터였다. 전미래future anterior—'그렇게 되어 있을 어떤 것'—는 국지적인 수준에서의 변화를 구성하는 질의들을 유기적으로 조직하는 시제, 곧 선취와 소급작용을 조합하는 시제이다.

바디우가 진보적 인식론을 발전시키겠다는 약속을 잘 지켰는지 살펴보기에 앞서, 우리는 수학적 지식의 역사성을 이론화하고자 하는 그의 다른 시도를 조사할 필요가 있다.

수학에 있어서의 전환적 명명들

〈무한소적 전복〉이라는 글에서 바디우는 알튀세르적 철학관—과학의 장 내부에서 과학과 이데올로기의 구분—을 조심스럽게 적용하는 또 다른 예를 제공하지만, 이번에는 미분 분석differential analysis에서는 전제되지만 버클리와 헤겔에 의해서는 기각되는 무한소infinitesimal들의 존재와 관련되어 있다. 다시 한번 나는 무한소의 역사에 관한 이야기는 독자의 호기심에 맡겨둘 것인데, 어쨌든 인식론적 테제들의 수준에서 볼 때 바디우의 논증에는 다섯 개의 명확한 단계가 있다. 첫째 단계는 수학적 표기의 특이점들 중 하나는 한계 없는unbound 변수들이 어떤 한 수열 내부에 불가능성의 장소가 표시될 수 있도록 한다고 말하는 그의 선언이다. 그는 이러한 장소들을 "무한-점들infinity-points"

이라고 부른다(SI, 119). 그가 드는 주된 예시는 다음과 같은 것들인데, 말하자면 $x^2+1=0$을 만족하는 x는 실수의 수열 내부에서는 불가능한 -1의 제곱근에 상당하게 되며,〔앞의 예와는 별개로〕'모든〔실수〕x에 대해 $x<y$'를 만족하는 y는 불확정적인 무한수가 된다는 것이다. 둘째 단계는 이 불가능한 장소들에 이름이 붙여지고 새로운 고유명으로 전환되어 이 장소들이 어떤 새로운 상수constant에 의해 점유되는, 수학에 있어서의 역사적 순간들을 식별하는 논의로 이루어진다. 그러니까 예컨대 -1의 제곱근은 허수 i로 명명되며, 첫 번째 가산적 무한수denumerable infinity는 첫 번째 알레프ℵ 혹은 오메가ω로 명명된다. 바디우 논증의 셋째 단계는 이러한 전환적 명명transformational nomination들에 의해 개방된 새로운 수학적 영역들을 나타내는 것으로 이루어지는데, 여기서 이 새로운 수학적 영역들은 이전부터 있던 영역들에서 수행되는 모든 표준적인 연산―곱셈, 나눗셈, 덧셈 등―이 내부적으로 수행될 수 있다는 점에서 수학적인 것으로 남는다(SI, 120). 바디우는 이 연산을 "위반적 확장transgressive extension"이라 지칭하는데, 이는 20년 후《존재와 사건》에서 제시되는 상황의 "유적 확장generic extension" 개념에서 그 반향을 찾을 수 있는 용어이다. 넷째 단계에서 바디우는 자신의 사유가 무르익어감에 따라 보다 더 큰 역할을 맡게 될 수수께끼 같은 라캉의 테제를―자신의 작업에서는 처음으로―도입한다. 즉 불가능한 것은 실재의 특징이 된다는 테제를 말이다. 이러한 맥락에서 바디우의 주해는 어떤 수학적 구조 내부에서 나타나는 몇몇 언표의

불가능성이 그 구조와 그 구조 내부의 언표들을 가능케 하는 새로운 수학적 구조를 구별함으로써 이 새로운 구조를 특이한 것으로 만든다고 말한다(SI, 122~123). 어떤 수학적 구조—정수 혹은 실수의 수열 같은—내부에서 뚜렷이 표시된 불가능성의 장소는 이처럼 구조들 또는 수열들과 관련한 분화와 증식의 힘을 품고 있다. 이런 의미에서 그 장소는 "실재적real"이라 지칭될 수 있다.[56] 다섯째인 결론 단계에서 바디우는 이러한 전환적 명명의 효과가 재주조refonte임을, 즉 과학의 큰 개정 및 재편임을 천명한다.

자신의 저술 전반에 걸쳐 바디우는 불가능한 것에 대한 전환적 명명과 관련한 개념—《존재와 사건》에 나오는 개입inter-vention 같은—을 유지할 것인데, 다음 장에서 나는 이 개념을 바디우 사유의 전반적인 목소리 혹은 경향으로 제시할 것이다. 이후로 바디우의 사유에서 영구적인 것이 될 다른 특징은 에바리스트 갈루아의 발언에 대한 인용으로, 이에 따를 때 갈루아는 선배들의 작업에서 이들에게 인식되지 않은 채로 기입되어 있던 자신의 혁명적인 발상들을 찾아냈다고 한다(SI, 128).[57] 바디우는 라캉의 작업틀을 가져와 이를 신속하게 억압된 것의 귀환으로 재해석한다. "상징계로부터 배제된 어떤 것은 실재에서 다시 나타난다. 특정한 조건들 아래 하나의 수학적 구조로부터 특수하게 배제된 것이 어떤 다른 구조의 생산에 있어서 실재적인(역사적인) 과정을 개시하는 표시로 다시 나타나는 것이다"(SI, 128). 구조적 변화에 대한 알튀세르의 문제의식을 재구성하면서 바디우는 변화의 시초적인 지점이 내부적 배제—구조 속에 현존하지만 재현되지는 않는 실천—의 위치에 있어야 한다고 주장한다. 이 글에서 그는 하나의 인식론적 기준을 더한다. 변화의 시초적인 자리는, 현시되지만 아직은 그런 변화의 자리로 알려지거나 인정되지 않은 발상이라는 기준을 말이다. 이는 무의식unconscious이 l'insuccés(실패) 또는 l'insu-qui-sait(알고 있는 무지)라고 말하는 라캉의 말장난 같은 정의에 매우 가까운 것이다. 바디우는 그런 다음 "정치에서 그렇듯이 과학에서도 혁명을 오늘의 안건으로 올려놓는 것은 인지되지 않은 것l'inaperçu"(SI, 128)이라고 주장한다. 그러나 그저 희미한 유비에 지나지 않는 이 일반적인 논점이 그의 인식론을 진보적 정치에 연결하기에 충분한 것일까?

하나의 인식론이 어떻게 진보적일 수 있는가

이 두 텍스트—수학적 실천을 이전의 철학적 해석이나 이데올로기적 해석으로부터 세심하게 구분하는—모두 재주조refonte라는 개념으로, 그리고 정치적 변화에 대한 사유에서 재주조 개념의 중요성을 향한 불완전한 몸짓으로 끝을 맺는다.[58] 이 몸짓들의 맥락은 복합적인 구조 속에서 일어나는 일관적인 변화를 사유한다는 알튀세르적 문제의식에 대해 《모델의 개념》과 〈무한소적 전복〉 편에서 해답을 제공하는 것이다. 수학은 모델들의 실험적인 구축과 전환적 명명들의 발생을 통해 새로운 지식의 생산에 대한 착상을 공급한다. 하지만 이러한 해답들의 문제는 그것들이 알튀세르가 '변증법적 유물론'이라 부른 것의 질문들 및 이론적 생산을 이론화한다는 그것의 관심사에 대한 대답이라는 것이다. 이 해답들은 사회적, 정치적 변화에 지정되는 역사적 유물론의, 곧 사회과학의 질문에는 대답하지 못한다.

《모델의 개념》에서 바디우가 제시하는 해답의 한계는 마지막에서 두 번째 장에서 그의 작업의 장―"과학들의 역사에 대한 이론"―과 프롤레타리아 이데올로기 사이에 간접적 관계가 존재하는지에 관한 그의 주장이 부족하다는 점에서 드러난다. 그는 철학적 실천이 이데올로기의 영역에서 계급투쟁을 실행한다는 알튀세르의 교설을 인용하며, "이 개입"―자신의 텍스트―이 "하나의 특정한 과학 곧 역사적 유물론과의 반영적 관계, 그리고 이와 함께 프롤레타리아 이데올로기와의 관계"로 특징지어진다고 주장한다(CM, 62/138). 이 반영적reflected 관계라는 것이 텍스트 어디에서도 설명되지 않는 이상 이 텍스트는 하나의 불완전한 몸짓이 되며, 거기서 나타나는 조급증은 그가 철학에 관한 알튀세르의 교설―"결국, 철학적 경계의 선에 있어 실질적인 준거대상은 이데올로기에 있어서의 계급투쟁이다"―을 재차 언급함으로써 글을 맺으며 "이 투쟁에 걸린 판돈은 과학적 실천의 계급-전유"라는 주석을 덧붙일 때 더 심화될 뿐이다(CM, 62/138). 물론 이는 또 다른 정치적 정세의 용어이며, 거기에 걸린 판돈stakes은 오늘날의 관점에서 내려진 성급한 판단을 통해서는―즉 오늘날 하나의 관점이라 할 수 있을 정도로 일관적인 무언가가 있다고 하더라도―도저히 이해할 수 없는 그러한 것이다! 그러나 과학과 정치 사이의 관계에 대한 질문이 여기서 개방되며, 그런 연후에는 계급이라는 무엇보다 중요한 정치적 개념 아래 즉각적으로 닫히게 된다. 이 구절과 관련해 가장 놀라운 것은 이러한 언급들이 몸짓으로 남겨진다는 점이다. 바디우의 결론 전체를 검토할 때 분명한 것은 그가 자신의 결과들을 역사적 유물론의 영역으로, 즉 정치적, 사회적 변화의 영역으로 이출하지 않는다는 점이다. 그는 자신의 주장을 수학적 형식화의 역사성에 대한 질문에 엄격하게 제한한다.

《모델의 개념》 원래 판본의 〈서문〉으로 제시된 '경고warning'에서는 텍스트에 이론지상주의theoreticism 성향의 강조점이 찍혀 있다고 진단하며, "표적을 놓칠 시간은 끝났다"고 말한다 (CM, 7/40). 예컨대 〔'이론' 총서〕 편집진은 분명하게 인식론에서 정치로의 이출exportation의 부재를 언급하고 있다. 하지만 이 부재가 단순한 우연이 아니라는 모종의 증거가 있다. 텍스트의 첫 부분에서 바디우는 논리실증주의자들이 모델 개념을 경험주의적 인식론으로 부당하게 이출한다는 점을 비판한다. '모델과 구조Modèle et structure'라는 제목이 붙은 미셸 세르와의 1968년 텔레비전 방송 인터뷰에서 세르와 바디우 두 사람은 모두 구조 개념을 언어학으로부터 부정확하고 지나치게 확장적인 방식으로 이출하는 행태를 들어 문학적 구조론을 함께 규탄한다. 그러나 여기에는 오해의 소지가 있는데, 문제는 한 가지 분과학에서 다른 분과학으로 개념을 옮기는 모든 이출을 막아야 한다는 것이 아니다—바디우는 결코 제도적 경계에 관해 청교도적인 태도를 견지하지 않았다. 실제로 세르는 재미 삼아 몰리에르의 희곡 《돈 주앙》에 대한 정확한 문학적 구조 분석을 전개한다. 이리하여 몇 가지 특정한 이출이 인가된다. 초기 바디우와 관련된 질문은 변증법적 유물론에서 역사적 유물론으로―새로운 지식에서 새로운 사회관계의 생산으로―가는 이출이 실제로 이론화될 수 있는지 여부다. 더구나 이는 단지 바디우의 초기 작업에만 국한되는 문제가 아닌데, 왜냐하면 《존재와 사건》에서 모든 변화는, 정치적인 것, 예술적인 것, 과학적인 것, 혹은 사랑과 관련된 것을 막론하고, 새로운 지식〔인식〕의 구축을 통해 사유될 것이기 때문이다.

그의 철학적 저술 전반에서 그러한 연속성의 사례들이 보임에도 불구하고, 《모델의 개념》 출간에 바로 이어지는 시기인 마오주의 시기에 가장 급격한 단절이 일어난다. 바디우가 수학에 대한 모든 인식론적 연구를 내려놓은 것이다. 그가 수학을 채용할 때 이는 이 시기를 끝맺은 《주체의 이론》이라는 철학적 저작에서이며, 더욱이 그것은 엄격하게 유비적인 방식으로 이루어진다. 이에 따라 그의 논증은 정확하게 그가 스스로 논리실증주의자들과 구조주의에 가했던 것과 같은 종류의, 부당하고 정확하지 않은 이출에 대한 공격에 취약해진다. 차후에 그는 이러한 취약성을 제거하지만, 그 대가로 《존재와 사건》에서 존재론을 〔전반적으로 뜯어고치는 방식으로〕 갱생시키게 된다. 모든 담론은 단일성과 다수성에 관한 존재론적 주장을 한다고, 수학은 단일성과 다수성의 실존에 관한 가장 엄격한 담론이며 수학 그 자체가 존재론이라고 일단 선언하게 되면 수학의 '이출'은 더 이상 있을 수 없게 되는데, 왜냐하면 수학의 구조가 종류를 막론하고 모든 상황의 실존을 도식화한다고 말해지기 때문이다. 그러나 3장에서 살피게 될 것처럼 존재론의 갱생은 다른 취약점들을 만들어내며, 〔이에 따라〕 수학을 은유적으로 사용한다거나, 확고한 근거가 없고 검증불가능하며 구제할 수 없을 정도로 추상적인 존재론을 전개한다는 한 쌍의 비난을 불러오게 된다.

이 비난들에 대해서는 한 가지 대답이 있는데, 그것은 매우 단순하다. 이 책의 마지막 페이지들에서 그 대답을 통해 우리는 다시 한번 완전한 원환을 그리며 모델의 개념에 관한 논의로 돌아오게 될 것이다.

이론지상주의와 실천의 우선성

이를 통해 우리는 바디우의 초기 철학적 저작에 대한 우리의 연구에서 어느 위치에 서게 되는가? 정확히 《모델의 개념》의 〈서문〉이 되는 '경고'에 의한 중단에 서게 된다. 마스페로 출판사에서 출간된 '이론Théorie' 총서를 주도했던 편집진은 직설적으로 그 이론적 국면이 지나갔음을, 더 이상 표적을 겨냥하고도 놓치는 데 그칠 수 없는 시간이 도래했음을, 그 영역이 "제한"되고 "매우 간접적"임을, 그리고 "투쟁은, 심지어 이데올로기적인 투쟁조차, 전적으로 다른 양식의 작업과 명석하고 정확한 정치적 투지를 요구"함을 천명한다.[59] 이러한 판단은 정치적 실천의 우선성에 대한 주장에 기초하며—왜냐하면 이 판단이〈포이어바

흐에 관한 테제들〉에서 제시된 마르크스주의 철학의 공리 중 하나에 근거를 두기에—또한 바디우의 마오주의 시기를 지배하게 될 것이다. 이 편집진에게 그리고 또한 바디우에게 아직 명확하지 않은 것은, 모델 개념의 유비적 이출의 부재 속에서, 그 세부적인 내용에 대한 끈기 있는 교육적 설명 속에서, 그리고 독자에게 연습문제 풀이를 완수하라고 하는 권고 속에서, 바디우가 이미 실천의 우위를 정치가 아닌 수학에 부여했다는 사실이다. 그러나 이러한 방향은 그가 5월 사건의 부름에 부응함에 따라 20여 년 동안 한쪽으로 밀려나게 된다. 1968년 12월, 드골 정부의 복구 이후, 그리고 혁명이라는 폭풍이 불어치는 바다를 빠져나와 의회민주주의라는 토사로 가득 찬 항구에 정박하는 지식인들의 서글픈 행진 이후, 바디우에게는 접근 방향을 바꿔야 할 시간이 찾아온다. 이제 정치의 시간이 된 것이다.

2장

마오주의와 변증법

서론: 역사과학은 없다

> "역사과학이라고? 마르크스주의는 주체로서의 프롤레타리아가
> 스스로를 지탱하는 담론이다―이것은 결코 망각되어서는 안 된다."
>
> 《주체의 이론》, 62

1970년대의 텍스트들에서 바디우의 마오주의적 전회를 이 인
용문만큼 명확하게 표시해주는 것은 없으며, [또한 동시에] 이토
록 결정적으로 알튀세르주의자로서의 과거를 숨기려 드는 문
장도 없을 것이다. 이 문장은 역사적 유물론이란 없다고, 다시 말
해―알튀세르의 관점에서―변증법적 유물론에 의해 명시적
인 것이 되는 이론적 작업틀을 지닌 '역사과학'은 없다고 선언
한다. 그 대신 바디우는 마르크스주의는 계급투쟁의 전투적 경
험임을 선언한다. 따라서 마오주의자들에게 있어 마르크스주의
담론의 방향과 본성 자체는 그 담론의 첫째 공리라고 할 수 있는
어떤 것에 의해, 즉 실천의 우선성primacy에 의해 영향을 받는다.
명백히 이는 마르크스주의가 학문적으로 문서고에 보관된 여

러 기이한 정치적 이론 중 하나로 흡수되는 경향을 막는 마오주의의 중요한 공헌이라 할 것이다. 하지만 문제는 이러한 행동주의적 마르크스주의에서 생산양식이나 상품물신성 등의 중요한 개념들을 위해 어떤 자리가 마련되어 있는지가 더 이상 명확하지 않다는 것이다. 특정한 정치적 투쟁들의 총합에 달려 있는 담론 속에 과연 어떤 일관성이 남아 있을 것이며, 그 총합에 어떻게 단 하나의 이름이 주어질 수 있겠는가? 보다 정확히 말해서 어떻게 우리는 이 시기 바디우가 전개한 세 가지 이론—이데올로기의 이론, 모순의 이론, 주체의 이론—을 정치적 실천의 우선성 교설과 화해시킬 수 있을 것인가? 바디우는《모순의 이론Théorie de la contradiction》에서 그 교설의 보다 부드러운 정식화를 통해 이 둘을 화해시키는 것으로 보인다. "마르크스주의는 우선 정치적 입장의 선택과 당적 경험의 체계화이며, 둘째로 사회의 과학이다."[1] 하지만 이러한 최소한의 위계는 여전히 마르크스주의의 두 가지 방향 사이의 관계를 만족스럽게 해명해주지 못한다.

이 장은 이 시기 바디우의 저술에서 보다 길고 보다 이론적인 텍스트들인《모순의 이론》(TC),《이데올로기에 대하여De l'idéologie》(DI), 그리고 특히《주체의 이론Théorie du sujet》(TS)을 집중적으로 논의할 것이다.[2] 지금까지 이 저작들은 〔아직 영어로〕 번역되지 않은 상태이며, 따라서 영어권 세계에서 몇몇 개인의 탐험을 제외하면 전반적으로 알려지지 않은 채로 남아 있다.[3] 나는 이 장에서《주체의 이론》이 모든 중심가 서점의 매대에 놓여야 하는 이유를 보일 뿐만 아니라, 더 중요하게는 어떻게 이 책이 새로운 시대의 변환점에 있는 전환적인 텍스트로서, 다시 말해 바디우의 마오주의를 탐구하고 확장시켜 무언가 다른 것—1980년대 초에는 아직 이름도 없었던—으로 전환시키는 지점에 이르기까지 계속 지속되었던 연구로서《모델의 개념》과 연결되는지 설명할 것이다. 달리 말해서《주체의 이론》은 바디우의 마오주의 시기를 완성한다. 그러나 그의 마오주의는 그 자체의 시기를 미완성의 몸짓으로, 이어지는 시기 곧《존재와 사건》시기의 주된 신호가 되는 몸짓으로 끝을 맺는다.

최초에 바디우의 마오주의는 하나의 단순한 테제로 시작된다. 즉 정치적 봉기에 진리가 있다는 테제로 말이다.

마오주의적 전회: 실천의 우선성

봉기의 진리

바디우의 이전 기획—유물론적인 수학 인식론을 발전시킨다는—에서 진리에는 주체와 함께 하나의 이데올로기적 범주라는, 즉 선택이나 적층화의 기제들의 다양성을 은폐하는 범주라는 유죄 선고가 내려졌다. 1970년대 중반에 쓴 소론들인《모순의 이론》과《이데올로기에 대하여》에서 우리는 진리라는 범주의 복권을 목격할 수 있다. 물론 여기서 문제는 결국 다시 선택과 분열이라는 것이 밝혀지겠지만 말이다(TC, 13).《이데올로기에 대하여》에서는 그 맥락이 알튀세르의〈이데올로기와 이데올로기적 국가장치〉와 들뢰즈-가타리의《안티오이디푸스》에 반대하는 이데올로기의 주체에 관한 반론polemic으로 나타난다(DI, 20~28, 38~40). 바디우의 주된 논지는 단순하다. 하나 이상의 이데올로기가 있다는 것이다. 이를테면 어떠한 이데올로기 이론이라 하더라도 단지 지배적인 이데올로기의 설명에만 그쳐서는 안 되며, 또한 '프롤레타리아 이데올로기'의 가능성도 설명해야 하는데, 그러지 않는 이상 봉기의 발발을 설명할 수 없기 때문이다. 들뢰즈와 가타리에 대한 반론으로 바디우는 설령 대중이 지배적 이데올로기에 대한 믿음이 아니라 욕망에 기만당하는 것이며 그 욕망을 자신과 주체적으로 동일시하는 것이라 하더라도, 여전히 스파르타쿠스의 노예 봉기에 대해 설명할 필요가 있다고 강변한다. 그는 노예들이 반란을 일으키면서도 동시에 생기를 가진 도구라는 자신들에 대한 로마인의 표상에 스스로를 동일시하고 있었던 것이겠느냐며 냉소적인 질문을 던진다. 바디우에게 있어 모든 이데올로기 분석의 출발점은 차라리 공장 내에서의 파업이나 또 이에 이어 나타나는 다양하게 분기하는 이데올로기들의 긴급한 출현 같은 사회적 갈등이다(DI, 28~30). 달리 말해서 이데올로기 분석은 계급투쟁의 국지적 심급에 초점을 두어야 하며, 여기서―이것이 바디우의 다른 준칙인데―착취자들과 착취당하는 자들 양자 모두가 그들 자신의 이해관계와 착취의 존재를 완벽하게 의식하고 있다는 점을 염두에 두어야 할 터인데, 이는 이데올로기를 노동 계급에 대한 기만으로, '허위의식'으로 이해하는 이론가들과 상반되는 측면이다. 바디우의 관점에서는 언제나 이해관계가 걸린 계급투쟁의 양측 모두 자생적인 인식을 가지고 있다(DI, 4).

　어떤 갈등 상황 내에서 이데올로기적 공간은 사회적 관계들—고용자-노동자 관계들—이 어떤 방식으로 재현되는지에 따라 분열된다. 말하자면 화해에 이를 수 있는 관계 혹은 본질적으로 적대적인 관계로, 우발적이며 변화할 수 있는 관계 혹은 필연적이며 영구적인 관계로 말이다. 다음으로 다양하게 분기하는 이 재현들은 이미지나 환상이 아니라 계급 이해관계들의 물질적 표현으로 분석될 수 있다. 예컨대 한 노동조합원이 제기하는 주장의 내용은 궁극적으로 부르주아 계급의 사회적, 금융적 이해관계를 재현한다는 점에서 실재적이다. 바디우는 자신의 독자들에게 이것이 기본적인 유물론적 테제임을 상기시킨다. 즉 사유는 외부적인 물질적 힘들에 의해 추동되며, 파업에서 그러한 힘들—물리적인, 금융적인—은 담론을 통해 결실을 맺기에 이른다. 따라서 이러한 맥락에서 힘force이라는 용어가 처음으로 등장하는데, 이 말은 바디우가 《모순의 이론》과 《주체의 이론》에서 펼쳐내는 '역사적 변증법historical dialectic'의 핵심적인 용어이다. 노동조건이나 임금에 관한 이데올로기적 갈등에서 이러한 힘들이 추동하는 것은 저항과 갈등이 봉기로 발전하게 되는지 아닌지에 따라 지속 여부가 결정되는 분열의 과정이다. 그러한 봉기 내부에서—그리고 이는 바디우가 오늘날까지 지키고 있는 테제인데—새로운 사유(정의나 사회적 구성이나 정치에 관한)가 생성되며, 프롤레타리아 이데올로기의 요소들이 모습을 드러낸다(DI, 34~36, 45). 하지만 문제는 착취당하는 자들이 그들 자신의 억압에 대해 펼쳐내는 인식과 마찬가지로 이 요소들이 분산되어 있다는 점으로, 달리 말해 지리적으로나 연대기적으로 상이한 투쟁들 속에 흩뿌려져 있다(DI, 92). 이러한 프롤레타리아 이데올로기는 그 우발적이고 다수적인 탄생으로 고통받는다. 말하자면 프롤레타리아 이데올로기는 비일관성 속으로 증발해버릴 위험을 떠안게 되며, 이는 바디우 자신의 담론이 마르크스주의에서 '자생주의(자발성 우선주의)spontaneism'라고 지칭하는 것이 될 위험을, 조직의 전략적 문제들에 어떠한 주의도 기울이지 않고 특정한 봉기들에 과도한 신뢰를 보낼 위험을 떠안게 되는 것과 마찬가지이다. 요구되는 것은 일정량의 일관성consistency이며, 바디우 저술의 이 시기에 이를 위한 약은 이미 제조되어 있었다. 바로 마르크스주의적인 역사의 변증법과 당이라는 것으로 말이다.

역사 속에 진리가 있다

마르크스주의적 변증법은 하나의 실존적 테제의 형태로 바디우의 텍스트에 들어온다. 모든 특정한 투쟁 기저에는 그리고 그 너머에는 오래전부터 이어져온 착취당하는 계급들의 역사적 기획이 있다는 것. 하나의 휘포케이메논hypokeimenon―프롤레타리아의 역사적 기획―을 서로 동떨어진 정치적 사건들을 하나로 통합하는 지지대로 상정함으로써, 변화를 일관된 것으로 이해할 수 있다는 점에 유의하자. 이 기획은 노동 계급과 부르주아 계급 사이의 대상적(객관적)objective이면서도 환원불가능한 적대에 의해 필연적인 것이 된다(TC, 9~10).《모순의 이론》에서 마오의 "반동분자들에 대한 반란은 옳다"라는 금언을 주해하면서, 바디우는 열정적으로 "프롤레타리아라는 위치의 본질은 그 역사적 기획에 있어서는 유효하나, 특정한 봉기들에 있어서는 그렇지 않다"(TC, 9)라고 말한다. 게다가 이 텍스트—하나의 정치적 팸플릿인 만큼이나 이론적 텍스트로 기억해야 할—에서 바디우는 목적론적인 역사 전망으로 되돌아가, 억압과 착취를 자행하는 세계의 "피할 수 없는 침몰"에 대해 이야기한다. 이러한 전환의 보편적 행위자universal agent, 곧 역사의 주체에게는 "혁명적 대중"과 "프롤레타리아 계급"이라는 두 가지 이름이 있다(DI, 51, 57, 71). 바디우의 마오주의는 이 두 이름 사이의 간극에서 펼쳐진다. 대중과 그들의 저항 편에서, 바디우는 토마스 뮌처와 농노들의 반란이나 태평천국 운동의 반란을 막론하고 봉기가 일어나는 역사적 정세에서는 몇 가지 "공산주의적 불변항com-munist invariant"이, 예컨대 평등에 대한 요구나 사유재산에 대한 비판, 국가에 대한 비판 등이 현존한다고 상정한다(DI, 58~61). 이러한 '공산주의적 불변항들'의 가설은 서로 동떨어진 봉기들 사이에서 어느 정도의 일관성이 싹트게 한다. 하지만 계급의 관점 곧 프롤레타리아의 관점으로부터, 바디우는 이러한 공산주의적 불변항들만으로는 불충분하며, 오로지 그러한 불변항들이 마르크스-레닌주의에 의해 수용되어 지도될 때에야 혁명적인 프롤레타리아의 형성과 소유관계 전복의 가능성에 기여할 수 있다고 주장한다(DI, 87).

지속적인 혁명적 활동으로 이어지는 고립된 봉기들의 확장은 변증법에 따라 일어나는데, 말하자면 이는 대립하는 사회적 힘들 사이의 모순에 의해 추동된 역사적 분열 과정에 따른 것이다. 바디우의 관점에서 볼 때 하나의 진리는 봉기에서 출현하는 것이지만, 그뿐만 아니라 변증법적 과정 전체의 진리 또한 존재한다. 예리한 독자라면 이 순간 바디우의 사유가 노골적으로 헤겔적임을 눈치챘을 터인데, 실제로 그는 절대 이념absolute idea이란 실천적 관념practical idea과 이론적 관념theoretical idea의 동일성임을 이야기하는《논리학》구절에 대한 레닌 자신의 동의를 언급한다(TC, 3, 6).[4] 하지만 문제는 어떻게 실천적 관념―공산주의적 불변항들―이 정치적 과정 중에 이론적 관념―마르크스-레닌주의―으로 통합될 수 있는가 하는 것이다.

바디우의 마오주의 소책자 두 편〔《모순의 이론》과 《이데올로기에 대하여》〕 모두 전반적으로 이러한 문제를 다루는 데 할애된다.《모순의 이론》에서 바디우는 "봉기를 일으키는 착취당하던 자들의 사고는 언제나 변증법과 접합되고 통합되는데, 그것〔변증법〕은 그러한 사고의 사고이다"라고 언명한다(TC, 14). 이것이 철학은 사고에 대한 사고라고 규정하는 철학에 대한 플라톤의 정의와 유사함에 주목하자. 이 언표는 "반동분자들에 대한 반란은 옳다"는 마오의 원칙에 관한 긴 주해의 말미에 등장하는데, 이 주해에서 바디우는 봉기가 그 자체의 합리성에 대한 의식에 의해, 즉 봉기의 지식을 발전시키고 그것을 되돌려주는―의심의 여지 없이 팸플릿의 형태로―마르크스주의 이론을 통해 강화될 수 있다고 주장한다(TC, 11).[5] 봉기의 지식에 대한 이 이론적 발전은, 마오에 따를 때, 대중의 관념에 대한 체계화 및 집중화로 이루어진다(DI, 88).

그러한 체계화의 도구는 레닌이 생각했던 혁명 정당 이외에 다른 무엇이 아니다. 혁명 정당은, 공산주의적 기획에 따른 계급투쟁의 직접적인 표명과 조직화를 그 역할로 하는 이상, 역사의 주체를 나타내기 위해 바디우가 제시한 세 번째 이름이다(DI, 6; TC, 8, 12, 45). 이 시점에 바디우는 주체라는 범주를 복원하는데, 알튀세르와는 달리 주체는 단순히 이데올로기의 효과가 아니라 혁명적 활동을 물질적으로 조직화하는 것으로서 당 그 자체이다. 바디우의 저작 전반에 걸쳐 그러한 주체의 이름은 바뀌겠지만, 이후로 주체를 국지적인 수준에서 일어나는 전체적인 변화의 조직화 및 실현으로 보는 이해는 남게 될 것이며, 그것의 작용에 대한 기본적인 묘사가 분열division인 이상 주체는 하나의 분열로서 실존한다. 바디우의 마오주의 시기에, 당-주체subject-party는 계급 분석에 따라 대중의 관념을 분열시킴으로써 대중의 관념들을 조직하는데, 여기서 어떤 관념들은 수정주의적이고 궁극적으로는 부르주아적인 이해관계에 봉사하게 되며, 다른 관념들은 혁명과 관련된다(DI, 72~73). 그 과정에서 당은 바디우가 "혁명적 지식의 변증법적 주기"라 지칭하는 무언가에 관여하게 되는데, 이 주기는 프롤레타리아 이데올로기의 역사적 형성을 가리키는 또 다른 용어이다(DI, 69~72, 113). 이 장의 서론에서 나는 실천의 우선성을 자신이 구축한 이데올로기의 이론,

모순의 이론, 주체의 이론과 화해시키는 것이 〔이 시기〕 바디우의 도전 과제라고 천명한 바 있다. 물론 마오주의자의 견지에서 모든 대립의 화해는 실제로 시간의 경과에 따라 변증법적 과정을 통해 일어나야 한다. 그리고 바디우의 관점에서 이론은 사실상 혁명과 관련된 지식의 현실적인 발전 내부에서 그 자체와 정치적 실천 사이의 변증법으로부터 출현한다. 이 과정은 다섯 단계로 이루어진다. 첫째, 다양한 관념이 대중 봉기 중에 괴리적인 방식으로 나타나게 되는데, 바디우는 이를 "관념의 힘ideal force"이라 지칭한다. 둘째, 이 힘은 관념들이 오래된 관념들과 새로운 관념들로 부분적으로 체계화되는 봉기에 내부적인 계급투쟁으로 인해 분열된다. 셋째, 마르크스-레닌주의적 계급 분석을 실행하는 당은 체계적으로 이러한 분열된 관념들의 자리를 정한다. 넷째, 당은 이러한 관념들을 행동을 위한 명령들로 옮긴다. 마지막으로 이러한 명령들의 실현은 새로운 괴리적 관념들과 함께 이 관념들의 정확성에 대한 평가를 생산하며, 이로써 〔새로운〕 주기가 관념의 힘으로서 다시 시작된다. 마르크스주의 이론은 비현실적이고 비의적인 것과는 거리가 멀기에 상식과 닮아 있다. 만일 한 가지 관념〔발상〕이 제대로 작용하지 않는다면, 다른 것을 시도해보면 되는 것이다.

상식과 닮아 있지 않은 것은 당이 행동을 위한 명령들의 정확성을 평가할 수 있다는 생각으로, 확실히 그러한 것은 여론조사나 홍보 담당자들의 역할이다! 당에 대한 바디우의 견해를 면밀하게 검토하면, 그것이 중앙집권화된 위계적 조직이라는 레닌주의적 견해에 명확하게 고정되어 있지 않다는 점이 드러난다. 바디우의 이야기에 따를 때 봉기 내부에서 혁명을 지도하는 계급의 출현을 알리는 것은 혁명적 지식의 출현이다(DI, 81). 스스로를 하나의 당으로 조직해내는 프롤레타리아의 능력은 대중의 정확한 관념들을 체계화해낼 수 있는 이들의 능력일 따름이다. 한 조직의 실존은 전적으로 어떤 특정한 지식의 유형의 실존에 의존한다. 바디우 저작 전체에 대한 우리의 시기 구분에 있어 우리가 여기서 대하게 되는 것은 어떤 연속성이다. 즉 알튀세르의 '변증법적 유물론'으로부터 물려받은 지식-사회 동형성 knowledge-society isomorphism인 것이다. 따라서 바디우의 관심사는 여전히 인식론적인 것이다. 그러나 이것이 깔끔한 시기 구분을 흐리게 하는 유일한 요소는 아니다. 《이데올로기에 대하여》에서 바디우는 그가 말하는 자신의 핵심적 테제—"프롤레타리아는 하나의 논리적 힘이다" 혹은 "프롤레타리아 조직은 하나의 새로운 논리의 몸이다"—속에서 지식-사회 동형성을 강화한다(DI, 100, 98, 강조는 인용자). 정확히 이는 30년이 지나 최근에 출간된 책 《세계의 논리》에서 그가 자신의 범주론적 논리category theory logics를 통해 접근하는 과제이다. 바로 변화의 물질적 예시화로서 하나의 새로운 집합적인 몸—새로운 일관성—의 출현을 이론화하는 과제 말이다.

바디우는 《이데올로기에 대하여》의 끝을 향해가는 부분에서 당의 본성에 대한 질문을 명시적으로 제기하며, 프롤레타리아 조직이 중앙집권화된 당의 형태를 띨 것인지 아닌지가 사유의 일반적 투쟁 중 하나라고 말한다. 그의 입장은 이것이 하나의 주체적 질문이 아니라 논리적 질문이라는 것이다. 반대의견! 논리는 공산주의적 불변항도 과거의 투쟁들에 대한 마르크스주의적 체계화의 일부도 아니다. 그럼에도 바디우는 논리의 기계 장치가─〈무한소적 전복〉에서 제시된 논변을 되풀이하여─논리를 지배적 이데올로기로부터 지켜준다고 주장함으로써 해답을 제공하는 논리의 역량을 옹호한다(DI, 98). 따라서 논리와 수학은 바디우 저작의 둘째 시기에 완전히 사라지거나 단순한 유비로 기능하지 않는다. 여기서 바디우가 논리에 설정하는 과제는 최초의 좌절에 굴복하지 않을 그러한 형태의 조직을 발전시키는 것이다. 하지만 새로운 조직 논리에 대한 이런 초기의 요청들과《세계의 논리》에 제시된 작업 사이의 엄청난 차이는 후자에서 문제가 되는 것은 인민 봉기에서 발현하는 관념들을 발전시키고 일관적인 것으로 만드는 선존하는 조직이 아니라, 어떤 하나의 사건으로 귀결되는 그리고 변화의 움직임인 어떤 새로운 조직의 사후적 발현이라는 점이다. 이와 같이 최근의 바디우는 초기에 자신이 반대하고 자생주의라 기각했던 어떤 것을 되풀이할 위험을 감수한다. 요컨대 공산주의적 불변항들의 괴리적 발현에 대한 믿음이라는 위험을 말이다.

서술과 규정: 이론을 접어 실천으로 만들기

하지만 1976년에 바디우의 주된 관심사는 '혁명적 지식의 변증법적 주기'의 이름들이나, '프롤레타리아 이데올로기'의 발현을 위한 조건들에 이른다. 《모델의 개념》이 이론지상주의라는 이유로 유죄판결을 받는다면, 어떤 종류의 텍스트가 이런 관심사에 적합할 것인가? 그런 텍스트의 첫째 특성은—마오주의 텍스트들에 대한 여러 논평이 그렇듯—교육적일 수밖에 없다는 것이며, 심지어 2만 권 이상이 팔려나갔고 프랑스에서 수리논리 입문 교과서로 쓰이기도 했던 《모델의 개념》보다 더 교육적이라는 것이다.[6] 그러한 교육적 측면은 이 텍스트들이 무엇보다 먼저 정치적인 텍스트임을—비록 직접적으로는 아니더라도 이 텍스트들이 자신이 기술하는 지식의 변증법의 내부에 그 자체를 기입하고 그러한 변증법을 가속화하려 한다는 점을—알린다. 《모순의 이론》 첫 부분에서 바디우가 말하는 것처럼, 모든 마르크스주의 텍스트는 반성적이고도 규정적이며, 이론적이고도 지도적이다(TC, 11). 두 가지 물질적 특징이 이러한 텍스트 외부적인 포부를 보여주는데, 첫째 특징은 이 텍스트들이—비록 바디우의 이름으로 된 공식적인 서지목록에 '정치적 시론들'이라는 하위범주로 등장하기는 하지만—현재 바디우라는 이름 없이 PDF 파일 형태로 유통되고 있다는 점이다. 그 글들에는 저자 이름 대신 당시 바디우가 소속되었던 프랑스 마르크스-레닌주의 공산주의자 연맹Union des communistes de France marxiste-léniniste, UCFML이라는 정당명이 쓰여 있다. 《이데올로기에 대하여》가 바디우의 저작이기는 하지만 프랑수아 발메스François Balmès와의 공저로 인정된다는 점을 분명히 해두도록 하자. 둘째 특징은 이 텍스트들이 소책자fascicule라 불린다는 점인데, 이는 어떤 총서series의 일부를 이루는 부분적인 편람이나 지도서를 나타내는 말이다. 누군가가 그러한 책자를 읽는다면 앞으로 저술될 상당 분량의 저작이 남아 있음을 지각하고 있게 되며, 바디우 자신은 한때 지식인의 역할에 관한 또 다른 소책자를 쓰겠다고 약속하기도 한다. 그 텍스트들은 그 자체로 불완전한 것이 아니며, 오히려 하나의 불완전한 기획의 일부를 구성하는 것이다.

그 기획은 가능한 한 가장 넓은 의미에서 프롤레타리아 혁명 이외에 다른 무엇일 수 없다. 그러나 1970년대 중반 혁명이 부재하던 프랑스 상황에서는 이 텍스트들의 진정한 현실적 맥락에 관한 문제가 남게 되는데, 특히 혁명적 지식의 변증법적 주기에 관한 이론이 그 자체로는 어떠한 역사적 과정도 시작할 수 없기 때문이다(TC, 39). 말하자면, 바디우는 모든 마르크스주의적 지식을 헤겔이 말하는 미네르바의 부엉이라는 상징 아래 위치시킨다. 역사적 변화에 대한 이론적 지식은 실행 이후에 오는 것이며, 혹은 보다 과격한 표현으로 하자면 마르크스의 《자본》은 봉기에 대한 프롤레타리아의 역사적 지식을 집대성한 체계화인 것이다. 《주체의 이론》의 용어로 하자면 "힘들의 자리로서의 분열scission은 상관관계의 이해가능성에 대한 실천의 급진적인 선행성을 상정한다"(TS, 53). 이와 같이 이러한 마오주의적 소책자들은 그에 선행하는 실천적 맥락 또는 "상관관계"를 상정한다. 바디우가 우파적 일탈―수정주의(철학에서 보자면 동일성〔정체성〕의 형이상학)―과 좌파적 일탈―자생주의(철학에서 보자면 불확정적인 흐름의 이론)―의 사이로 방향을 잡아 나아갈 필요성과 관련하여 변증법의 이론적 배경을 서술할 때 우리는 하나의 힌트를 얻는다. 요컨대 일차적인 실천적 배경은 노동자의 정치적 운동과 궁극적으로는 분열의 자리로서 당 그 자체이다(TC, 30, 49). 특히 이를《주체의 이론》에서 전개되는 외관상 고정되어 있지 않으며 불확정적인 변증법을 대하게 될 때 명심하는 것이 중요하다.

역사적 변화의 이론에 대한 전제로서 실천의 우선성은 UCFML(프랑스 마르크스-레닌주의 공산주의자 연맹)의 소책자들이 정치적 분열의 맥락 속에 스스로 기입됨을 의미한다. 즉 투쟁은 하나의 절대적인 것이다(TC, 18). 이 시기의 저작에서 바디우는 계급투쟁 속에서 파괴는 새로운 것의 창조를 위한 조건이라고 간주한다. 따라서 이 텍스트들과 그것들의 규정들에서 어떤 것이라도 나오게 된다면, 어떤 관념의 힘이 나타나게 된다면, 이 텍스트들은 그 자체로 쇠락과 파괴에 이를 운명에 처한 것이다(TC, 13). 마르크스주의 이론은 언제나 다시 만들어지기를 기다리는 "폐허가 된 장"이라고 바디우는 선언한다. 그 결과 그 이론은 이 텍스트들 이후에, 그것들의 시기가 끝에 이르게 된 이후에, 폐허가 된 장으로 남는다.

바디우의 마오주의적인 변증법 이론은 그 자체로 영속적인 투쟁과 분열이라는 배경에 처하게 되며, 그 자체의 쇠락 속으로 던져진다. 이것이 단순히 철학의 또 다른 자기극복 형태인지 아니면 진짜로 낯선 영역으로의 추방인지는 앞으로 차차 보게 될 것이다. 바디우의 마오주의적인 변증법 이론을 이해하려면 우리는《주체의 이론》이라는 이 시기의 유일한 대표작을 다뤄야만 한다.

구조적 변증법과 그 주기화

구조적 변증법: 외장소와 배치공간

《주체의 이론》에서 개진되는 첫째 테제는 변증법 개념의 범위가 제한되고 그 발전이 정체停滯된 책임이 일련의 변증법 이론가dialectician 전체에게 있다는 것이다. 알튀세르의 변증법적 유물론은 그리스의 원자론자들로부터 직접적으로 헤겔에게 이어지고 그런 다음 말라르메에게 그리고 최종적으로 라캉에게 이어진 계통이 마지막으로 표현된 형태이다. 따라서 바디우 논증의 첫째 국면은 하나의 종합으로, 여기서 시인과 철학자들과 정신분석가는 바디우 자신이 "구조적 변증법"이라 지칭하는 것에 대한 기여로 인해 함께 무리를 이루게 된다.

　잠시 그 논증에서 한 걸음 물러나 방법론을 검토해보면, 바디우 저술의 이 지점에서 변별적 특성을 지닌 하나의 철학적 해석 양식이 발현함을 알게 된다. 이 변증법 사용자들 각자는 그들 자신의 방식으로―원자론자는 클리나멘clinamen으로, 말라르메는 사라져가는 난파선으로―구조적 변증법의 일부를 사유하지만, 이 변증법의 구축에서 부분을 이루는 항들―배치공간splace, 외장소offsite, 힘force, 비틀림torsion―은 바디우 자신의 것이다.* 그 전반적인 효과는 이 이론이―바디우가 발휘하는 해석의 힘

83

으로 인해—그러한 사상가들 각자에 의해 견지되는 것처럼 보이지만, 동시에 이 이론이 '구조적 변증법'으로서 특별히 그들 중 누구에 의해서도 견지되지 않는다는 것이다. 이 종합으로부터 드러나는 것은 바디우 자신의 입장이 아니라 훌륭한 적수의 입장으로, 곧 현실에 가깝게 다가가지만 충분히 가깝게 다가가지는 못하는 자의 입장이다(TS, 72~73).

바디우 논증의 둘째 단계는 구조적 변증법이 정치의 역사에서 나타나는 현실적 운동을 설명하는 데 실패하는 것은 어쩔 수 없는 일임을 주장하는 것이다. 구조적 변증법이 무너지게 되는 것은 그것이 전체의 질적인 변화를 사유할 수 없기 때문이다. 즉 혁명을 사유할 수 없는 것이다. 셋째 단계는 구조의 비틀림으로서 제시되는 주체 개념을 통해 질적인 변화를 사유할 능력을 갖춘 대안적 이론의 구성, 즉 역사적 변증법의 구성이다. 이러한 대안적 이론을 구성하기 위해 바디우는 자신이 소환하는 저자들—자신의 스승들—을 '힘'이나 '외장소' 같은 개념들을 가지고 구분하여, 구조적 변증법에 대한 그들의 기여를 자신의 역사적 변증법에 대한 그들의 직관과 선취로부터 분리해낸다. 우리는 이러한 구분의 국면을 분석의 국면이라 지칭할 수 있을 것이다. 비록 그 목적이 철학적 텍스트—예컨대 헤겔의 《논리학》 같은—의 분석이나 특정한 현상의 분석이 아닌 이상 이러한 구분

★ '외장소'로 옮긴 바디우의 원래 용어는 horlieu(hors(~ 바깥에) + lieu(장소)), '배치공간'으로 옮긴 용어는 esplace(espace(공간) + place(장소))다.

은 영어권의 철학을 배운 학생들에게 친숙한 그 어떤 분석과도 유사하지 않지만 말이다. 다음 수순은 이러한 직관이나 선취로부터 비틀림으로서의 주체성의 이론을 추론해내는extrapolate 것이다. 다시 한번 이러한 방법론은 영어권 철학의 학생에게는 일견 이상하게 여겨질 수도 있다. 그러한 방법론은 철학사의 것도 순수 철학의 것도 아니며, 〔여기에 더해〕 일차 텍스트들의 해석이 한 이론의 구성과 섞이기 때문이다. 들뢰즈의 독자에게 이런 방식은 그리 놀랍지 않을 것이다. 하지만 경험주의자들에게 이 기법은 의심스러운 것이다. 역사적 변화의 이론은 우선적으로 다른 철학들이 아니라 구체적인 역사적 변화의 사례들과 대조하여 평가되어야 하기 때문이다. 그러나 이는 이론과 실제〔실천〕 사이의 반변증법적anti-dialectical 분리를 전제한다. 바디우의 주장은 어떠한 마르크스주의 텍스트라도 그 자체로 과거 투쟁들의 투사적인 정치 경험의 농축물이라는 것이다. 역사적 변증법 이론은 그 자체로 어떤 특정한 역사적 정세의 표현물이다.《주체의 이론》에서 그러한 정세의 흔적—프랑스의 1968년 5월이나 중국의 문화혁명기로 특징지어지는—은 하나의 변증법적 이론이 전반적인 정치적 변화를 설명함을 강조하는 것이다. 그 결과는 완전히 다른 변증법이 아니라 구조적 변증법에 대한 보충물이다. 바디우는 동일한 기본항들을 유지하고, 그런 다음 문자 그대로 몇 가지 비틀림을 더한다.

먼저 기본 항들을 살펴보자. 모든 구조는 원소들—외장소(offsites 혹은 outplaces)—과 이 원소들을 귀속시키며 이것들을 내부에 배치하는 어떤 공간 혹은 전체—배치공간(splace)—로 이루어진다.[7] 이른 시기에 시도했던 알튀세르 재구성에서 바디우는 실천들과 구조 속에서 그것들이 점하는 장소에 대해 이야기한다.《주체의 이론》에서 '외장소'라는 항은 배치하는 힘에 맞서는 근본적인 대립항—이러한 원소는 힘—을 나타내도록 고안되어 있다. 그러므로 하나의 원소는 언제나 구조에 의해, 그러나 또한 그것의 장소 외부out 혹은 그것의 자리에서의 이탈off에 의해 배치된다. 최초의 모순은—그리고 구조적 변증법에 여전히 존재하는 '변화의 동력'은—이런 방식으로 외장소들 자체와 그것들의 배치 사이에 놓이는데, 이는 A/A_p로 표기되며, 여기서 A는 외장소를, A_p는 (배치공간 내에) 배치된 외장소를 나타낸다. 바디우에게 있어 이 짧은 정식은 프롤레타리아(라는 외장소)와 제국주의적인 부르주아 사회라는 배치공간 내에서의 그들의 배치 사이의 분열을 도식화한다. 따라서 계급투쟁—바디우의 텍스트에서 더 이상 하나의 명시적인 항이 아닌—은 사회 내에 있는 두 집단의 사람들 혹은 두 유형의 주체성 사이의 투쟁이 아니라, 하나의 집단과 위계 혹은 장소들의 순서를 주된 특징으로 하는 어떤 특정한 사회 형태 사이의 투쟁이다. 앞서《이데올로기에 대하여》를 논평하면서 언급한 것처럼, 정치적이거나 또는 이데올로기적인 과정 속에서 프롤레타리아와 부르주아 사회 사이의 분열이 몇 가지 방식으로—본질적으로 적대적이거나 조정 가능한 것으로—재현될 수 있으며, 각각의 재현은 하나의 정치적 입장을 규정한다. 구조적 변증법에 따라 바디우는 그러한 재현들을 장소에 의한 결정determination의 계기—$A_p(A, A_p)$로 표기—라 지칭하며, 이로부터 귀결되는 두 가지 가능한 결과가 있다. 하나는 배치 자체의 단순 반복으로, 이는 $A_p(A_p)$로 표기되며 막다른 길로 향하게 된다. 다른 하나는 외장소가 결정을 통해 완전히 자리가 정해진〔배치된〕placed 것으로서 출현하게 되는 귀결인데—$A_p(A)$로 표기—바디우에 따를 때 이는 사회민주주의나 노동조합 조직이나 또는 심지어 우익 정치가 노동 계급의 에너지와 자신의 착취에 대한 이 계급의 인식을 포획할 때 일어나는 일이다. 하지만 그러한 배치가 필연적으로 관련된 사안의 종결은 아니다. 다음으로 외장소의 힘이 장소에 의한 결정의 계기를 제한하게 될 가능성이 있다—바디우는 이러한 가능성을 변증법에 대한 헤겔의 설명에서 얻는다. 달리 말해서 외장소—A 혹은 프롤레타리아—가 자신의 힘을 다시 적용함으로써 그 자체의 배치를 결정할 수 있으며, 이는 $A(A_p(A))$로 표기된다. 이러한 힘의 재적용—제한limitation의 계기—은 그 과정이 지속될 수 있도록 한다. 그리하여 두 가지 가능한 결과가 분기하는 또 다른 순간에 이른다.〔프롤레타리아라는〕외장소의 힘이 계속 장소에 의한 그 자체의 결정을 제한하여 그 자체를 치환하는 귀결에 이르게 되거나—이는 $A(A_p)$로 표기되며 바디우의 관점에서 볼 때 1968년 5월과 문화혁명을 생성했던 과정이다—혹은 외장소가 배치공간과 상관없이 그 자체의 순수한 정체성을 재단언하게 되는 귀결—$A(A)$로 표기—에 이르는 것이다. 바디우는 후자를 정치적 과정에 있어 가능한 두 번째 막다른 길로 확인하며, 이를

"좌파적 일탈"로 명명하는데, 이로써 첫 번째 막다른 길인 무익한 배치의 반복은 "우파적 일탈"이 된다.

《논리학》에 나오는 헤겔 변증법의 이러한 재가공에 있어 특히 충격적인 것은 그 과정의 최종적인 통일성이나 목적telos을 제공하는 종합이 없다는 점이다. 그 과정이 두 가지 막다른 길 중 어느 것에 의해서도 삼켜지지 않는다면, 그 과정의 최종 항은 $A(A_p)$인데, 이것은 최초의 항인 A/A_p와 그리 다르지 않다. 그러므로 추가적인 분열이나 결정 및 제한이 언제나 가능한 것이다.

이렇게 서로 엇갈리는 계기들—$A_p(A,A_p)$와 $A(A_p(A))$—을 갖는 변증법적 과정의 매력은 그것이 단지 어떤 한 혁명적 정치 과정의 가능적 귀결들을 도식적으로 그려내도록 고안되었다는 점에 그치지 않으며, 결국 그러한 정치는 희소한 것이다. 그것은 모든 역사적, 정치적 변화를 설명하도록 고안되었고, 더욱이 바디우는 여타 정치철학들이 이 변증법에서 제시되는 순간 중 그저 일부만을 잡아낼 수 있는 제한된 파악력을 지니고 있다며 비판한다. 물론, 그의 [비판이 향하는] 명확한 목표물은 신철학자들 nouveaux philosophes인 글뤽스만과 레비인데, 그들은 평민pleb과 국가state의 대립에 따라 정치를 이론화하며, 이런 방식은 약간은 아감벤이 제시하는 벌거벗은 생명bare life과 예외상태state of exception 사이의 대립과 유사하다. 바디우의 시각에서 이는 순전히 변증법적 과정의 두 가지 막다른 길에 따라, 말하자면 순수한 주체성으로서의 좌파적 형상 $A(A)$와 강화된 구조로서의 우파적 형상 $A_p(A_p)$에 따라 정치의 장을 사유하는 것과 같다(TS, 30).

바디우가 제시하는 도식의 다른 매력은 이를 개인적 삶이나 직업적 삶의 어떠한 과정에도 적용할 수 있으며, 이로써 친구나 연인이나 동료들이 좌파적 일탈을 범하는 것인지 아니면 우파적 일탈을 범하는 것인지 판정할 수 있게 된다는 점이다. 바디우는, 〔어느 공장의 파업 상황에서〕 변증법의 지속성이라는 명목하에 공포가 작업장 내에 촉발되기에 앞서, 이러한 일탈들이 주체의 실패가 아닌 과정 자체 속에 들어가 있는 구성적 가능성이라고 이론화한다는 점에 유의해야 할 터인데, 여기서 우파적 일탈로 향하게 되는 것은 비겁함이나 탐욕, 냉소나 어리석음이 아니라 힘에 대한 믿음의 결여이다—일탈자deviant는 없으며, 오직 일탈deviation만이 있을 뿐인 것이다.

바디우는 자신이 제시하는 외장소와 배치공간의 변증법을 단 하나의 정식으로 요약한다. "하나의 전체에 귀속된 모든 것은, 전체 속에 포함되어 있는 이상, 전체에 대한 장애물이 된다." 달리 말하자면 외장소offsite와 장소site 사이의 분열은 그 장소의 변화를 위한 동력이 되며, 더구나 이 분열은 보편적인 것이고, 이러한 사실은 구조 안에 있는 모든 외장소 각각에 있어서도 동일하다 할 수 있다. 그러나 정확히 이런 종류의 테제는 《주체의 이론》 뒷부분에서 암묵적으로 폐기되며 《존재와 사건》에서는 명시적으로 폐기되기에 이른다. 힘으로서의 외장소는 네그리가 말하는 잠재력으로서의 다중multitudes과 유사한 개념이다. 즉 변화의 일반적인 자동적 생성자generator이다. 하지만 바디우가 제시하는 전제에 따를 때 진정한 정치적 변화는—파리코뮌, 문화혁명의 부분들, 그리고 1968년 5월과 같이―매우 희소하며 언제나 불완전하다. 따라서 정치에서 일어나는 어떠한 일반적이고도 자동적인 변화라 하더라도 결국에는 언제나 동일한 것의 반복이 될 뿐이다. 이러한 동일한 것의 반복을 중단시키는 것을 사유하기 위해 바디우는 자기 책의 나머지를 이 변증법적 과정의 비틀림torsion의 이론―어떤 한 주체의 이론―에 바친다. 이 구축물에서 다루게 될 첫째 주제는 주기화periodization의 문제이다.

주기화의 문제

변증법이 한 바퀴 주기를 완전히 돌아 제자리로 오게 될 때 그 결과가 외장소와 그것의 배치 사이의 분열이라면, 바디우의 관점에서 볼 때 그 외장소―프롤레타리아 또는 마오주의―는 결국 그저 배치공간의 생산물―부르주아 계급 또는 수정주의―에 지나지 않은 것이 되는 귀결에 이를 것이다. 바디우는 자신이 유물론적인 주기화 원칙materialist principle of periodization이라 지칭하는 어떤 것을 동원하여 이 순환성에 반대한다. 주기화는 그 과정이 시작과 다른 무언가를 생산함을, 그리고 결과적으로 하나의 변증법적 과정은 그 자체로 다른 변증법적 과정과 구별됨을 분명히 한다. 이러한 원칙이 어떻게 작동하는지 설명하기 위해 그는 헤겔에게로 돌아가는데, 헤겔에게 있어 변증법의 완성의 계기―절대적인 것―는 행동의 계기, 곧 이론적 관념과 실천적[실제] 과정의 융합이다. 바디우가 옮겨놓은 내용에서 하나의 변증법적 시퀀스는 그 실천적〔실제적〕과정이 그 자체의 역사를 반영하는 지식을 담게 될 때 닫히게 된다. 언제나 그렇듯 헤겔에 대한 바디우의 접근법은 헤겔의 사유를 기각하는 것이 아니라 분열시키는 것이며, 따라서 바디우는 이러한 견해에 대해 가능한 두 가지 해석을 식별해낸다. 첫째는 그가 신학적 해석이라 지칭하는 것인데, 이러한 시각에서 볼 때 최종적인 행동의 맹아가 해당〔변증법적〕시퀀스의 발단에 내포되어 있다. 예컨대 십자가에 못 박힌 그리스도의 죽음은 인류를 위한 신의 계획을 실현하는 것으로 이해된다. 둘째 해석은 오래된 시퀀스와 새로운 시퀀스 사이에 해소할 수 없는 차이가 있다는 것이다. 첫 번째 시퀀스의 진리는 그저 두 번째 시퀀스의 사실적 조건으로 주어질 뿐이다. 어떤 한 새로운 시퀀스가 시작되는 것은 앞선 시퀀스가 이론적으로 이해될 수 있게 될 때, 곧 그 역사가 요약될 수 있을 때이지만, 이러한 요약은 단지 순수하게 실천적인 수준에서 존재할 뿐이다. 레닌과 볼셰비키 당의 발명을 예로 들어보자. 파리코뮌의 시퀀스와 그 실패에 대한 이론적 분석이 존재하며, 이는 볼셰비키 당 같은 실천적 수준에서 유효하다(TS, 64). 당은 10월 혁명을 통해 완전한 실효성을 얻게 되고, 따라서 파리코뮌을 주기화하는 것〔파리코뮌의 시대를 맺는 것〕은 바로 이 혁명이다. 하지만 그런 다음 새로운 변증법적 시퀀스에서 당이 어떤 위상을 점하게 되는지가 불명확하다. 당은 주체인가? 혹은 외장소가 되는가? 아니면 새로운 배치공간이 되는 것은 아닌가? 혹은 오히려, 1917년에 개방된 이 새로운 시퀀스에서 배치공간은 더 이상 차르와 함께 패퇴한 제국주의적인 부르주아 사회가 아니라, 노동자들의 진영 내부 혹은 심지어 당 자체 내부에 자생하는 수정주의가 되는 것은 아닌가? 이러한 질문들에 직면하여 바디우는 자신에게 새로운 시작이 필요하다는 결론을 내린다.

반복하자면 이 작업의 전반적인 과제는 주체에 대한 유물론적 이론을 만들어내는 것이다. 주체는 정치의 역사에서 한 가지 변증법적 시퀀스를 닫고 다른 변증법적 시퀀스를 열어내는 변화의 계기로 이해된다. 따라서 우리의 기대치는 상당히 높은데, 바디우의 논증은 별개로 떨어져 있는 시퀀스들로 이루어져 오로지 우발적인 사건들에 의해서만 연결되어 있을 뿐인 불연속적 다수성으로서의 역사에 대한 이론에 다름 아니다. 마르크스주의, 정치철학 및 역사철학에서 이는 결코 작은 야망이라 할 수 없다. 따라서 마오주의 시기를 끝맺는 바디우의 마지막 저작은 마치 하이데거의 《사유란 무엇인가》처럼 읽힌다. 하나의 철학적 탐정소설, 스릴러물처럼 말이다.

이 단계에서, 첫째 논지의 결말에 관해 우리가 얻을 수 있는 실마리는 세 가지다. 첫째, 주기화의 이론이 헤겔적인 구조적 변증법의 비판에 의해 구성될 것이다. 둘째, 주기화는 구조 지어진 배치공간의 견지에서가 아니라 힘으로서의 외장소의 견지에서 사유되어야 하며, 바디우는 이에 따라 힘에 관해 헤겔에 의지하게 된다. 셋째, 주기화에 대한 사유는 실천의 우선성을, 즉 행동의 환원불가능성을 거쳐야만 하며, 라캉은 이를 실재라고 지칭한다. 이러한 정신분석의 등장은 결코 공허한 박식함의 과시가 아니다. 이는 바디우의 경로에서 《주체의 이론》을 《이데올로기에 대하여》 및 《모순의 이론》과 구별할 수 있게 하는 결정적인 행보 중 하나이며, 그의 작업이 실천에 대한 모종의 마오주의적 동어반복에 빠지지 않도록 구해주는 것이다. 셋째 실마리는 하나의 수수께끼 같은 정식으로 끝을 맺는데, 전반부는 라캉의 말이며 후반부는 순수하게 바디우의 말이다. "실재는 형식화의 난관이며, 형식화는 실재의 강제된 통과가 일어나는 장소이다"(TS, 40).

실재 그리고 구조의 발생

《주체의 이론》은 여섯 개의 부로 이루어져 있다. 1부에서 바디우는 위에서 언급된 실마리 중 처음 두 가지를 따라가지만, 그가 내놓는 결과는 결정적이지 않다—물론 이후에 결실을 맺게 되겠지만 말이다. 2부에서 그는 마지막 〔셋째〕 실마리를 추적하며 라캉에게 의지하지만, 형식화나 힘에 대해 언급하지는 않는다. 바디우는 수학소matheme를 가지고 이야기하는 후기 라캉이 아니라 초기 라캉과 구조의 발생genesis에 대한 그의 이론을 선택하는데, 이는 개인을 상징질서에 고정시키는 것으로서 가부장적 은유와 관련된다. 게다가 바디우는 이를 위해 《에크리》에 수록된 〈무의식에 있어서의 문자의 심급 또는 프로이트 이후의 이성L'instance de la lettre dans l'inconscient ou la raison depuis Freud〉이 아니라, 오히려 말라르메의 소네트 중 하나와 고대 그리스의 원자론자들을 독해하는 방식을 취한다.

2부에서 바디우가 취하는 전반적인 전략은 구조적 변증법의 한계—항들의 정태적 조합에 집중하는 '구조주의적' 경향—를 확인하는 것으로, 이를 위해 구조적 변증법이 어떤 방식으로 그가 변증법의 "역사적" 측면이라 지칭하는 것에 속하는 항들을, 즉 "힘"과 "강한 차이" 같은 항들을 전제하게 되는지 보인다. 구조적 변증법은 그 자체로 "약한 차이"라는 개념에, 다시 말해 어떤 한 구조 내부에 있는 원소들의 위치 사이의 차이에 기초를 둔다. 하지만 심지어 차이를 가진 원소들로 이루어진 어떤 한 집합을 상정하려 할 경우에도, 구조적 변증법은 그 원소들과 그것들이 존재하는 공간 자체 사이의 강한 차이 혹은 "질적인 이질성"을 인식할 수밖에 없다(TS, 86). 고대 그리스의 원자론에서 이는 원자atom들과 공백void 사이의 차이이며, 말라르메의 시에서 그것은 물거품과 심연 사이 혹은 쓰인 기호와 비어 있는 지면 사이의 차이이다. 달리 말해서 배치된 원소들을 떠받치기 위한 모종의 지지대가 없으면 그러한 원소들의 질서도 있을 수 없다. 그러므로 구조적 변증법의 전범적인 과제 중 하나는 예컨대 이러한 강한 차이를 해소하여 그것을 배치된 원소들의 약한 차이로 축소시키는 것이다. 원자론에서 공백과 원자들 사이의 엄격한 이원성이 허용하는 모든 것은 영속적인 평행 운동, 즉 원자들이 비처럼 떨어져 내리는 것이다. 이러한 강한 차이를 약한 차이로 축소하고, 그럼으로써 원자들의 조합과 세계의 구성을 허용하려면, 어떤 사라지는 원인vanishing cause 즉 하나의 이행적인 항이 요구될 것이다. 그러한 항에 지정된 기능은 구조적 변증법을 움직이게 하는 최초의 작용이다. 원자론에서는 이것이 클리나멘의 역할, 다시 말해 평행적 경로로부터 무작위적으로 일탈하는 원자의 역할이다. 마찬가지로 언제나 말라르메가 쓴 한 편의 시는 이미 일어난 드라마의 무대를 설정하는데, 여기서 이 드라마란 한 대상의 사라짐을 지칭하는 것이다. 그 시의 무대에서, 남겨진 모든 것은 그 대상의 흔적들이며, 그 흔적들은 조합된 단어들, 즉 구조 지어진 그 시 전체를 구성하는 잃어버린 대상에 대한 은유metaphor들과 환유metonymy들이다. 〈짓누르는 구름 속에 숨겨진À la nue accablante tu〉이라는 시에 등장하는 가라앉은 배에서 남은 모든 것은 그 돛대, 나팔 그리고 바다 표면에 일어난 물거품이다. 원자론과 말라르메의 시 양자 모두에서 바디우는 우연의 역할을, 이 클리나멘 혹은 사건의 우발성을 강조한다. 구조적 변증법의 이차적 작용은 이 특별히 마련된 일시적(과도적) 항을 사라지게 하는 것이다. 얼어붙어 아무 소용도 없는 원자들과 공백의 대립 그리고 조합된 원자들로 이루어진 일관적인 세계 사이에, 어떤 한 원자가 일탈하는 순간이 있다. 이러한 일탈은 전체를 생성하지만, 그것은 질서 지어진 전체 속에 의탁할 자리가 없는데, 왜냐하면 질서 지어진 전체는 오직 원자들과 공백의 조합으로만 이루어지기 때문이다. 클리나멘의 유일한 흔적은 전체의 실존 그 자체이며, 어떠한 개별적인 표시도 남겨지지 않는다. 말라르메의 소네트에서 물거품—사라진 원인의 흔적—은 사라진다. 다음으로 사라진 대상을 대체하는 단어들이 소거되어야만 하며, 그렇지 않으면 그 단어들은 말라르메가 언어의 통속적 사용이라 지칭하는 것에, 단어들의 상업적 교환에 복귀하게 될 것이다. 따라서 사라진 대상에 관해 유일하게 남아 있는 흔적은 그 시 자체이다.

이 논증은 다음과 같이 요약될 수 있다. 최초에 외장소와 배치 공간으로 완비된 어떤 변증법적 시퀀스가 있기 위해서는, 이미 주기화가 일어나 있어야만 한다. 구조적 변증법이 역사—힘의 작용, 질적 변화—에 당면하는 것은 그러한 역사를 전제하기 때문이다. 즉 구조가 존재하려면 어떤 급진적인 변화가 있었어야만 한다. 따라서 주기화는 구조의 발생으로서 일어난다. 바디우는 이후에 이 논증을 오직 정치적 변화에 대한 주체의 관여가 있었을 경우에만 일관적인 역사적 상황들이 존재한다는 말로 바꿔 이야기한다.

이 논증이 비교적 관점에서 흥미로운 것은 바로 그 일부가 《존재와 사건》에 보존되어 있기 때문이다. 클리나멘의 지위와 역할은 그의 집합론적 존재론 내부에서 공집합void-set의 그것을 선취하는 것이다. 하지만 이러한 변화의 이론과 모든 상황이 근본적이고도 예외적인 변화의 발생에 의해 세워진다고 보는 존재론 사이의 합선short circuit은 《존재와 사건》에서 포기된다. 말하자면 바디우의 집합론적 존재론에는 어떠한 구성 이론도 없다는 것이다. 물론 몇몇 주석가는 진리절차truth procedure들에 그러한 이론을 위한 요소들이 있다고 주장하지만 말이다.[8] 그가 이런 방향의 논변을 포기하게 된 이유는 다시 한번 그러한 논변이 통일성의 문제와 변화의 문제 사이에서 합선을 일으킨다는 점이며, 이는 알튀세르의 변증법적 유물론에 대한 그의 재구성에서 발생했던 것과 동일한 합선이다.

《주체의 이론》 2부를 시작하는 논증은 역사적 변증법이 어떻게 발생하는지 설명하지 않는다. 대신에 그 논증은 구조적 변증법을 역사적 변증법의 일탈 혹은 제약으로, 최초의 강한 차이와 사라지는 원인의 필연성을 감추는 일탈로 재구상한다. 이에 따라 바디우의 구조적 변증법 비판은 계보학이라는 전략을 채용한다. 그는 구조적 변증법을 역사적 변증법에 포함시킨다. 《존재와 사건》에서 그는 그러한 포함의 전략을 "사유의 선험적 방향"에 대한 귀속으로 분류할 것인데, 이는 그가 자신의 방향 즉 실천적 방향the praxical과 구별하는 것이다. 《주체의 이론》에서 그의 계보학은 니체, 프로이트, 푸코에게서 발견되는 다채로운 가장행렬들과 비교할 때 확실히 뼈대만 남아 있는 것이다. 그러한 미니멀리즘 뒤에 서 있는 것은 라캉이다. 사라지는 원인의 기본적 도식, 즉 클리나멘의 우발적 작용 그리고 원소들의 구성 모두 결여된 욕망의 대상, 가부장적 은유 그리고 기표들의 연쇄라는 형태로 《에크리》에서 찾을 수 있다. 그러나 바디우는 고대 그리스의 원자론과 말라르메를 이러한 기본적인 라캉적 도식으로 환원하기보다, 에피쿠로스와 〈짓누르는 구름 속에 숨겨진〉이라는 소네트에 대한 독해로 라캉적 도식을 더 복잡하게 만든다. 그 결과가 되는 종합은 약간은 불안한 것이며, 그 안정성은 마오주의 정치에 대한 어느 정도 성급한 유비에 의해서는 도움을 얻지 못한다(TS, 98). 실제로 어느 한 지점에서 바디우는 주체에 관한 두 가지 다른 교설의 종합을 시도함으로써 자신이 프로이트–마르크스주의라는 바보의 다리fool's bridge 위를 밟고 있는 것은 아닌지 묻는다(TS, 133).* 그의 대답―보다 길고 궁극적으로는 보다 풍성한 라캉 연구로 향하게 되는―은 매우 간명하다. 문제는 두 이론의 화해가 아니라 실재real라는 것이다. 정신분석의 실재는 두 가지 성이 있고 성적인 관계는 없다는 것이다. 마르크스주의의 실재는 두 가지 계급이 있고 사회적 관계는 없으며 오로지 적대만이 있다는 것이다. 바디우의 라캉 해석에서 '실재'는 사회의 구조화에서 어떤 역할을 담당하는 현실의 비실체적인 부분을 지시하지만, 그것은 완전히 불분명하며 상충하는 해석을 야기한다. 실재는 기능장애를 유발하며 그러한 기능장애를 덮거나 해결하려는 어떠한 시도도 전복시키는 무엇이다. 정신분석적 임상의 맥락에서 기능장애는 피분석자analysand의 삶에서 고통을 초래하는 어떤 증상으로 발생한다. 증상의 원인은 무의식적 향유enjoyment이다. 분석 작업은―자유연상을 통해―이 향

---

* "Faut-il arpenter le pont-aux-ânes du freudo-marxisme?"라는 질문에서, le pont-aux-ânes라는 말이 fool's bridge 혹은 bridge of asses(라틴어로는 pons asinorum)로 번역된 것이다. 이는 원래 에우클레이데스(유클리드)의 《원론》에 등장하는 이등변삼각형에서 등변을 끼고 마주보는 두 각이 등각이라는 증명(이등변삼각형의 정리)을 지칭하는 말인데, 중세 유럽의 학교에서는 많은 학생이 이 정리의 증명을 이해하는 데 어려움을 겪었다. 그래서 이 말은 이해할 수 있는 자들과 이해하지 못하는 자들을 가르는 문제를 은유적으로 지칭하는 말로 쓰인다.

유에 부착된 기표들을 표면으로 끌어내는 것으로 이루어진다. 따라서 라캉의 대화 치료speaking cure에 대한 간결한 정식은 "상징적인 것을 통해 실재를 치료한다"이다.[9] 바디우의 판단에서 이는 또한 마르크스주의적 실천에 적합한 정의로도 기능한다. 즉 사회적 기능장애의 실재─계급 적대─를 마르크스주의 이론과 당 조직이라는 상징질서를 통해 치료한다는 것이다.

그러나 바디우의 정신분석 연구가 진정한 고정 장치anchor를 발견하게 되는 것은 오직 《세미나 11》에서 자크알랭 밀레가 라캉에게 물은 "당신의 존재론은 어떤 것입니까? 무의식이란 건 무엇인가요?"라는 질문을 포착할 때이다(TS, 152).[10] 마르크스주의적 실천에서 '프롤레타리아'는 주체의 이름으로, '무의식'만큼이나 부서지기 쉬운 이름이라고 바디우는 언급한다. 따라서 바디우에게 있어 밀레의 질문은 주체의 존재에 대한 연구를 개시하는 것이다. 라캉이 존재론에 보인 반감은 시간이 경과함에 따라 커져갈 뿐이지만, 바디우에게 있어 이 연구는 《존재와 사건》에서 마침내 그 자신의 철학이 되었다.

하지만 《주체의 이론》의 이 지점에서 우리는 구조의 발생의 주기화 이후에 어떻게 두 번째 주기화가 일어날 수 있는지 여전히 알지 못한다. 후속 부들에서 바디우는 계속 이 문제로 되돌아가, 그 문제를 다시 명명하고 다양한 개념적 작업틀 내부에 다시 위치시키며, 힘, 진리, 관념론 대 유물론, 유물론적인 인식 이론, 그리고 정치적 사건들에서의 투사적 지식의 발전에 대한 추가적인 탐구를 더한다. 이 탐구들 각각은 그의 질문에 하나의 부분적이고도 잠정적인 대답을 제공한다.

힘 그리고 당의 정화

《주체의 이론》의 첫 번째 논변 말미에 바디우에게는 구조적 변증법, 이에 대한 주기화의 문제 그리고 세 가지 실마리가 남겨졌다. 우리는 구조의 발생〔기원〕에 대한 그의 탐구를 추적함으로써 세 가지 실마리 중 하나를 추적했다. 다른 두 가지 실마리는 구조적 변증법에 대한 비판과 힘으로서의 외장소에 대한 분석이다. 힘에 대해 검토하기에 앞서 바디우는 만일 정치가 오로지 힘이라는 범주만을 통해 사유된다면, 이는 정치에 있어서는 좌파적 공포정치로 그리고 철학에 있어서는 들뢰즈와 가타리가 제시하는 욕망의 형이상학으로 향하게 될 것이라고 경고한다(TS, 55). 이러한 운명을 피하기 위해 바디우는 하나의 지침을 발전시킨다. 힘에 관해 사유함에 있어 역사에 관한 사유는 반드시 구조에 관한 사유와 균형을 이루어야 한다는 것이다. 이에 따라 구조적 변증법에 대한 비판은 그것을 힘과 흐름〔유출〕flux의 존재론으로 대체하게 되는 귀결을 수반하지 않는다. 오히려 역사적 변증법은 구조적 변증법에 대한 보충물supplement로 이루어질 것인데, 여기서 이 보충물은 단순히 변증법의 항들의 부가가 아니라 변증법의 항들 자체에 대한—특히 힘으로서의 외장소에 대한—재조정을 이루게 될 것이다.

바디우는 힘에 대한 검토에 있어 두 가지 원천을 가지고 있다. 하나는 정치에서, 다른 하나는 철학에서 얻은 이 원천들은 바로 마르크스의 파리코뮌 분석과 헤겔의 《논리학》이다. 지속되는 정부 제도의 창설에 실패했던 파리코뮌에 대한 분석에서 마르크스는 코뮌 가담자들이 단순히 기존의 국가장치를 점유함으로써 '권력을 잡'으려 들지 말았어야 했다고 주장한다. 바디우의 시각에서 볼 때 마르크스는 이런 주장을 통해 하나의 정치적 힘으로서 프롤레타리아의 이질성heterogeneity을 인식한 것이다. 코뮌의 실패에 대한 레닌의 분석은 다음과 같은 결론으로 귀결된다. 말하자면 파리코뮌 같은 반란을 지속시키려면, 활동가〔투사〕 militant들이 지역적인 봉기를 전국적인 수준으로 확대 연장하고, 소작농들과의 연합을 도모하며, 중앙집중적으로 조직된 군사적 대응이라는 수단으로 반혁명을 깨부수고자 하는 노력을 경주할 수 있는 전문 정치가가 되어야 한다는 것이다. 당—잘 알려진 레닌의 발명품—은 이러한 명령들의 실천적 농축물 외에 다른 무엇이 아니다. 그러므로 당은 주기화에 대한, 새로운 정치적 시퀀스의 개시를 위한 열쇠로서 주체적 힘의 농축물인 것이다. 바디우의 탐구로부터 생산되는 첫 번째 잠정적인 대답은 바로 이런 것이다. 마르크스주의 정치에서, 변증법의 역사적 비틀림은 주체적인 힘의 농축을 요구한다.

그러나 이러한 농축은 어떻게 일어나는가? 힘에 관한 헤겔의 고찰에서 어떤 하나의 힘은 그 자체 속에 있는 외부적인 힘의 존재를 상정하고 그러한 힘으로부터 단호하게 자신을 분열시킴으로써 그 자체에 대한 결정에 대응할 수 있다고 말해진다.[11] 바디우는 공산주의적 정치의 역사적 경험에서 이러한 발상에 대한 직접적인 정치적 사례를 확인하면서, 프롤레타리아는 오직 그 자체를 정화하고 부르주아 계급에 의한 그 자체의 결정과 구분을 제거함으로써만 제국주의적인 부르주아 사회에 맞선 투쟁 속에 프롤레타리아 자신과 그 목적을 투사할 수 있다고 주장한다. 요컨대 프롤레타리아의 정당은 당 자체로부터 부르주아적 수정주의의 모든 흔적을 제거함으로써 그 자체의—객관적[대상적]으로 정량화될 수 있는 힘과 대립되는 것으로서—주체적 힘을 농축시킨다는 것이다.

한 신철학자는 즉시 이에 반대하며, 그러한 당 개념이 곧바로 굴라크로 귀착되리라 주장할 것이다. 그러나 구성원들의 지속적인 추방과 분열을 실행하는 것은 볼셰비키 당이나 바디우가 소속되어 있었던 마오주의 소집단들만이 아니다. 의회민주주의에서도 모든 정당은 정기적으로 스스로를 정화한다. 이 책의 저술 당시에도 프랑스 사회주의자들은 사르코지 대통령과의 연대를 이유로 자크 랑을 축출했다.[12] 물론 영국에도 원내총무 party whip*가 있다.

바디우 자신은 이러한 논변을 누그러뜨려, 내부적인 비판으로는 충분치 않으며 또한 당은 대중의 새로운 생각들을 파악함

---

* '원내총무' 혹은 '원내대표'란 영국 의회 내에서 의원들이 소속 정당의 정당 정책에 따라 표결할 수 있도록 하는 직책을 지칭한다. 만일 정당 정책에 반대하여 의원 개인의 이념이나 지역구 유권자들의 의견에 따른 투표를 할 경우, 원내총무는 해당 의원을 당에서 축출하는 절차를 진행할 권한을 지닌다.

으로써 그 자체의 주체적인 힘을 농축해야 한다는 이야기를 더한다. "힘의 정화는 그 새로움의 농축이다"(TS, 57). 그런 다음 그는 잠시 훗날 전개할 〔철학의〕 조건condition들에 관한 교설을 선취하여, 정의는 언제나 새롭다고 천명하며 과학에서 새로운 생각들의 출현에 대한 짧은 분석에 착수한다. 이 지점에서 힘은 바디우의 탐구에 있어 하나의 명시적인 항이 되며, 그렇게 《주체의 이론》 1부가 종결된다.

하지만 이러한 탐구는 3부 중간에 재개되는데, 여기서 바디우는 주기화에 대한 자신의 잠정적인 대답을 고쳐 말한다. 프롤레타리아 계급은 역사적으로 1830년대와 1850년대에 부르주아 계급과의 분열을 통해, 그리고 정치적 혼란의 시기 동안 진행된 그 자체의 부르주아적 요소에 대한 내부적 정화를 통해 출현했다고 말이다. 달리 말해 그 자체를 하나의 이질적 정치질서로 생성하기 위해, 프롤레타리아는 부르주아 정치의 구조와 절차에 순응하는 경향을 축출해야 했다(TS, 148). 그렇지만─여기서 바디우는 이 테제를 완화하지 않고 오히려 더 악화시키는데─정화와 당 조직만으로는 정치적 주체의 출현을 보장하는 데 충분치 않다. 그런 출현이 있으려면, 구조의 비틀림torsion은 훨씬 더 급진적인 것이어야만 한다고 바디우는 선언한다. 즉 외장소가 배치공간의 파괴에, 장소들의 질서의 소멸에 관여해야 한다. 정치의 역사적 주기화를 사유하기 위해, 인민의 삶 속에서 하나의 새로운 정치적 시퀀스의 개시를 사유하기 위해, 우리에게는 어떤 파괴의 위상학topology of destruction이 필요하다(TS, 149).

이러한 주장은 두 번째 잠정적인 대답인데, 이는 다소 불편함을 유발한다. 이 주장이 정치 폭력을 합리화하는 것처럼 들리는 탓이다. 더구나 이 주장은 단지 수사적 과잉의 계기에만 그치는 것이 아니라, 논변에서 주요한 자리를 점한다. 신철학자는 다시 한번 반대해 말할 것이다. 확실히 모든 정치적 행동은 사회를 보호하고 기존의 기반시설을 개선해야 하지 않는가? 만일 공동선common good이 실현되려면, 모종의 사회질서는 필수적이다! 그러나 정확하게 이런 것이 바로 마르크스주의가 의문에 붙이는 것이다. 만일 계급 적대가 극에 이른다면 공동선은 없을 것이며, 하나의 새로운 정치적 시퀀스의 시작에서 관건이 되는 것은 정확히 어떤 종류의 사회질서가 실현되어야 하느냐는 문제이다. 기반시설에 관해 말하자면, 1차 석유 파동 이후 30년이 지난 최근에 이르러, 우리 시대의 주요한 정치적 도전 과제는 단지 사회적인 문제만이 아니라 환경적인 적대나 기능장애와도 관련된다는 인식이, 즉 주택이나 교육만이 아니라 해수면이나 물 소비 패턴의 문제와도 관련된다는 인식이 널리 펴져 있다. 이러한 도전에 대응하려면, 에너지 사용과 소비의 역량들에 관한 현행의 세계 질서는 파괴되고 다시 만들어질 필요가 있다.[13] 따라서 21세기에도 파괴는 정치적 행동의 한 가지 가능적 형태로 남아 있다.

바디우는 즉각적으로 불안anxiety과 초자아superego라는 라캉의 개념에 의지하여 어떻게 주체적으로 혼란을 야기하는 파괴가 있을 수 있는지에 관해 다룬다. 당장에 이것들은 구조의 파괴에 관한 라캉의 사유를 분할하기 위해 도입된 단순한 실마리들일 뿐이다. 말하자면 불안은 구조의 완전한 결여에 대한 경험에, 그리고 초자아는 지독하고도 무제한적인 권위의 출현에 상당한다. 두 개념 모두 고대 그리스 비극에 대한 탐구를 통해 전개된다. 그러나 아이스퀼로스와 소포클레스 작품에 나타나는 도시[국가]의 파괴를 검토하기에 앞서, 라캉적 정신분석에 대한 또 다른 조사가 열리게 되는데, 이번에는 철학적인 진리 문제에 대한 선입견으로부터 시작된다.

진리는 비틀림이다

이 연구는 철학의 유형들에 대한 대략적인 분류로 시작되는데, 여기서 그 분류는 주관적 관념론(버클리), 객관적 관념론(칸트), 변증법적 관념론(헤겔), 기계론적 유물론*(루크레티우스, 라 메트리) 그리고 마지막으로 변증법적 유물론(마르크스, 레닌, 마오, 바디우)을 망라한다. 각각의 꼬리표는 한 사람의 철학자가 사유와 존재 간의 관계를 어떻게 사유하는지에 따라 주어진다. 이 관계는 바디우가 "인식의 과정"이라 지칭하는 것에 따라 구성되는데, 왜냐하면 이 과정이 바디우가 인식의 "위상학"을 말하는, 곧 사유의 경계 및 그 외부와 내부에 대한 연구를 말하는 다양한 형태와 방향을 취하기 때문이다. 각각의 철학은 예컨대 그 자체의 인식의 위상과 이에 대응되는 진리의 형상을 가진다. 주관

---

* 《주체의 이론》에서는 "형이상학적 유물론"으로 되어 있다.

적 관념론에 있어 사유의 외부란 없으며, 따라서 진리는 정합성 coherence으로서, 사유 그 자체에 대한 사유의 호응 또는 일치로서 사유된다. 객관적 관념론에 따를 때 사유의 외부는 있으나 그 외부는 불가지로 남겨지며, 이에 따라 진리는 칸트에게 있어서도 정합성이 된다. 변증법적 관념론에서는 사유와 존재 사이의 순환이 있으며, 진리는 전체의 펼쳐짐이다.

여기서 바디우는 자신의 분류를 멈추고, 진리의 국지적인 사례들이 어떤 방식으로―헤겔에게 있어서만이 아니라 수학에서도―포괄적이거나 전체적인 진리에 연결되는지 질문을 던지며, 진리는 수학이 철학적 상상을 확장할 수 있는 방식에 대한 감 질나는 일별을 제공하는 하나의 표면이자 하나의 함수function이자 하나의 공간으로 사유될 수 있음을 시사한다.

그의 분류는 계속 이어진다. 기계론적 유물론에 있어 참된 앎은 전체적인 기계론의 원래 맥락으로부터 동일한 기계론의 또 다른 부분으로 옮겨지는 무언가를 요구하며, 이에 따라 진리의 형상은 반복이 된다. 변증법적 유물론은 사유를 존재와 구별하여, 앎의 과정이 존재에서 시작된다고 규정하며, 반복을 수반하지만 새로운 앎으로 귀결되는 나선형을 그 과정의 모형으로 삼는다. 진리에 대응되는 형상은 비틀림이다. 오래된 관념들과 새로운 관념들 사이의 투쟁이라는 마오주의적 주제로부터 영감을 끌어내, 바디우는 모든 진리는 새롭다는 결론을 내린다. 이 테제는 그의 철학의 모퉁잇돌이 될 것이다.

다음으로 진리의 이 네 가지 철학적 형상―정합성, 반복, 전체성, 비틀림—은 라캉의 정신분석으로 되돌려지며, 그것들 각각의 예시가 제시된다. 이 절차는 비틀림으로서의 진리와 관련해 특히 중요한데, 왜냐하면 그 절차가 진리를 그런 방식으로 사유하는 것이 가능하다는 바디우의 직관을 확인해주기 때문이다. 논증의 이 단계에서 우리는 다른 세 가지 진리의 형상에 대한 비판이 나오리라 기대할 수 있을 터인데, 왜냐하면 이 형상들이 서로 대립하는 철학의 유형들과 결부되기 때문이다. 실제로 바디우가 실행하는 것은—이로써 그는 자신의 헤겔적 유산에 충실하다 할 수 있는데—이 형상 각각을 역사적 변증법의 필수적인 부분으로 통합하는 것이다. 즉 여기서 바디우는 마르크스주의가 이 네 가지 방식 각각에서 진리를 사유해야만 한다고 선언한다. 그리고 한 가지 도발적인 질문을 통해 그는 진리의 네 가지 형상을 하나의 정합적인 도식으로 통합할 수 있는 독자라면 누구라도—또한 현재 정치적 행동주의에 관여하고 있다는 조건 아래—책의 마지막 부분으로 건너뛰어도 좋다고 허가해준다!

진리에 대한 심문은 주기화의 문제에 대한 또 다른 대답을 제공하지 않으며, 단순히 그것을 재명명한다. 이 단계에서 우리는 주기화가—혹은 비틀림이—힘의 주체적인 응축과 배치 질서의 파괴를 통해 일어남을 알게 된다.

용기와 정의

바디우는 구조의 파괴에 상응하는 라캉적 개념들인 불안과 초자아로 무장하고 비극에 대한 검토를 시작한다. 정신분석 임상에서, 라캉에게 있어 불안은 언제나 하나의 계시적인 징후로, 이를테면 피분석자가 상징질서 자체가 결여된 상황 속에 침몰해 있음을 보여주는 징후이다. 이와 같이 바디우에게 있어 불안은 구조가 결여된 상태를 지칭하며, 그 결여는 소산dispersion과 혼돈chaos으로 등재된다. 반면 초자아는 계명 혹은 명령—'너는 ~을 해야 한다!', '너는 반드시 ~을 해야 한다!'—의 형태로 법을 공포하면서도 법의 명령에 대한 맹목적이고 무분별한 반복을 드러냄으로써 법을 넘어서는 심급이다.

　그러나 법의 동일성이 관건이 되는 순간을 분석해야 할 때, 불안과 초자아는 정신분석이 내놓는 마지막 말이 아니다.《세미나 1》에서 라캉은 분석의 끝에 관한 질문을 제기한다. 분석 과정 중에는 무의식과 '불안을 야기하는' 욕망들이 수면 위로 떠오른다. 그러한 욕망들이 자신의 것임을 인정하고 그것들을 그 혹은 그녀의 상징계symbolic world로 통합함으로써 주체는 자신에 대한 분석을 종결지을 수 있다. 그런 다음 라캉은 이러한 통합의 과정이 언제 종결에 이르게 되는지 확정하기가 쉽지 않다는 이야기를 더하는 방식으로 이 정식을 한정한다. 실제로 그는 "위대한 변증법적 전통에서, 분석적 개입을 정의와 용기에 관한 근본적인 대화 중 하나가 되는 지점까지 연장할" 필요가 있는 것은 아닌지 묻는다.[14] 바디우는 라캉의 암시를 취하여 이를 완전히 새로운 차원의 개념으로 발전시킨다. 그리하여 용기courage와 정의justice가—불안이나 초자아처럼—무질서의 순간들에 모습을 드러낼 수도 있을 주체의 윤곽들로 이론화될 것이다. 용기는 불안의 역inverse이다. 정립된 법이 와해된 가운데, 용기는 모든 안정의 철저한 부재 속에서 나타나는 적극적이고도 결정적인 행동을 지시한다. 이에 반해 정의는 이전에 상징질서에 의해 등재될 수 없었던 원소들을 통합하기 위한 상징질서의 확장을 명명한다. 요컨대 정의는 합법적이지 않았던 것이 법이 될 가능성을 말하며, 보다 구체적으로 말하자면 1967년 오스트레일리아의 원주민들이 그랬던 것처럼 비시민들이 시민이 될 수 있음을 나타낸다.[15] 다시 한번 자신의 헤겔적 유산을 따르는 바디우에게 있어 정치적 변화의 순수하고 고결한 형태를 식별해내기 위해 용기와 정의를 불안과 초자아에 대립시키는 것은 문제가 되지 않는다. 오히려 한 가지 사회구조로부터 다른 사회구조로의 실질적인 변화가 일어나려 한다면, 이 네 가지 주체효과subject-effect 각각이 다양한 정도로 일어나게 될 것이며, 그중 어느 것도 단순히 회피될 수 없을 것이다. 이러한 인정은 바디우를 실재론자〔현실주의자〕realist로 만든다. 말하자면 마오주의자의 관점에서 벨벳 혁명velvet revolution* 같은 것은 있을 수 없다. 일관적으로 지속된 변화—변증법의 주기화로서 주체—에는 이러한 네 가지 효과—불안, 초자아, 용기, 정의—의 함께 매듭지어짐knotting together이 요구된다.

네 가지 주체효과의 민활한 종합이 주기화 문제에 대한 세

---

* 벨벳 혁명은 평화로운 혁명을 지칭하는 용어로, 원래는 1989년에 체코에서 공산주의 독재 정권이 전복된 사건을 지칭했다.

번째 잠정적인 대답이다. 그것이 잠정적인 이유는 정의도 용기도 개념으로 발전되지 않았으며 이것들이 라캉 저술들의 여백이 아닌 다른 곳에서도 정합적으로 이론화될 수 있는지 아직 분명하지 않기 때문이다. 이런 이유로 바디우는 고대 그리스의 비극에 의지하여, 아이스퀼로스와 소포클레스에 대한 비교 분석을 통해 이 풋내 나는 개념들에 양분을 공급한다. 소포클레스의 《안티고네》는 초자아의 발현에 대한 명확한 개념—크레온의 명령—을 제공한다. 즉 안티고네는 신들의 무제한성에 도시를 노출시킴으로써 불안의 예시가 된다. 하지만 소포클레스에게 결여되어 있는 것이 있으며, 이는 아이스퀼로스의 《오레스테이아》 3부작에서 찾을 수 있는 무엇이다. 아테나 여신이 복수의 순환을 종결짓기 위해 법정과 투표를 제도화할 때, 그녀는 도시 내에서 새로운 법의 출현을 제시한다. 바디우에게 있어 "[아이스퀼로스의] 희곡에는 결코 질서로의 회귀가 없으며, 여기서 작동하는 것은 오히려 어떤 다른 질서의 재구성이다"(TS, 183). 정의라는 개념은 이와 같이 기존 질서의 확장으로부터 어떤 다른 질서의 재구성을 향하도록 전개된다. 다음으로 용기는 아이스퀼로스를 통해 안정 없는 행동일 뿐만 아니라 돌아옴 없는 유랑으로 재규정된다.

《주체의 이론》의 중반에 이르는 3부 말미에서 바디우는 확연하게 구조적 변증법에 대한 비판을 전개한다. 그의 비판은 구조적 변증법에 여섯 가지 개념—주체적인 힘의 농축, 파괴, 불안, 초자아, 용기, 정의—을 보충한다. 이러한 잠정적인 결과들은 네 가지 주체효과와 정치의 근간을 이루는 네 가지 구조적 기둥―계급, 국가, 법, 진리―에 따라 구분된 네 가지로 구획된 quadripartite 주기화 도식 속으로 수집된다. 그 도식에 대한 해설에 따를 때, 정치에서 하나의 새로운 역사적 시퀀스는 배치공간의 파괴가 그 법의 재구성에 결부될 때 시작된다(TS, 191).

하지만 이 도식은 해독하기가 까다롭다. 주체효과들에 동반되는 정식들이 특히 읽어내기 쉽지 않다. 게다가 외장소와 배치공간, 변증법의 연속되는 분열들, 그리고 좌파적 일탈 및 우파적 일탈은 밀려난 채로 남겨져 있었다. 어떻게 이것들이 이러한 새로운 발전들에 비추어 재작업될 것인지 내다보기는 쉽지 않다. 해야 할 작업이 아직 많이 남아 있다. 따라서 바디우는 6부로 이루어진 이 저서의 4부에서 다시 한번 자신이 인식의 유물론적 변증법이라 지칭하는 것을 다루기 시작한다.

인식에 있어서의 단절들: 독수리

인식에 대한 이러한 탐구는 철학의 분류와 진리의 형상들에 이어지는 자리에 위치한다. 이로 인해 그러한 탐구가 바디우의 알튀세르적 시기의 주요 기획인 유물론적 인식론으로의 회귀를 수반한다는 사실이 감춰져서는 안 될 것이다.

바디우에게 있어 유물론은 두 가지 테제를 거쳐 진행된다. 첫째는 동일성의 테제―존재는 물질이라는 것―이다. 둘째는 우선성의 테제―물질은 사유에 선행한다는 것―이다. 결과적으로 이 테제들이 앎의 이론을 조직하며, 그 이론은 반영reflection과 점근선asymptote이라는 두 가지 은유를 사용한다. 동일성의 테제에 따를 때 앎은 실재〔현실〕의 반영, 곧 대상으로부터 뇌 혹은 어떤 다른 기록 장치로 가는 감각적 이미지의 전송이다. 그러나 사유에 대한 물질의 우선성으로 인해 앎은 또한 점근선적〔근사의〕 과정으로 사유되어야 마땅하다. 즉 앎은 영원히 점점 더 보다 정확한 근사값으로 실재에 접근한다. 예를 들어 엥겔스는 어떤 포유류 동물도 알을 낳지 않는다고 단언했으나, 오리너구리의 실존으로 인해 자신이 주장한 변증법적인 자연 이론을 수정할 수밖에 없었다. 바디우는 유물론자라면 앎의 점근선적〔근사의〕 과정을 희생시켜 앎이 얻는 실재의 반영에 특권을 부여해서는 안 된다고 결론짓는다. 개념과 사물 간의 이러한 간극에 대해 바디우 자신이 드는 예는 자못 적나라하기조차 한데, 왜냐하면 그 예가 프랑스 마오주의자들 편에서 저지른 오류와 1968년 이후 정세에 대해 그들이 내놓았던 최초의 분석과 관련되기 때문이다. 1968년 5월에 프랑스 공산당이 보인 행태와 계급투쟁이라는 용어의 폐기에 관한 판단에서, 마오주의자들은 수정주의라는 그리고 그 역인 마오와 대중의 '참된' 마르크스주의라는 두 가지 주요 개념을 제거했다. 만일 프랑스 공산당이 명확히 수정주의적이었다면, 마오주의 소집단들은 대중과 혁명 이데올로기의 편에 있었어야 했다. 하지만 그 당시 마오주의적 분석에는 새로운 부르주아 계급과 그들의 관료주의 권력에 대한 개념이 결여되어 있었다. 바디우에게 있어 마오주의의 개념들과 현실적인 정치적 실재 사이의 간극은 그들이 보인 정치적 행동주의의 약점으로 판단되고 경험되었다. 그러나 일단 마오주의자들이 새로운 부르주아 계급이라는 개념을 소유하게 되었을 때, 이것이 의미하는 바는 그들의 정치적 인식이 완전하지 않다는 것이었다. 말하자면 앎의 과정은 접근선적인 것으로 남아 있었다. 이는 하나의 실존적 테제로 귀착된다. 언제나 어떤 잔여물remainder이 있으며, 아직 알려지지 않았고 현행적인 인식의 작업틀에 따를 때 불가능한 것으로 간주되는 무언가가 있다. 달리 말해서 언제나 인식과 존재 사이의 간극을 나타내는 표시─오리너구리 같은─가 있다는 것이다.

다음으로 바디우는 고대 그리스의 수학과 그 접근선적 잔여물들로 눈을 돌린다. 피타고라스학파 사람들은 수와 셀 수 있는 것이 배타적으로 정수와 유리수로 구성되어 있다는 입장을 견지했다. 하지만 그들은 삼각형 빗변의 길이가 일종의 제곱근임을 알고 있었고, 대부분의 경우 이 제곱근이 정수도 유리수도 아님을 잘 알고 있었다. 그들은 존재가 수라고 상정하고 있었기에, 이는 하나의 존재론적 문제를 야기하게 되었다. 수의 영역에 속하는 무언가가 하나의 수가 아니라는 문제를 말이다. 이것이 피타고라스학파의 수학적 인식의 잔여물이며, 인식가능한 것의 장 내에 비실존하는inexists 잔여물이다. 라캉의 말로 하면 상징질서는 수의 영역이 정수 및 유리수로 이루어진다고 상정하고, 상상적인 것(상상계)은 모든 존재가 셀 수 있는 것이라고 상정하며, 실재는 무언가 셀 수 없는 것이 내부에 있는insists 그러한 불가능성의 지점을 제시한다. 라캉은 프락시스praxis를 상징적인 것

〔상징계〕에 의한 실재의 치료라고 정의한다. 이와 같이 수학의 프락시스―수학자의 욕망―는 불가능한 것을 합법화하는 데 있다. 바디우의 용어로 말하면 이는 수학자가 "장소의 법칙을 강제"하고 "불가능한 것을 명명"함에 의해 일어나는 것이다.《존재와 사건》에 등장하는 강제forcing 개념이 선취되고 있음에 유의하자. 고대 그리스의 수학에서, 무리수irrational number를 자신의 비율ratio 이론에 포함시켰던 것은 크니도스의 에우독소스였다. 그 과정에서 그는 "그 점근선적 잔여물을 주입함"으로써 이전의 인식 체계를 파괴하고, 하나의 새로운 장을 열게 되었던 것이다.

이에 따라 퍼즐의 또 다른 조각을 찾게 되었다. 말하자면 주체의 출현은 어떤 구조 내에서 불가능성의 지점에 이름을 붙이고 구조가 이를 수용하도록 강제하는 명명의 행위를 통해 시작된다. 물론 이는 우리가 1장에서 마주했던 〈무한소적 전복〉이라는 글의 논지 이외에 다른 무엇도 아니다. 차이가 있다면 그가 이번에는 새로운 앎의 생산에 대한 이러한 설명을 정치적 변화에 대한 이론에 통합시켜야 한다는 점이다.

지금까지의 논의를 놓고 보면, 바디우에게는 변화의 양상과 조건들을 위한 개념들이 있지만, 그것이 시작되는 장소―《존재와 사건》에서 "사건의 자리evental site"라 불리는―를 지칭할 개념은 구비되어 있지 않았다. 이러한 인식론적 탐구에서 그는 일단 하나의 새로운 인식의 장이 열리면 곧이어 점근선적인 잔여물을 가지게 됨을 보일 수 있다. 예를 들어 정수와 유리수와 무리수로 이루어진 확장된 장에서는 $x^2+1=0$이라는 방정식에 대한 해를 얻을 수 없다. 1545년에 이탈리아의 대수학자 카르다노는 3차 및 4차 다항식들에 대한 자신의 해에서 음수의 제곱근을 사용함으로써 이러한 불가능성을 강제하기 시작했다. 1569년 카르다노의 연구 성과를 감벨리가 발전시켜 −1의 제곱근은 'i'라는 새로운 수로 명명되기에 이르며, 이는 허수imaginary number 중에 첫 번째 수이다. 바디우가 내놓는 전반적인 결론은 수학적 지식의 내부에서 각각의 불가산성〔셀 수 없음〕innumerability의 자리가 새로운 해의 "가능적 실존을 규정"하고 있으며, 이에 따라 가산적인 것〔셀 수 있는 수〕numerable의 새로운 영역을 개방한다는 것이다(TS, 220).

만일 모든 지식에 그러한 불가능성의 지점들이 내포되어 있다면, 바디우는―변화를 새로운 지식의 출현으로 이해하는 이상―변화의 가능성을 보편적인 것으로 제시하는 데 성공한 것이다. 그러니까 이러한 "인식론적 우화"―바디우 자신의 말로 할 때―는 결실을 맺은 것이다. 그러나 그것은 또한 두 가지 문제를 만들어내는데, 그중 하나는 힘force과 관련한 문제이며 다른 하나는 정치와 관련한 문제이다. 먼저 힘에 관한 검토로 시작하자면, 바디우는 자신의 우화를 재빠르게 구조적 변증법 내부로 동화시킨다.

여러분은 여기서 외장소, 배치공간, 파괴 그리고 초과를 발견하게 될 것이다. 여러분은 여기서 정의를, 다시 말해 이전에는 부조리했던 지식이 [현실의] 반영물을 형성할 수 있게 되는 어떤 질서에 따른, 셀 수 있는 것의 이론에 대한 혁명적 재구성을 발견하게 될 것이다. (TS, 220)

잠깐, 너무 빨리 나아가지 않도록 하자! 외장소는 점근선적 잔여물과 동일한 개념들의 계열에 속하지 않는다. 점근선적 잔여물은 힘과 마찬가지로 어떤 잠재성이라는 개념을 품고 있다. "그것은 [새로운 해법들의] 가능적 실존을 규정한다"(TS, 220). 이런 이유로 점근선적 잔여물이라는 개념은 잠재성의 다른 이름인 외장소와 쉽게 어울릴 수 없으며, 각각의 모든 외장소 혹은 구조의 원소가 본질적으로 그 자체의 장소에 있지 않은 이상 그러한 잠재성은 어디에나 편재하는 변화의 핵심을 제공한다. 말하자면 외장소와 장소들의 질서 간의 분열은 구조적 변증법을 작동시키는 기원적이고도 어디에나 있는 모순인 것이다.

이 경우에 구조적 변증법에 대한 바디우의 보충에는 수정이 수반된다. 실제로 《주체의 이론》에서 힘이라는 개념에 대한 이야기는 상당히 복잡하다. 먼저 그 개념은 외장소 즉 구조적 변증법의 구성 요소와 등가적인 것이 된다. 그런 다음 그것은 구조적 변증법에 대한 역사적 시기 구분[주기화]을 사유하는 데 사용된다. 힘에 대한 헤겔의 견해를 살피는 조사는 주체적 힘과 대상적 힘 사이의 구별을 제공하며, "주체적인 힘의 집중"이라는 개념에, 즉 주기화 퍼즐을 구성하는 한 조각에 이르게 된다. 우리는 이 구별이 수적인 강세가 계급투쟁의 운명을 결정하게 되는 대상적 힘에 대한 명시적으로 '실용적인' 설명으로부터, 상대적으로 적은 수의 사람 가운데 드러나는 진정한 주체적 헌신의 특유한 효과에 대해 설명하려는 시도로의 전환을 나타낸다는 점에 주목해야 한다. 그런 다음 힘은 배후로 사라져, 바디우가《모순의 이론》에서 자신이 힘 개념을 사용한 방식에 대한 전형적인 마오주의적 실천—자아비판—에 착수하게 되는 3부 중반의 한 결정적인 구절에 이르러서야 다시 등장한다. 그는 구조를 질적인 이질성으로 채우는 것은 헛된 실천이라고 주장한다. 그렇게 말하지만, 이것이 바로 그가《주체의 이론》1부에서 외장소의 개념을 가지고 실행하는 일이다![16] 3부에서 그는 은연중에 외장소를 특정한 역사의 순간에 일어나는 법에 대한 파괴의 초과로서의 힘 개념으로 대체한다. 이후에 그는 외장소로서의 힘과 파괴로서의 힘 사이의 차이를 슬쩍 가리기 위해 다음과 같이 주장한다. "힘과 파괴. 이것들은 같은 개념으로, 구조와 과정에 따라 구분되는 것이다"(TS, 187). 명백히 이것들은 같은 개념이 아니다. 외장소는 바디우의 조사에서 피해를 입게 된 희생자로 기각되어야 한다. 그것은 바디우가 적대 또는 긴장의 순간에 구조적 변증법의 과정을 발생시켜야만 했다는 점에서 바디우의 헤겔주의의 잔여물이다. 따라서 외장소는 구조 내부에 전반적으로 어디에나 편재하는 변화의 원천이었던 데 반해, 점근선적 잔여물은 지식의 장 내부에 있는 하나의 특수한 지점이다.

바디우의 인식론적 우화에 있어 둘째 문제는 다시 한번 성급한 동화에서 유발된다. 즉 그는 단순하게 "지식의 불가능한 잔여물에 대한 명명"을 정치의 영역으로 옮긴다. 그 배경은 국가/혁명 모순에 대한 레닌주의 당과 볼셰비키 당의 실천적인 인식으로, 러시아, 중국, 알바니아, 북한 및 유고슬라비아에서 있었던 성공적인 국가권력의 장악에서 증거를 얻는다. 바디우는 공산주의로의 이행이 이러한 지식의 점근선적 잔여물이라고 주장한다. 레닌주의 정당들이 서서히 인민을 억압하는 부르주아적 국가장치로 변환되어, 사유의 무능력을 드러내고, 결코 마르크스가 국가의 '소멸withering away'이라 규정했던 것을 실행에 옮길 생각이 없음을 보였다는 점을 감안해서 말이다. 레닌주의 정당에 있어 불가능성의 지점을 형성하는 것은 바로 이 마지막 과제이다. 결과적으로 이 볼셰비키적 시퀀스를 주기화하고 하나의 새로운 정치를 드러냈던 어떤 것은 중국의 문화혁명 곧 마오주의 혁명이었으며, 바디우는 이를 다음과 같은 규범적 항들을 통해 기술한다.

> 국가/혁명 쌍의 모순을 제한하는 것은 그것(그 모순)의 잔여물에 대한 역사적 명명에 의해 파괴되고 재구성되어야 하는데, 그것〔그 잔여물〕은 국가/공산주의 쌍의 모순과 관련된다. (TS, 222, 강조는 인용자)

어떤 특정한 정치의 장에서 변화의 시작점이 위치지정될 수 있다는 것은 역사적 변증법의 구체화에 있어 큰 진전이다. 하지만 정치적 변화가 순전히 정치적으로 불가능한 무언가의 명명을 통해 시작된다는 것은 약간은 과하게 여겨진다. 물론 바디우는 또한 정치적 변화의 일환으로서의 재구축을 말하지만, 지금까지 그러한 변환의 시작을 위해 우리가 처리한 유일한 개념은 이러한 불가능한 것의 명명이다. 이 지점에서 바디우가 내놓는 변화의 이론은 가장 의지론적voluntarist이고 관념론적이다. 바디우는 완전한 담화full speech가 억압된 기표들의 명명을 통해 신경증에 대한 해독제가 된다고 보는 라캉의 초기 견해를 전면적으로 수입한 듯하다. 그저 명명만으로도 정치적 질서에 대한 해명을 시작하기에 충분하다. 이는 변화를 구멍puncture으로 보는 이론, 다시 말해 변화를 바람 빠지는 풍선으로 보는 모델이다. 그러한 이론은 《존재와 사건》에서 강제forcing의 이론을, 즉 오류와 길 잃음의 가능성을 감안하여 축적적이고도 끝없는 변환의 과정을 도식화하는 이론을 제시한 바디우와는 몇 광년이나 멀리 떨어진 것이다.

변화에 대한 바디우의 사유에서 나타나는 이러한 의지론적이고도 관념론적인 경향을 나는 독수리의 목소리라고 지칭한다. 바디우가 주체는 법을 초과하여 사회적 구조의 파괴로서 출현한다고 주장할 때 이는 마치 독수리가 말하는 것처럼 들린다.[17] 불가능한 것에 대한 단속적인〔점點적인〕punctual 명명이 즉각적으로 새로운 가능성의 영역을 연다고 주장할 때 역시 그러하다. 그러나 독수리는 바디우가 내놓는 변화의 이론에서 들려오는 유일한 목소리가 아니다. 지식에 대한 유물론적 변증법의 현실적 배경—고대 그리스의 수학이 아니라 마르크스주의 정치—으

로 더 깊이 파고 들어가면 우리는 상당히 다른 동물을 마주하게
된다.

정치의 역사와 투사의 인식: 늙은 두더지

1830년, 1848년 그리고 1870년에 있었던 유럽의 큰 프롤레타리
아 봉기들은 제국주의적인 부르주아 세력에 의해 분쇄되었다.
마르크스주의자들의 관점에서 이러한 패배들은 프롤레타리아
의 조직과 방어 문제를 제기했다. 앞서 언급한 것처럼 레닌은
중앙집권화된 당의 발명으로 이 문제를 해결했다. 《주체의 이
론》 전반에 걸쳐 바디우는 혁명의 순간들과 그에 뒤이은 결과인
1917년 10월과 1968년 5월의 사건들에 대한 분석을 그 당시 투
사들이 가졌던 개념들과 조직적 형식에 입각해 이어간다. 이에
따라 그는 권력이나 실효성이 아닌 인식에 입각해 정치적 실천
을 분석한다. 마오는―인식에 있어서의 변화에 관한 알튀세르
의 작업보다 훨씬 앞서서―중국 공산당 내부의 경향들에 대한
비판에서 이러한 사안에 대한 접근에 착수했다. 1937년의〈실천
론〉이라는 글에서 마오는 하나의 마르크스주의적인 인식 이론
을, 특히 당이 펼쳐내는 정치의 역사에 대한 당의 인식―난관들
과 오류들, 문제들, 잘못된 해답들, 그리고 회합이나 행진, 내전이
나 지도력에 관해 축적된 능력에 대한 당의 인식―과 관련한 이
론을 정교화한다. 바디우 자신이 정치적 인식의 다양한 발전과
그 인식을 결정화〔구체화〕하고crystallize 유지하는 실제적인 발
명들에 대한 이런 종류의 상세한 조사를 계속할 때, 그의 텍스트

에서 또 다른 목소리가 떠오른다. 늙은 두더지의 목소리가 말이다. 레닌주의 정당들 자체가 "노동 계급과 인민을 파시즘에 준하는 방식으로 억압하는"(TS, 221) 부르주아와 수정주의적 관료제의 보루가 되었던 1960년대에 바디우가 마르크스주의의 느린 실현에 대해 이야기할 때 작동하는 것이 바로 이 늙은 두더지이다. 이 목소리는 바디우가 소비에트연맹에서 모종의 불가피한 전체주의의 결과로서가 아니라 새로운 부르주아 계급의 출현에 따른 것으로서 나타나는 '정치적 주체의 난관'을 분석할 때 작용한다. 실제로, 전체적인 수준에서, 《주체의 이론》에서 늙은 두더지의 작용은 당에 대한 비판을 그 목표로 한다. 말하자면 역사의 이름으로 수행되는 구조적 변증법 비판은 한계에 대한 바디우의 타협에 다름 아닌 무엇이며, 노동자가 세계의 무대에 들어오도록 했던 바로 그 조직의 실패들에 대한 것이다. 《주체의 이론》은 당에 대한 바디우의 애가elegy이며, 이어지는 시기에 그는 당의 시효만료와 그 윤곽이 아직 불분명한 새로운 시대의 시작을 선언하게 될 것이다.

《주체의 이론》에서 바디우는 경직된 국가조직으로서 레닌주의 정당 너머의 마르크스주의 정치를 사유하는 과제에 착수한다. 이를 수행하기 위해 그는 당을 주체로서, 다시 말해—네 가지 주체효과의 양상들 속에서 일어나는—국가의 소멸로서 재사유한다. 그러나 그것은 단지 변화의 출현에 대한 문제인 것이 아니다. 그것은 또한 어떻게 정치적 변화를 유지하고 지탱할 것인지에 대한 문제이기도 하다. 중앙집권화된 당이 부재하는 가운

데, 이는 정치적 실천의 일관성에 대한 어떤 새로운 사유를 요구
하며, 중요한 것은 오로지 사라지기 위해 나타날 뿐인 여러 반란
사례 속으로의 소산을 무릅쓰는 한 과정을 일관되게 유지하는
것이다. 그리고 여기서 다시 한번 우리는 바디우의 작업에 대한
내 해석의 중심축을 발견하게 된다. 즉 변화의 문제와 다수성의
문제 사이의 관계를 말이다.

　　한 가지 규정적 기록에서 바디우는 만일 네 가지 주체효과
의 현실적 종합이 창조된다면 변화의 과정이 다수성 속으로 용
해되어 들어가지 않을 것이라고 주장할 것이다. 그리고 한 가
지 분석적 기록에서 바디우는 이런 종류의 현실적 종합을 사유
하는 데 적합한 일관성의 형식을 찾아 대수학algebra과 위상학
topology으로 향하는 전적으로 새로운 조사를 개시할 것이다.

일관성과 역사적 변증법

대수학적 일관성 대 위상학적 일관성

4부 중반쯤에 이르러 바디우는 지식을 적합한 현실의 반영이
라 주장하는 유물론자들과 점근선적 잔여물의 우위를 주장하
는 유물론자들 사이의 대립—즉 대수학 대 위상학—을 나타내
며 자신이 "새로운 은유"라 지칭하는 것을 도입한다. 대수학적
구조는 다양한 연산과 법칙에 따라 조합될 수 있는 동질적인 원
소들로 이루어진다. 이에 반해 위상학은 수학이 운동에 대한 장
악력을 얻어야 할 필요로부터 유래했으며, 따라서 위치지정, 근

사, 연속성 같은 개념들을 발생시킨다(TS, 226). 위상학은 한 원소와 다른 원소들의 조합에 집중하기보다는 오히려 어떤 것이 한 원소'와 가깝'거나 그것과 '멀리 떨어져 있는'지에 집중한다. 따라서 중심적 개념은 구성이 아니라 근접성proximity 혹은 구역 neighbourhood이다. 그래서 바디우는 구조적 변증법을 대수학으로 다시 기술하고 역사적 주기화의 문제를 위상학적 일관성의 출현 문제로 다시 명명한다.

이 새로운 탐구가 보증하는 것은 주체로서의 정당이 단지 파괴적인 단절과 비틀림으로서만이 아니라 하나의 새로운 위상학적 일관성으로서도, 다시 말해 규칙들에 따라 배치된 원소들로 이루어진 일관성으로서만이 아니라 지역들 혹은 구역들 간의 관계로 이루어진 일관성으로서도 사유될 수 있다는 것이다. 바디우는 곧이어 하나의 정치적 유비를 끌어와 노동조합 운동―구성원들의 가입과 중앙 부서의 명령들을 보유한―의 일관성과 인민전선의 일관성을 대조한다. 불행히도 인민전선들의 실존은 정치적 상황들의 영구적 특징은 아니다. 따라서 새로운 위상학적 일관성이 어디서 출현할 수도 있는지 알아보기 위해 우리는 경험론자가 되어야 하며, 어떤 한 정치적 상황의 모든 세부 내용을 담은 지도를 만들어야 한다. 바디우에 따를 때 그 일관성은 오로지 그 상황의 이미 정립된 질서 외부에 있는 한 지점에서 시작될 수 있다(TS, 225).

위상학적 일관성의 출현에 대한 도면을 그리기 위해서는 단지 상황의 분석만이 요구되는 것이 아니며, 위상학 그 자체로부터 그러한 분석의 윤곽이 제공되어야 한다. 위상학의 공리들은 다음과 같이 말한다. 한 지점의 어떠한 구역이라도 그 지점을 내포하며, 또 한 지점의 구역을 내포하는 모든 부분은 그 자체로 그 지점의 구역이다. 이 공리들은 단순한 내부나 외부가 없는 사유—수학에서든 정치에서든—를 구축한다. 하나의 구역은 이웃한 한 지점의 외부이거나 그 지점과 분리된 것이 아니다. 게다가 하나의 구역에는 어떠한 바깥 경계outer limit도 없으며, 한 지점의 구역은 무한정적으로 확장될 수 있다. 만일 하나의 정치적 분석이 위상학적 방식으로 수행된다면, 그 범위는 엄격하게 조여질 수 있거나 혹은 어떠한 선험적인 한계도 없이 현상들의 분석의 타당성으로 확장될 수 있다. 달리 말해서 관건은 분석의 장에 속한 무언가에 대한 훨씬 더 개방적이고 유연한 결정이다. 그러나 이는 모호함이나 초점의 상실로 귀착되지 않는다—이리하여 바디우가 언급하는 셋째 공리는 한 지점이 속하는 두 구역의 교차는 그 지점의 구역이라고 말한다.〔이에 대한〕바디우의 주해는 만일 하나의 지점이 두 가지 정치적 과정에 속할 경우, 그 지점은 이것이냐 저것이냐를 선택해야 하는 것이 아니라 그 두 과정의 교차에 속한다는 것이다. 정치적 상황 속의 한 지점으로 파업이라는 예를 들어보자. 그 지점의 구역은 같은 지리적 지역에 있는 노동 계급이며, 그 파업의 더 넓은 또 다른 구역은 제국주의와 프롤레타리아 사이의 적대 관계이다. 이 두 가지 구역의 가능적 교차는 그 특정한 파업의 국제적 연대internationalism일 것이다(TS, 238). 어떤 정치적 상황의 위상학적 분석은 이와 같이 항들 간의 근접성의 정도와 그것들의 가능적 구역들 혹은 지역들에 집중한다. 바디우의 시각에서 이런 종류의 사유의 강점은 사유가 집합적 관계들에 초점을 맞춤으로써 개별자를 탈동일시한다는dis-identify 점이며, 그는 심지어 이러한 효과로부터 하나의 정치적 준칙을 끌어내기까지 한다. "어떤 한 주체의 유물론적 운명은 공통적인 이름〔일반명사〕common name들의 근사를 통해 그 고유한 이름〔고유명〕proper name을 전복시켜야 한다는 것이다"(TS, 239). 우리는 당연히 여기서 다시 한번 세부 사항들이라는 흙 속에 파묻힌 상태로, 어떤 정치적 상황을 직조하는 구체적인 관계들과 공통적인 이름들을 분석하고 있는 늙은 두더지를 발견하게 된다.

이 지점에서 그는 한 가지 경고를 내놓는데, 사유에서는 정치적 실천에서와 마찬가지로 대수학적 일관성으로부터 쉽게 벗어날 탈출구가 없다는 것이다. "그것〔이름〕의 유착adherence의 위상이 될 수밖에 없다는 점은 정치적 주체를—즉 당을—탈동일시의 불안에 노출시키며, 정치적 주체는 유명론적nominal 대수학의 무시무시한 복귀를 통해 이 불안으로부터 빠져나가게 된다"(TS, 239). 여기서 그는 다시 한번 모든 변화의 과정에 수반되는 초자아의 피할 길 없는 관여를 강조하는데, 그러한 관여는 위상학적 일관성의 생성에 수반되는 까다로운 실험에 대한 반응으로 나타나는 것이다. 이 경고는 최종적인 종합적 도식에 이르기까지 해결되지 않은 채로 남겨진다. 바디우는 당분간 대수학적 일관성과 위상학적 일관성이라는 두 가지 새로운 개념을 그의 다른 심문들에 엮어 넣는 데 만족한다. 그렇게 그는 라캉의 분열을 향해 나아간다.

라캉에게 있어서의 위상학: 부엉이

1950년대 및 1960년대 초에 라캉이 제시한 가부장적 은유와 관련된 개념들, 즉 어머니의 억압된 욕망과 그 대체물인 남근기표phallic signifier에서, 바디우는 사라지는 원인으로서의 실재에 대한 대수학적 개념을 발견한다. 1970년대의 보로메오 매듭 Borromean knot에서는 당연히 위상학을 찾아내게 되는데, 왜냐하면 라캉 자신이 임상적 구조들의 모델을 제시하기 위해 위상학에 의지했기 때문이다. 보다 구체적으로 보자면 바디우는 증상symptom을 상징적인 것〔상징계〕, 상상적인 것〔상상계〕, 실재를 한데 묶는 매듭으로 보는 라캉의 발상에서 일관성으로서의 실재 이해를 발견한다. 일관성은 라캉 고유의 명시적인 관심사 중 하나였다.

> 만일 내가 매듭을 사용한다면 그것은 내가 원래 기여했던 이 세 가지 어떤 것—상징적인 것, 상상적인 것, 실재—에서 중요한 것은 동일한 일관성이기 때문이다. 이런 이유로 나는 보로메오 매듭을 생산했던 것이다. 나 자신의 〔임상적〕 실무 경험 practice을 설명하기 위해서 말이다. 일관성 그 자체를 분리해내는 것, 누구도 결코 그런 일을 한 적이 없다. 내가 그것〔일관성〕을 분리해냈으며, 여러분에게 제시하여 도식—노끈cord—으로 예증할 수 있도록 했다.[18]

보로메오 매듭의 구조는 그것을 이루는 세 개의 고리 중 하나가 끊어질 경우 모든 고리가 떨어져 나가는 그러한 것이다. 세 개의 고리 중 어느 것도 서로 맞물리지 않지만, 고리 세 개가 모두 맞물려 있는 것이다. 바디우는 이에 관해 다음과 같이 주해한다. "보로메오 매듭의 **일자**One는 전체에 영향을 미치는 일관성의 그것으로, 이는 유착의 **일자**, 곧 항들의 집합적 속성이다. 이에 반해 사슬chain의 **일자**는 분리되는 연결의 자리들을 규정한다"(TS, 243).

이런 방식으로 바디우는 라캉에게 있어 사실상 위상학적 실재와 대수학적 실재라는 두 가지 다른 실재 개념이 있음을 확인한다. 자신의 변증법적 방법에 따라, 그는 위상학적 실재에 찬동하여 즉각적으로 대수학적 실재를 기각하기보다는 유물론적 변증법에서는 두 가지 모두 함께 사유되어야 한다고 주장한다. 요컨대 어떠한 구조의 일관성도 사슬과 매듭 양자 모두를 통해 형성된다는 것이다. 논증을 전개하는 이 지점에서 그는 어떻게 그렇게 될 수 있는지에 관한 보다 자세한 검토에 들어가지는 않는다. 4부에는 앞서 제시된 배치공간이나 외장소에 관한 설명에 상응하는 구조에 관한 수정된 이론이 없다. 하지만 이런 노선의 연구에서 나올 귀결은 분명하다. 위상학적 일관성은 구조의 비틀림에서 모습을 드러내는 것으로만이 아니라 구조에 고유한inherent 것으로도 사유되어야 한다는 것. 즉 구조 내부에서 이질성을 근거 짓는 또 다른 방식이 발견된 것이다. 외장소와 장소 사이의 적대 관계에서 그런 것처럼, 운동과 변화를 사유함에 있어 구조에 내재하는 자원들이 있다.

하지만 기이하게도 바디우는 4부에서 변화의 문제로 눈을 돌릴 때 이러한 내재적인 구조적 자원들을 검토하는 것이 아니라 비틀림의 계기에 집중하는데, 이번에 이는 비일관성inconsistency으로 사유된다. 그는 만일 실재의 두 가지 개념이 있다면 비일관성 혹은 소산에도 두 가지 개념이 가능하다고 주장한다. 말하자면 비일관성은 사라지는 원인이 결여될 때 발생하며, 또한 보로메오 매듭이 끊어질 때 발생한다는 것이다.

보로메오 매듭의 절단을 설명하기 위해 바디우는 정치로 방향을 돌린다. 보수주의적 사유―'가난한 자들은 언제나 우리와 함께 있다'―에 있어서 그런 것과 달리, 마르크스주의자들에게 있어 대중은 어떤 바꿀 수 없는 사회적 실체가 되지 않는다. 오히려 '대중'은 실재를 나타내는 한 가지 이름이며, 따라서 대중은 '역사적 단절' 가운데 마주하게 될 수도 있다. 그렇다면 역사적 단절이란 무엇인가? 라캉의 저작에서 무의식은 해석의 단절 가운데 모습을 드러낸다고 말해진다. 이때 질문해야 할 것이 있는데, 정치적인 해석의 단절이란 어떤 것일까? 혁명인가? 여기서 문제는 곧바로 유비를 적용하는 것이―《주체의 이론》에서 새로운 개념이 도입될 때 종종 그런 것처럼―약간은 성급해 보인다는 점이다. 말하자면 단속적인 변화의 모델의, 즉각적인 변태의 기색이 나타난다. 바디우의 텍스트에서 다시 한번 독수리가 수면 위로 떠오른 것이다. 물론 변증법 사용자라면 구멍 혹은 단절이 변증법적인 변화의 사유에 반드시 필요한 계기는 아니라는 반대 의견을 제시할 수도 있을 터인데, 왜냐하면 변화는 멀리 떨어진 한 지점에서 시작되어야 하기 때문이다—그리고 중단 punctuation은 그 자체로 단절을 지속하고 확장함으로써 실제에 있어 변증화되어야 하기 때문이다. 그리고 이는 내가 '늙은 두더지'라 부르는 것의 작업 외에 다른 어떤 것도 아니다. 즉 기능장애와 비일관성의 계기를 지속적인 변화로 바꾸어내는 것. 그러나 독수리와 늙은 두더지는 변증법에 쉽게 진입하지 못하는데, 이들이 서로 다른 서식지에 속하는 탓이다.

위상학에 의지하는 방식이 약속하는 전망은 바로 변화는 하나의 유일무이한 지점에서 시작되는 것이 아니라〔그러한 지점을〕둘러싼 구역들 가운데 혹은 교차하는 지역들 사이에서 시작되리라는 것이다. 이러한 전망은 4부에서 완성되지 않지만, 이것이 바디우의 연구에 제공하는 방향은 결정적이다.《주체의 이론》의 보다 넓은 배경에서, 라캉적 위상학에 대한 초기적 탐구의 결론은 정의가 하나의 새로운 공통성의 발생으로 사유되어야 한다는 것이다. 그리고 동시대 프랑스 철학이라는 한층 더 넓은 배경에서, 이 과제—하나의 새로운 공동체commons의 발생을 사유하기—는 바디우의 작업이 포스트구조주의나 그것으로 인한 차이의 숭배와 불화하는 정도를 드러낸다.

이 지점에 이르기까지, 라캉의 자원들은 위상학적 일관성을 사유하는 데 활용된다. 바디우가 내딛는 다음 발걸음은 이러한 자원들이 제한적임을 선언하고, 변증법에 관한 엥겔스나 스탈린의 이해와 상당히 유사하게도 라캉이 오로지 실존적 독립성에 입각하여 보로메오 매듭의 일관성을 이해한다고 주장하는 것이다(TS, 248). 라캉의 사유에서 주요한 것은 대수학이며, 위상학은 부차적이다. 따라서 라캉 너머로 나아가려면, 상호의존성의 약한 일관성은 구역들의 강한 일관성과 집합적인 것의 초과로 향하도록 압력을 받아야 한다. 여기서 다시 한번 바디우가 꺼내는 비책은 힘과 파괴이다. 그는 4부를 다음과 같은 규정으로 끝맺는다. 말하자면 라캉에게 있어 주체는 실재가 탈존하는ex-sist 어떤 일관적 반복으로 정의될 수 있지만, 라캉을 넘어서 주체는 실재가 과도하게 드러나는 어떤 파괴적 일관성으로 사유되어야 한다.[19] 5부에서 라캉은 바디우의 주요한 대화 상대자가 되며, 실재를 일관성으로 보는 부적합한 착상으로 인해 비판의 대상이 된다. 이러한 비판의 주된 운반 수단은 세 명의 죄수 우화에 대한 해석으로, 이는 라캉의 〈논리적 시간과 선취된 확실성의 단언Le temps logique et l'assertion de certitude anticipée〉이라는 글에서 제시된다.[20]

　　그 우화는 이런 것이다. 한 감방에 세 명의 죄수가 있다. 세 개의 하얀색 원판과 두 개의 검은색 원판이 있는데, 교도소장은 하나의 원판을 그 죄수들 각자의 등에 붙인다. 각각의 죄수는 다른 죄수의 원판을 볼 수 있으나, 자신의 것은 보지 못한다. 소장은 출구로 나와서 자신의 원판 색깔을 정확하게 추정하는 첫째 죄수에게 자유를 줄 것이다. 소장은 하얀색 원판을 각 죄수의 등에 붙인다. 세 명의 죄수는 모두 동시에 출구로 걸어간다. 어떻게 그럴 수 있을까? 〔먼저〕 죄수들을 A, B, C로 지칭하도록 하자. A

는 두 개의 하얀색 원판을 보고—바디우의 재구성에서—다음
과 같이 추론한다.

> 만일 내 원판이 검은색이라면, B(또는 C)는 이렇게 추론할 것
> 이다. '나는 하나의 검은색과 하나의 흰색을 보았다. 만일 내 원
> 판이 검은색이라면, A와 C는 두 개의 검은색을 볼 것이고 즉시
> 출구로 갈 것이다. 만일 그들이 나오지 않는다면, 이는 내 원판
> 이 하얀색이기 때문이며 나는 따라서 즉시 나갈 수 있을 것이
> 다.' A는 B도 C도 즉시 나오지 않는 것을 보게 되며, 따라서 그
> 는 자신의 원판 또한 하얀색임을 알게 된다. (TS, 265)

라캉은 이러한 추론 과정으로부터 B와 C가 걸어가기 시작
하는 즉시 A의 결론이 틀렸음이 입증된다는 결론을 내리는데,
왜냐하면 A의 결론이 다른 두 죄수의 부동성immobility을 전제
하기 때문이다. 따라서 세 사람의 죄수는 모두 어쩌면〔다른 죄수
들이〕그들의 결론을 이미 선취했을지도 모른다는 동일한 불안
으로 인해 걸음을 멈추게 된다. 그러나 그때 다른 두 사람의 죄수
또한 얼어붙은 듯이 멈춰 선 것을 보고서 A는 자신의 추론에 대
한 의심을 거두게 되는데, 왜냐하면 자신의 원판이 검은색일 경
우 B와 C가 주저할 이유가 없기 때문이다.

바디우에 의해 제시된 라캉의 해석은 다음과 같이 진행된
다. 주체적 확실성〔확신〕의 생성에는 다섯 단계가 있으며, 각각
의 단계는 "주체적 과정"이라 지칭할 수 있는 어떤 것의 시기를

구분한다periodize. 첫째 단계는 추론deduction의 과정 중에 있는 부동의 기다림이며, 이는 "이해를 위한 시간"이라 명명된다. 둘째 단계는 죄수 각자가 자신의 원판 색깔을 결정하는 전진으로, "결론을 위한 시간"이라 명명된다. 셋째 순간은 서두름의 시간인데, 그 이유는 다른 죄수들이 동시에 움직이기 때문이며, 이로 인해 즉각적으로 결론의 선취에 오류가 끼어들 가능성이 높아진다. 넷째 단계는 중단punctuation으로, 이는 모든 죄수가 얼어붙은 듯이 움직임을 멈추는 중지의 순간이지만, 그들 모두가 즉시 걸음을 멈춘다는 사실 덕분에 각자는 자신의 처음 추론이 맞았음을 확인한다. 마지막으로 완전한 확실성으로 뒷받침된 출구를 향한 움직임이 새롭게 재개된다.

바디우는 이 우화가 분석을 빗댄 이야기임을 언급하면서 자신의 해석을 시작한다. 그 우화는 **타자**의 관점으로부터 자신들을 구별하는 표시를 통합하고 이로써 자유로운 주체의 지위에 이르게 되는 주체의 이야기를 전한다는 것이다. 최초의 전진은 바디우의 용어로 할 때 '주체화subjectivization'의 순간, 즉 한 주체가 자신의 정체성—'내 원판은 하얀색이다'—을 결정하는 순간이다. 이 결정과 앞을 향한 움직임이 지나치게 성급한 것일 수도 있다는 사실은 이성적 추론에 대한 행동의 초과excess를 나타내며, 이 우화에서 '대수학적 일관성'의 역할을 하는 것이 바로 이 추론이다.

그런 다음 바디우는 간명한 반대 의견을 제시한다. 이를테면 라캉의 분석은 각각의 죄수가 엄격하게 동일한 방식으로 추론하리라는 전제를 깔고 있다는 것이다. 그러나 정말로 그랬다면 서두름이나 의심의 순간은 없었을 것이며, 각각의 죄수는 곧바로 문을 향해 나아갔을 것이다. 이 주장을 설명하기 위해 바디우는 앞서 언급된 A의 추론이 서로 다른 길이의 세 가지 추론 과정으로 이루어짐을 보이는데, 이러한 차이는 바로 그 추론이 죄수 B와 C가 어떻게 생각하고 있는지에 초점을 두기 때문에 생기는 것이다. 이러한 각각의 추론 과정은 한 사람의 죄수에게 있어 가능한 한 가지 상황으로부터 시작된다. 즉 두 개의 검은색 원판을 보게 되거나, 하나의 검은색 원판과 하나의 하얀색 원판을 보게 되거나, 두 개의 하얀색 원판을 보게 되는 상황으로부터 말이다. 바디우는 이 과정들을 추론 R1, R2, R3으로 지칭하며, 괄호와 대괄호를 사용하여 어떻게 R1과 R2 각각이 R3으로 명명되는 A의 추론에 포함되는지 보인다.

[만일 내 원판이 검은색이라면, B(또는 C)는 이런 방식으로 추론할 것이다. '{내게는 하나의 검은색과 하나의 하얀색이 보인다. (만일 내 원판이 검은색이라면, A와 C는 두 개의 검은색을 보게 될 것이며 즉시 출구로 향할 것이다. R1) 만일 그들이 출구로 가지 않는다면, 이는 내 원판이 하얀색임을 의미하며, 따라서 나는 즉시 출구로 나갈 수 있다. R2}' A는 B도 C도 즉시 출구로 나가지 않는 것을 보게 되며, 이에 따라 자신의 원판도 하얀색임을 알게 된다. R3] (TS, 265)

만일 세 사람의 죄수가 동일한 방식으로 추론했다면, 그들은 동시에 망설임 없이 문을 향해 나아갔을 것이며, 다른 죄수들의 움직임은 그들 자신의 추론을 확인해주는 것이다. 주체화와 결론의 행동은 있겠으나 서두름은 없을 것이며, 라캉이 내놓는 에피소드의 주체화 과정은 일어나지 않을 것이다. 바디우는 이 우화에는 라캉이 언급하지 않은 무언가 중요한 것이 있음이 분명하다는 결론을 내린다.

바디우의 분석에 따르면 이 우화에는 또 다른 일군의 관계가 작용하고 있다. 만일 내가 다른 죄수가 움직이는 것을 보고서 멈춰 선다면, 그것은 아마도 그가 바보이기에 그저 R2까지만 추론한 데 반해 나는 R3까지 모든 것을 추론해낼 수 있었던 까닭일 따름이다. 만일 다른 죄수가 나와 질적으로 다름을, 다시 말해 그의 지적인 '힘'이 나보다 못함을 추정한다면, 오로지 서두름의 순간만이 있을 것이다. 나를 멈춰 세우는 추측은 타자가 나 자신에 비해 지적이지 못하다는, 즉 정신의 능력에 있어 기민하지 못하다는 점에 기초한다. 바디우가 어떤 내재적 '위상학'이라 지칭하는 관계들의 그물망의 실존을 지시하는 것이 바로 이 '~보다 못한'이라는 말과 '~보다 나은'이라는 말이다.

다음 질문은 이러한 내재적 위상학의 기원과 관련된다. 이전에 바디우는 위상학적 일관성을 변증법의 어떤 특정한 순간에 모습을 드러낼 법한 특수한 속성으로서 구상하는 견해와 그러한 일관성을 모든 구조의 한 내재적 특성으로서 구상하는 견해 사이를 오가며 동요했다. 이 [죄수들의 우화에 관한] 논증에서 바디우는 후자의 선택지를 받아들여, 배치공간splace 혹은 구조가 언제나 이미 주체적인 것의 공간임을 주장하는 듯 보인다. 즉 지성적인 힘의 차이는 처음부터 그 장을 구조화해야만 한다. 하지만 이러한 위상학은 그 자체를 오로지 타자의 앞으로 나섬〔전진〕이라는 행동을 통해 제시될 수 있을 뿐이다. 추론만으로는 서두름의 가능성을 연역할 수 없는 것이다. 나는 나 자신의 추론만으로는 타자가 얼마나 느리게 움직일지 계산할 수 없다—〔만일 그렇게 한다면〕 얼마나 바보 같은 일인가! 여기서 바디우는 이런 방식으로 앞서 망설였던 것과 달리 위상학적 일관성을 구상하는 두 가지 견해를 통합해내는 데 성공한다. 위상학적 일관성은 만일 그것이 이미 구조 속에 내재하는 것이라면 그저 출현적 속성이 될 수 있을 뿐이다. 〔그러나〕 반대로 볼 때, 위상학적 일관성은 비록 구조에 내재적인 것이라 하더라도, 예컨대 추론을 초과하여 일어나는 죄수의 행동이라는 '실재'와 같이, 어떤 특정한 역사적 순간에 제시될 수 있을 뿐이다. 그러한 초과가 바로 주체화의 비밀이며, 이는 어떤 계산으로부터 비롯되기보다는 오히려 상징질서의 중단으로부터 비롯되는 것이다.

이 지점에서 바디우의 분석은 가속페달을 밟으며, 새로운 개념들을 생성해내기 시작한다. 그는 두 가지 유형의 서두름을 구별한다. 한 가지 유형의 경우, 죄수는 실행의 중차대함에 압박을 받아 출구로 달려가게 되는데, 이때 다른 죄수들의 어떠한 움직임도 무시하며, 이에 따라 서로 차이가 있는 지성적 힘의 위상학을 지나치게 된다. 그 결과 이 죄수는 자기 추론이 확실치 않음에도 교도소장의 결정에 스스로를 내맡기게 된다. 이 경우 주체화는 불안anxiety을 통해 발생하며 주체적 과정은 초자아superego에 의해 지배된다고 바디우는 결론짓는다. 반면 [다른 한 가지 유형의 경우] 죄수의 성급함은 상당히 다른 풍미를 가지게 될 수 있다. 그는 자기 감방 동료들이 거의 자신과 비슷할 정도로 똑똑하다고 여기며, 따라서 자신의 추론을 마칠 때까지 기다릴 수 없다. 추론을 마칠 때까지 기다릴 경우 그들은 그와 동시에 문턱에 서게 될 것이기 때문이다. 그는 감독자 앞에 설 때까지 추론을 완수할 수 있다는 자기 능력의 확신을 통해 이러한 동등함을 끝장낸다. "승리는 걷는 동안 생각할 수 있는 자에게 속한다"고 바디우는 서술한다(TS, 274). 이 경우 죄수를 주체화하는 것은 바로 법의 보장 없는 실재에 대한 도박 혹은 용기courage이다. 그에게 출구를 보장하게 될 어떤 것은 교도소장의 결정이 아니라 그 자신의 추론이며, 주체적 과정을 규제하는 것은 질서의 재구성으로서의 정의justice이다.

세 죄수의 우화에 관한 분석은 네 가지 근본적인 개념인 불안, 용기, 초자아, 정의에 대한 새로운 종합을 산출한다. 이러한 주체효과들은 두 가지 계기―주체화와 주체적 과정―를 통해 연결되며, 이는 불안을 초자아에 연결하는 양식인 프사이ψ와 용기를 정의에 연결하는 양식인 알파α라는 두 가지 양식 중 하나를 따른다. 라캉의 위상학에 대한 탐구의 말미에서 바디우는 주체는―어떤 대수[학]의 위상학적 교란으로서―"양식 프사이와 양식 알파의 현동적인 구분으로서 완성된다"는 결론을 내린다(TS, 274). 여기에서 다시 한번 중요한 것은 정치적 변화의 이론을 통해 용기와 정의를 옹호하고 불안과 초자아의 회피를 규정하는 것이 아니다. 즉 프사이와 알파라는 두 양식 모두 전환 과정의 빠져나갈 수 없는 순간들로서 사유되어야 하는 것이다. 앞서 주지한 것처럼 이는 각각의 사유의 계기가 그 과정으로 꼬여 들어가게 되는 그의 변증법적 방법의 또 다른 반복이 아니다. 불안과 초자아의 효과들을 정치적 변화에 집어넣는 이러한 포함은 이 텍스트 속에 독수리와 늙은 두더지 외에 다른 목소리가 현존함을 알리게 되는데, 이는 바디우의 독자라면 그의 저작에서 듣게 될 것으로 기대하지 않을 그러한 목소리로, 곧 내가 부엉이라 지칭하는 목소리이다. 역사에서 몇 번이고 되풀이하여 드러난 것처럼 부엉이는 조만간 사회관계나 정치 영역에서 변화가 일어나게 될 것임을 경고하며, 그 변화 속에서 파괴는 언제나 자리를 얻는다. 어떤 오래된 계급 체계가 파괴될 경우—그리고 프랑스에서 지금 권력을 잡고 있는 것은 귀족이나 성직자가 아닌 부르주아 계급인데—그 과정에서 불안과 초자아가 작용하게 될 것이다.

바디우의 작업 전체라는 훨씬 더 넓은 맥락에서, 세 죄수의 우화에 대한 이런 방식의 독해는 결정적인 것이다. 바디우 자신의 시각에서 볼 때 그것은 자신이 라캉의 저작 속에서 분리해낸 사유의 노선이 올바르고도 견고한 것임을 확증해준다. 바디우가 자신의 작업을 스승의 작업과 구별할 수 있도록 해주는 것은 바로 강한 위상학적 일관성이라는 개념의 탐지와 발전이다. 따라서 바디우의 마오주의적 시기에 그를 알튀세르로부터 완전히 떨어져 나가도록 하는 것은 《이데올로기에 대하여》이며, 라캉에 대해 동일한 작용을 완수하는 것은 《주체의 이론》이라고 할 수 있다.

정치에 있어서의 위상학

바디우가 대수학적 일관성과 위상학적 일관성의 대조를 발전시키는 두 번째 주된 탐구는 정치와 관련된다. 이 경우에 그 대조는 성급한 유비가 아닌 어떤 정치적 상황의 진단에 관한 것이며, 이 진단의 결과는 향후 수십 년 동안 바디우의 작업 전반에 걸쳐 이어지게 될 것이다. 그는 하나의 정치적 상황으로서의 프랑스에 대한 분석으로부터 논의를 시작한다. 그는 "국민국가nation-state에 대한 귀속은 프랑스인들의 다수성의 유형을 고정하는 [국민성nationality의] 규약체계code에 의해 대수학적으로 결정된다"(TS, 278)고 말한다. 그 결과 이주 노동자들은 하나의 국민국가로서의 프랑스로부터 합법적으로 배제된다. 그들은 비시민인 것이다. 만일—여기서 바디우의 반사실적 조건문—이주민들이 프랑스에 귀속belonging된다고 셈해졌다면, 그 배치공간의 법은 고장 나게 될 것이며, 그들은 훨씬 큰 다수성을 생산하게 될 것이다. 이와 같이 이 반사실적 조건문에는 파괴의 계기—그들을 오로지 '이주민'으로만 인정하는 '제국주의적 합의' 내부의 파열—와 정의의 계기—훨씬 큰 다국적의 다수성으로의 재구성—가 함께 들어가 있다. 바디우는 "이주민 프롤레타리아들"을 "전 국가 자체의 고유한 비실존"으로 확인한다(TS, 278). 이러한 테제는 매우 큰 중요성을 갖는다. 즉 이 테제는《주체의 이론》에서 구체적인 정치 상황에 선명하게 초점을 맞추는 첫째 언표일 뿐만 아니라, 혁명을 위한 사회적 기초에 관한 마르크스주의적 문제의식에 대한 근본적인 재정향을 초래한다. 말하자면 그 기초는 더 이상 노동 계급이 아니라 이주 노동자가 되는 것이다. 또한 바디우는 이 테제로 인해 주체에 관한 자신의 이론의 정치적인 지평을 갑작스럽게 확대하게 된다. 즉 바디우 이론의 지평은 분열, 일탈, 개인숭배, 공산주의 정당과 혁명의 승리와 패배에 대한 지도제작에 국한되지 않고, 이제 그 자체의 정치적 상황들의 구조 및 '불법 이주민'이라고 불리며 프랑스에 사는 사람들과 그들의 불가능한 상황으로 이루어진 구조에 대해 말하게 되는 것이다.

위상학에 대한 탐색에 접근하게 되면서 바디우는 "어떤 파열이 하나의 점유불가능한 장소로부터 시작된다"고 말하는데, 이는 명백히 앞서 제시된 불가능한 것에 대한 명명을 통해 시작되는 변화에 관한 자신의 테제의 위치를 바꾸는 전위transposition이다. 나는 이 테제를 변화에 관한 독수리의 준칙 중 하나로 명명한 바 있다. 여기서 그것이 되돌아오지만, 이번에는 이주 노동자들과 불법 이주민들이 평등한 권리를 요구하는 실제 정치의 사건들 가운데 전개되는 형태를 취한다.[21] 정치의 역사의 변증법 속에서 이 주장은 바디우가 비어 있는 장소의 강제적인 점거라 지칭하는 것에 상당한다. 이는 그의 논증에서 한 가지 결정적인 발전이며, 그는 그것을 표시하면서 "여기서 우리는 법의 중단과 전체의 파괴를 위한 주체적인 극성polarité으로서의 비실존에 대한 첫 번째 개념을 얻는다"고 말한다(TS, 279). 달리 말해서 이주 노동자들은 프랑스 국적nationality을 보유하지 않은 채로 정치적 권리를 요구함으로써 어떤 불가능한 장소를 점유한다는 것이다. 이 요구를 충족하려면 프랑스 국민nation으로 정의되는 다수성이 확장되어야 할 것이며, 이 확장을 통해 그 다수성은 〔다른 무언가로〕 전환될 것이다. 경제와 마찬가지로 국민은 다국적이 되어야 할 것이다. 여기서 우리는 마침내 바디우가 정치적 영역에서 파괴destruction라는 말로 의미하는 어떤 것의 상세한 설명을 얻게 되는데, 그것은 내전이나 국회의 무장 점거가 아니라, 우리의 가장 깊은 곳에 자리한 정치적 편견이나 선입견의 해소이다. 즉 하나의 정치체political body를 구성하는 시민들로서, 설령 그렇지 않더라도 하나의 공통적인 지리나 기반 시설을 공유하는 사람들로서, 우리가 누구인지에 관한 우리의 모든 가정의 용해인 것이다.

바디우가 점유불가능한 공간의 점유를 통해 배치공간의 파괴가 시작된다고 말할 때, 그리고 변화의 시작점을 짚어내며 어떤 전체적인 전환을 환기시킬 때, 그의 사유 속에서 말하고 있는 것은 바로 독수리이다. 독수리는 변화의 시작점과 종착점을 특정하며, 이로써 바디우 자신의 표현으로 하면 하나의 '대수학적' 모델을 구성한다. 그에 반해 전개되어야 할 것은 변화의 시작에 대한 위상학적 구상, 다시 말해 변화의 출현에서 일어나는 다수적 힘의 융합confluence과 인접함becoming-neighbours에 대한 이론이다. 말하자면 변화는 하나의 점이 아니라 하나의 지역에서 또는 지역들 사이에서 시작될 수 있다. 이러한 위상학적 구상을 발전시키기 위해서는 국지적 관계들의 그물망에 대한, 어떤 정치적 공간의 조직texture에 대한 자세한 연구가 요구된다. 요컨대 늙은 두더지의 작업이 요구되는 것이다.

이러한 주장을 전개하기 위해서, 나는 잠시 바디우 저작에 대한 해석을 멈추고, 몇 가지 보충적인 테제를 발전시켜야만 한다. 국가의 관점 및 인구에 대한 국가의 사법적, 억압적 통제의 관점에서 볼 때, 다수적인 힘의 근접성이 증가하는 것은 국가 범주들의 흔들림으로 표시된다. 예를 들어 2005년 11월 프랑스에서 있었던 시민적 소요들을 이야기해보자. 프랑스 국가에 있어 이 사건들의 가장 괴로운 측면은 시위 참가자를 '외국인들', '범법자들', '불법 이주민들' 등의 범주로 분류하고자 하는 국가의 시도가 실패했다는 점이다.[22] 체포된 사람들이 사법절차를 거쳤을 때 매우 적은 비율의 사람만이 그러한 범주들에 속했으며, 나머지는 프랑스인으로 범죄 기록이 전혀 없는 사람들이었다.[23] 하지만 많은 시위 참가자는 미디어가 '2~3세대 이민자'라 지칭하는 사람들이었다. 프랑스 의회는 비상사태법state of emergency law을 꺼내들었는데, 이 법의 연원은 거리에 선 많은 사람의 부모들의 출신국 알제리에 대한 식민지 경영 시절까지 거슬러 올라가는 것이다. 당시 총리 도미니크 드 빌팽은 계속 반복하여 "이 사람들은 완전히 공화국에 통합되지 않았다"고 말했다. 하지만 문제는 그들이 분명히 공화국에 속한 사람이라는 점이었다. 요컨대 당시 소요에서 문제가 되는 것은 프랑스 국민에 속하면서도 속하지 않는 일부 사람 또는 지역의 출현이었다. 프랑스 국가는 이 특정한 이민자 인구들이 과거의 출신국에 어느 정도나 애착을 가지고 있는지 평가할 수 없다. 이러한 귀속되면서도 귀속되지 않음belonging and not belonging의 논리는 하나의 사회적 수준에서도 작동한다. 한 이주 노동자가 "내 아이들을 보자면, 걔네는 프랑스인이 아니고 그렇다고 알제리인도 아니에요"라고 말하는 것처럼 말이다.[24] 그 말의 요지는 이 아이들—이주민 2~3세대—이 프랑스인이자 알제리인이지만, 알제리인이되 완전한 알제리인이 아니고, 프랑스인이되 완전한 프랑스인이 아니라는 것이다. 그래서 폭동이 진행 중일 때 국내의 정치 무대에 모습을 드러낸 것은 불완전의 위상학topology of incompletion이었다. 국가와 시위 참가자들 사이에 놓인 몰이해의 격차—라캉이라면 관계의 부재라고 말했을—는 알제리가 여전히 프랑스의 중요한 한 부분이지만 이 부분이 프랑스를 불완전하게 하며, 그 동일성을 〔구멍이 뚫린 채로〕 열어놓게 된다는 점—즉 더 이상 국경이 닫히지 않는다는 점—을 표시한 것이다.

누군가 바디우의 범주들을 보충하거나 혹은 구체적으로 열거하려specify 할 때, 대개 〔그 길로 진입하는〕 입구에서 저지당할 것이다. 여기서 바디우는 내가 말하는 불완전의 위상학을 25년 전에 선취한 것이다. 《주체의 이론》에서, 점유할 수 없는 장소의 강제적인 점유라는 테제는 라캉의 성차화 정식들formulae of sexuation[*]에 대한 독해 중에 등장하는데, 이는 거세castration와 성정체성sexual identity과 관련하여 전체성이 제한될 수 있는 두 가지 다른 방식을 제시하는 정식들이다. 이는 남성의 편에서는 모든 남자가 거세되지만 예외적으로 한 사람만은 거세되지 않는다고 읽히는 데 반해, 여성의 입장에서는 어떠한 여자도 거세

---

* 성차화 정식 혹은 성구분 도식은 다음과 같이 제시된다.

$$
\begin{array}{cc|cc}
\exists x & \overline{\Phi x} & \overline{\exists x} & \overline{\Phi x} \\
\forall x & \Phi x & \overline{\forall x} & \Phi x \\
\hline
\end{array}
$$

여기에 나오는 기호들을 설명하면 Φ는 팔루스 함수(거세), x는 성차의 기입 장소, 빗금 친 S는 거세된 주체, 빗금 친 A는 대타자의 결여, a는 대상 소타자 a, 빗금친 La는 대문자 여성의 결여, S(빗금 친 A)는 대타자가 결여된 기표를 나타낸다. 각각의 칸에 대해 설명하면 좌상은 남성의 입장을 나타내는 '예외 있는 전체'(어떤 남성은 팔루스 함수의 지배를 받지 않는다. 모든 남성은 팔루스 함수의 지배를 받는다)로 요약되며, 우상은 여성의 입장을 나타내는 '예외 없는 비전체'(어떤 여성도 팔루스 함수의 지배를 받지 않는 여성은 없다. 모든 여성이 팔루스 함수의 지배를 받는 것은 아니다)로 요약할 수 있다. 좌하에서 빗금 친 S는 전체에 붙잡혀 있으며 그로 인해 개별적인 자기 존재를 부정당한 남성을 나타내는데, 남성은 이로 인해 대상 소타자 a 혹은 부분대상을 향유의 대상으로 한다. 우하에서 빗금 친 La는 전체로서의 여성이란 없음을 나타내며, 여성은 전체가 아니고 오히려 그로부터 벗어나기에 개별자로서 팔루스(남근)를 향유하거나 또는 상징계에서 벗어난 어떤 것(S(빗금친 A))을 향유할 수 있다.

되지 않은 사람은 없지만 여자가 된다는 것이 모든 여자에게 있어 거세를 수반하는 것은 아니라고 읽힌다. 따라서 여성의 편에는 불완전의 사유가 기입된다. 바디우는 이 정식들을 그대로 받아들이지 않고, 오히려 집합론에서 유래하는 작업틀을 사용하여 불완전의 개념을 발전시킨다. 그는 프랑스 국민국가를 특정한 기수성cardinality 혹은 수의 크기를 가진 하나의 다수성으로 규정하는데, 이주민들에 의해 환기된 확장된 다수성은 〔그보다 더〕 우월한 기수성을 갖는다. 그러므로 정치적 권리를 요구하는 것은 더 큰 다수성의 실존을 주장하고 원래의 다수를 다른 가능한 다수 중 하나에 지나지 않는 것으로 맥락화하는 것이다. 요컨대 바디우는 정치적 요구의 효과는 "원래의 다수성을 탈전체화하는 것"이라고 말하며, 이를 나 자신의 말로 하자면 프랑스를 불완전하게 하는 것이다(TS, 279). 불완전에 대한 바디우의 사유는 논증의 이 단계에서 발전을 멈추지만, 그의 집합론 연구가 펼쳐짐에 따라 더욱 깊어진다.

위상학으로 진입하는 바디우의 연구에 있어 마지막 전환은 "모든 배치공간은 또 다른 배치공간의 파괴의 사후효과"라는 명제이다(TS, 280). 이는 처음에 제시된 논증으로의 복귀인데, 그 논증에 따라서 구조의 역사적 주기화가 일어나게 되었으며, 그것이 없었다면 애초에 구조란 존재하지 않았을 것이다.

그러나 여기서 중요한 것은 단지 하나의 주기화가 아니라 주기화들의 연쇄 전체인데, 그 각각은 한 배치공간의 파괴 및 다른 배치공간과의 연결을 통해 일어난다. 바디우는 이런 방식으로 향후에 후계succession의 연산자라고 지칭하게 될 어떤 것을 만들어내는데, 그것의 결과는 하나의 시퀀스sequence로서의 전체적인 역사의 이미지이다. 이 지점에서 장황하게 말을 늘어놓는 것은 독수리가 아니라 다시 한번 세월에 젖은 부엉이의 목소리이다. 관건이 되는 것은 먼 거리를 두고 역사를 조망하여 정치적 변화의 일어남에서 패턴과 규칙성을 식별해내는 전망으로, 이는 문명의 흥망성쇠를 다루는 순환적인 역사 이론들이나 혹은 심지어 궁극적인 우주의 열역학적 사망heat death of the universe[*]에 대한 예측과 상당히 유사한 것이다. 이러한 역사 전망에 대응하는 상관물은 변화에 대한 실용적이고도 정치적으로 중립적인 판단이다. 말하자면, 좋거나 싫음에 관계없이, 어떠한 가치 척도에 따라서든, 언제라도 변화는 일어날 것이며 구조는 파괴될 것이다. 부엉이는 변화를 객관화한다.

집합론과 변증법의 재가공

《주체의 이론》에 나타나는 이른 시기의 집합론을 향한 전회, 그리고 특히 멱집합powerset의 초과적 기수성 및 폴 코언의 유적인 집합generic set 개념과 강제forcing 개념에 집중되는 그의 관심—《존재와 사건》에서 볼 수 있는 그 개념들의 철학적 잠재성의 만

---

[*] 열역학적으로 우주의 엔트로피가 최대에 이른 열평형 상태를 지칭한다. 이때 당연히 에너지 차가 사라지며 이에 따라 어떤 운동도 에너지의 이동도 있을 수 없는 상태에 이르게 된다.

개한 이용보다 훨씬 앞서는—외에, 바디우의 저작을 변증법적 시기와 수학적 시기로 구분하는 분류를 곤란하게 하는 것으로는 무엇이 남아 있는가.

물론 바디우가 구조 또는 배치공간을 하나의 특정한 기수성을 지닌 다수성으로 재사유하기 시작하기는 하지만, 그의 주된 관심사는 구조 속에 내재하는 이질성을 사유하는 데 요구되는 더 많은 자원을 찾아내는 것이다. 그는 그러한 자원 하나를 멱집합의 초과적 기수성에서 발견한다. 멱집합—최초에 주어진 집합의 모든 부분집합으로 이루어진 집합—은 최초의 집합보다 더 많은 원소를 가진다. 유한집합에서는 두 집합의 양들 간의 차이가 계산될 수 있다. 멱집합은 2의 n승(2^n) 개의 원소를 가지는 데 반해, 최초의 집합에 속한 원소의 수는 n이다. 하지만 무한집합의 경우에 멱집합의 기수성〔크기〕이 최초 집합의 기수성을 초과하는 양은 수학적으로 결정불가능하다. 게오르크 칸토어는 멱집합의 기수성이 최초 집합보다 하나를 더 세는 위치에 오는 기수cardinal의 기수성이라고 말하는 자신의 연속체 가설 continuum hypothesis을 통해 멱집합의 초과를 결정하고자 시도했다. 결국 연속체 가설은 증명될 수 없었으나, 쿠르트 괴델 덕분에 그 가설이 집합론의 공리들과 정합성을 이룬다는 점이 밝혀질 수 있었다. 이어서 멱집합의 초과를 다루는 세 가지 다른 방식이 나타났다. 첫째는 괴델을 그 대표자로 하는데, 이는 오직 이전에 공인된 집합들에 기초하여 세워진 명시적인 공식들과 대응하는 그러한 집합들만을 인정함으로써 집합과 부분집합의 수를 제한하게 되며, 그 결과는 구성가능한constructible 집합들의 우주이다. 둘째 접근법은 바디우가 프레더릭 로버텀과 연관 짓는 것으로, 이는 크기에 있어 열위에 있는 모든 개별 집합의 순서를 정하기order 위해 고안된 엄청나게 큰 기수들을 만들어내는 작업을 수반한다. 이 엄청나게 큰 기수들의 실존은 구성가능한 우주에서 집합들의 실존에 대한 제한이 얼마나 가혹한 것인지 드러내보인다. 예를 들어 만일 어떤 특정한 유형의 큰 기수성 large cardinality이 실존한다면, 정수집합의 부분집합 중에 있는 구성가능한 집합들보다 더 많은 구성불가능한 집합이 있음을 보일 수 있다. 《주체의 이론》에서 새로운 개념들을 도입한 후에 자주 그러듯, 바디우는 구성가능한 접근법과 노동조합주의 사이에서 그리고 큰 기수들과 전쟁 개입을 통해 사람들의 불만을 누그러뜨리는 부르주아 국가의 억제 방식 사이에서 약간은 성급한 유비들을 발전시킨다. 하지만 정말로 짜릿한 것은 오로지 그가 멱집합의 초과에 대한 셋째 접근법으로 돌아설 때 시작된다. 1963년에 폴 코언은 연속체 가설의 부정 또한 집합론의 공리들과 정합적임을 보였다. 더 나아가 바디우가 보기에, 코언의 작업에 따른 보충적인 유적 부분집합의 구성과 강제라는 기법을 통해 "우리는 다수의 부분적partitive 자원을 제한할 수단을 획득한다"(TS, 287). 유적인 부분집합은 어떠한 속성이나 정의와도 대응하지 않는 일관적 다수이며, 강제는 최초 집합에 유적인 부분집합을 하나의 원소로 더함으로써 그러한 일관적 다수의 실존의 윤곽을 보여주는 기법이다. 《존재와 사건》을 읽는 사람이라면 누구라도 여기서 바디우가 주된 광맥motherlode을 건드리고 있다는 점을 알게 될 것이다. 변증법의 망치에서 불꽃이 튀어 오르며, 논의의 흐름은 보편 양화사universal quantifier 대 실존 양화사existential quantifier 간의 신속한 유비로, 혁명에서 지식인의 역할에 관한 사르트르의 논의로, 강제의 논리에서 그리고 다음으로 정치에서 부정적인 것의 역할에 관한 논의로 옮겨간다. 그러나 모든 불꽃이 그렇듯 이 유비들은 사라지고 바디우에게는 그의 발견의 핵심만이 남는다. 출현하는 정치적 주체의 이질성은 집합론적 작업틀 속에서 명명불가능한 것 또는 어떤 집합의 유적인 부분집합으로 사유될 수 있다. 이는 《존재와 사건》에서 그가 전개하는 성숙기 변화의 이론의 전제 그 자체이다.

유적인 집합의 발견은 또한 《주체의 이론》이 《모델의 이론》과 마찬가지로 바디우 저작에서의 두 시기 사이에 놓인 문지방에 위치한 텍스트임을 보여주는 표시이다. 바디우 자신의 용어를 사용하자면 집합론으로 들어가는 탐구는 그의 저작을 주기화한다. 즉 이 탐구는 바디우의 마오주의적 시기를 닫고 이후에 오는 수학적 존재론의 시기를 연다. 실제로 《존재와 사건》을 위한 장소에는 이미 많은 것이 준비되어 있다. 배치공간은 하나의 '다수성'으로서 재명명되어, 상황을 집합으로 놓는 존재론적 정의를 예시한다. 바디우는 또한 자신이 가장 좋아하는 예시 중 하나가 될 어떤 것을, 다시 말해 성 바울과 그리스도의 부활 사건을 사용하여 사건event과 개입intervention에 대한 구상이라는 문제를 해결한다(TS, 143). 하지만 우리가 그의 전체적인 개념적 작업틀을 재구조화하는 집합론의 잠재성을 일별하게 되는 것은 오직 칸토어의 대각선 논법diagonal reasoning*을 역사의 단일성과 관련하여 검토하게 될 때이다. 이 지점 이후로 이어지는 논증은 영구적으로 바디우가 동원하는 무기고의 일부를 구성하게 될 것이다.

역사의 탈전체화

구조적 변증법의 배치공간 혹은 구조는 하나의 집합으로, 다시 말해 어떤 특정한 기수성을 지닌 하나의 다수성으로 간주되어야 한다. 집합론은 모든 집합의 집합 즉 전체집합total set이라는 개념이 모순된다는 점을 보인 바 있다. 이는 칸토어의 대각선 논법을 사용하여 증명될 수 있다.

　하나의 전체집합이 있다고 하고, 이 집합을 '우주universe'를 나타내는 U라고 표기하도록 하자. 그리고 전체집합 U의 각 부분집합과 U의 각 원소 사이에 대응함수를 취해보자. 이때 그 원소는 해당 부분집합의 고유명이다. 두 개의 다른 부분집합에는 두 개의 다른 이름이 있을 것이다. 한 부분집합이 이 가정된 대응으로부터 면제됨을 보일 수 있을 것이다. 이 부분집합을 찾아

---

* 대각선 논법이란 칸토어가 실수집합이 정수집합보다 더 크거나 혹은 원소의 개수가 더 많다는 점을 증명하는 데 사용된 간접적인 증명 방법을 말한다. 칸토어 이전에는 무한집합의 크기 문제를 다루지 않았으나 칸토어의 증명을 통해 무한집합들 간의 크기 차이를 비교할 수 있게 되었다.

내려면, U의 원소들이 명명하는 부분집합에 귀속되는 U의 원소들—자명적自名的, autonymous 원소들—과 귀속되지 않는 U의 원소들—이명적異名的, heteronymous 원소들—을 구별해야 할 것이다. U의 모든 이명적 원소로 이루어진 부분집합 α를 만들어낼 수 있다. 누군가가 부분집합 α의 이름이 α 자체에 귀속되는지 결정하려 할 때 문제가 발생한다. 만일 α의 이름이 그 자체에 귀속된다면, α의 정의에 따라 이 이름-원소는 이명적인 것이어야 한다. 그러나 그 경우에 이 원소는 그것이 명명하는 부분집합에 귀속될 수 없다. 누군가 α의 이름이 자명적이라고 가정할 경우에도 비슷한 모순에 봉착하게 된다. 이러한 방향의 추론은 부조리로 귀결되며 따라서 그 추론의 전제는 기각되어야 한다. 실제로 두 가지 전제가 관건이 되는데, 첫째 전제는 전체집합의 실존이며, 둘째 전제는 이 집합의 원소들과 부분집합들의 일대일 대응의 실존이다. 우리가 첫째 전제를 기각한다면, 우주는 하나의 닫힌 전체가 아니며 집합들의 집합은 있을 수 없다. 즉 전체집합 U는 비실존한다. 따라서 이름들은 최초에 주어진 집합에 외부적인 자원들로부터 오는 부분집합들로 간주될 수 있다. 우리가 둘째 전제를 기각할 경우, 우주가 하나의 닫힌 전체라고 상정하게 되지만 그 부분집합 중의 일부는 명명불가능하며 따라서 식별불가능하다는 점을 받아들여야만 한다. 이러한 결론 또한 전체집합 U의 비실존으로 귀결된다. 즉 만일 α와 같은 부분집합들이 어떤 일대일 대응으로부터 면제된다면, U에는 원소들보다 더 많은 부분집합이 있게 된다. 이에 따라 U의 멱집합(모든 부분집합의 집합)은 U보다 더 크게 되며, U는 모든 집합의 절대적인 집합이 될 수 없다.

바디우는 결론을 내리는데, 여기서 나오는 목소리는 독수리나 부엉이 혹은 늙은 두더지가 아니라 호레이쇼에게 말하는 햄릿의 것이다. "우주는 언제나 사물들 자체에 대응하여 명명할 수 있는 것보다 더 많은 사물을 담고 있다. 그로부터 그 우주의 비실존이 유래한다"(TS, 235).

내가 보기에 바디우가 이 증명으로부터 추출해내는 명제들은 그의 미래 작업 전체에서 가장 깊고도 빠르게 흐르는 사유의 시내를 이룬다. 첫째 명제에 따를 때 "모든 원소의 다수성은 그 자체에 대한 초과를 유발"하게 되며, 다시 말해 "그것에 한계로서 할당된 무언가"에 대한 초과를 유발하게 되며, 따라서 ― 만일 수학이 정치의 구조들을 사유할 수 있다면 ― 둘째 명제 "집단의 자원은 필연적으로 개별자들이 그 속에서 발견되는 구조적 다수성의 유형을 초과한다"는 참이다(TS, 290, 235). 셋째 명제는 **역사**History는 없으며 오로지 역사들histories만이 있다는 것이다. 논증의 한 앞선 지점에서 바디우는 다음과 같은 마오의 헤겔 변증법 비판을 제시한다. 즉 모든 최종적인 종합과 반대로, 분열의 작용은 끝이 없고, 모든 승리는 상대적이며, 따라서 변증법의 주기화는 영구적이다. 그 결과는 역사적 시퀀스들의 증식이다. 하지만 헤겔에 따를 때 ― 혹은 나 자신의 말로 하자면, 부엉이가 그러듯이 주기적이거나 나선형으로 파괴를 향해 움직이는 **역사**를 먼 거리를 두고 조망하는 관점에 따를 때 ― 이 시퀀스들은 언제라도 하나의 **역사**로 집결될 수 있다. 하지만 여기서 바디우는 다수성의 사유에 대한 집합론적 접근법을 채용하여 역사들의 **역사**란 비정합적임을 논증한다. 마르크스주의의 정의에 따라 이를 구체화하기 위해 그는 레닌의 "구체적 상황의 구체적 분석"과 알튀세르의 "역사과학"을 맞세우며, "그러한 대상은 없"기에 후자가 쓸모없어졌다고 주장한다(TS, 233).*

　역사 개념의 비정합성이라는 테제를 받아들이는 어려움은 바디우가 "프롤레타리아 계급과 부르주아 계급, 제국주의와 지배당하는 사람들 사이, 다양한 제국주의적 국가 사이 그리고 제국주의 국가와 사회주의 국가 사이"의 모순들이라 간주한 "동시대 세계의 네 가지 중요 모순"을 환기할 때 즉각 나타난다(TS, 233). 만일 단 하나의 세계사란 없음을 말하는 테제가 바디우가 환기하는 바의 논리적 한계라면, 우리는 "지구적 모순들"의 유한한 목록을 그리 쉽게 열거할 수 없을 것이다. 바디우는 이러한 지구적 모순들이 하나의 일관적인 세계사를 정의하는 것이 아니라 오히려 국지적인 상황들의 분석에 도움이 됨을 주장함으로써 말끝을 흐린다. 하지만 그의 작업의 이 지점에서, 내가 불완

---

* 인용된 문장의 원문은 C'est une des raisons qui invalident la défini-tion du Marxisme comme "science de l'histoire", car l'histoire n'est pas un objet으로 이를 옮기면 "이것은 마르크스주의를 '역사과학'으로 놓는 정의가 무효해지는 근거 중 하나인데, 왜냐하면 역사는 하나의 대상이 아니기 때문이다" 정도로 번역된다. 본문의 "그러한 대상은 없다"는 문장의 의미는 "역사는 하나의 대상이 아니"라는 것이다.

전의 위상학이라 지칭하는 것에 대한 바디우의 사유는 〔아직〕 초기 단계에 있었다. 모든 결과는 아직 도출되지 않은 상태에 있었고, 따라서 《존재와 사건》과 《세계의 논리》는 이런 방향의 사유를 끝까지 계속하고자 하는 시도로 읽을 수 있다.

최종적인 종합 도식

《주체의 이론》의 마지막 부분인 6부에서 바디우는 집합론의 놀라운 결과들을 뒤로하고 네 가지 주체효과―불안, 초자아, 용기, 정의―와 이 효과들을 연결하는 두 가지 양식인 알파와 프사이, 그리고 주체화 작용과 주체적 과정으로 되돌아가 이것들을 변증법의 주기화에 대한 중요한 도식으로 종합한다. 이 도식의 가장 의미심장한 결과는 정치적 행동과 철학 양자 모두에 대한 지시와 경고로 이루어진 모종의 윤리학이다.

철학을 위한 규정을 시작하면서 바디우는 주체에 대한 자신의 이론을 다른 이론들과 대조하며, 주체는 지식에 주어지지 않으며 또한―칸트나 데카르트에게 있어 그런 것과 달리―지식의 토대도 아니라고 진술한다. 철학적 탐구에 있어 우리는 주체를 소유하지도 그로부터 출발하지도 않는다. 즉 주체는 발견되어야 한다. 이러한 접근은 무의식이나 프롤레타리아를 찾아서 펼쳐 보이는 일을 각자의 과제로 삼았던 프로이트의 임상적 실천과 마르크스의 정치적 실천에 의해 안내된다.

마르크스가 당대의 혁명적 활동에 대한 이야기를, 역사적인 대중의 소요에 대한 이야기를 듣기 시작했을 때, 관건은 만만치 않은 이론적, 실천적 작업 이후에 있는 그대로의 정치적 주체의 변증법적 형식을 표시하는 것이었다. 정치적 주체의 일반적 활동의 연역은 오직 그 세기의 소요를 전제한다. 그에 따라 사건들의 무질서한 표면에서는 거의 찾을 수 없는 이 주체를 '프롤레타리아'로 명명하려면, 어떤 질서(자본주의적 질서)의 완전한 지형학topography을 펼쳐내고, 그 틈새의 논리를 만들며, 이질적인 것을 끝까지 일관해야만 한다.

프로이트는 히스테리증자들의 글과 몸짓에 귀를 기울였고, 그로부터 결국 관건은 신경증의 주체이며 누가 신경증에 종속된 주체인지가 아니라는 결과가 나온다. '무의식'은 그러한 주체의 이름이며, 〔주체는〕 여기서도 정신 현상의 지형학의 그물에 사로잡혀 있다.

비록 정신분석과 마르크스주의가 서로 아무 관계도 없기는 하지만―그것들이 형성하는 전체성은 비일관적이다―프로이트의 무의식과 마르크스의 프롤레타리아는 의심의 여지 없이 그것들이 주체에 대한 지배적인 이해에 도입하는 단절과 관련하여 인식론적으로 동일한 지위를 갖는다. (TS, 295~296)

결과적으로, 그 자체의 시대 속에서 그리고 그 시대에 있어서 철학을 위한 주요 과제는 "주체의 발견과 포착을 실행하는 조사의 작용소들에 대한 특유한 문제를 해결하는 것"이다(TS, 295). 바디우에게는 이것이 철학의 작업이다. 동시대의 주체를 분리하고, 드러내 보이며, 생산해내는 것 말이다. 물론 이것이 문자 그대로 말해서 《주체의 이론》의 마지막 말은 아니지만, 논리적으로 그 책의 궁극적인 몸짓이자 바디우 철학의 종착지인 것으로 보인다. 즉 주체를 위한 동시대의 정치적 지형을 찾으라는 명령이 말이다. 그러한 몸짓 뒤에서 우리는 내가 이질적 영역으로의 추방 욕망the desire for hetero-expulsion*이라 말하는 어떤 것을 발견하게 되는데, 이는 다른 영역에서 철학의 문제들을 해결하기 위해 철학의 영역을 떠나고자 하는 욕망이며, 곧 철학과의 관계를 끝장내고 '실천'에 착수하고자 하는 욕망이다. 변화에 대한 이 욕망의 단속적 요청에 있어, 즉각적인 변신의 약속에 있어, 이질적 영역으로의 추방 욕망은 독수리의 목소리를 가지며, 언제나 그렇듯 그 유용성은 제한적이다.

그러나 '주체가 발견되어야 한다'는 말은 결코 《주체의 이론》의 최종 논증일 수 없다. 그렇다면 이 규정은 주체에 대한 그의 이론의 개념들을 통해 걸러져야 한다. 즉 주체는 봉기 가운데 발견되어야 하며, 새로운 질서의 재구성으로서의 용기와 정의의 출현이 주체의 출현을 알리게 될 것이다. 말하자면 주체는 하나의 단순한 개체entity가 아니라 하나의 복합적인 절차이자, 바디우가 두 가지 주체적 과정이라 지칭하는 것들의 특정한 뒤얽힘이다. 여기서 그 두 가지 과정이란 먼저 불안을 초자아에 연

---

* 원문 그대로 옮기면 '이질적인 것의 방출에 대한 욕망'에 더 가깝지만, 바로 뒤에 나오는 지은이 본인의 설명을 따라 말을 바꿔 번역한다.

결 짓는 프사이 과정 또는 대수학적 과정, 그리고 다음으로 용기를 정의에 결부시키는 알파 과정 또는 위상학적 과정을 지칭한다. 따라서 그러한 발견은 정치적 변화의 양상에 대한 분석을 요구한다. 〔그런데〕 정치적 영역에 영향을 미치는 모든 전환 과정이 주체의 출현을 함축하지는 않을 것이다. 이러한 희소한 주체들을 찾기 위해, 바디우는 "당신은 무미건조하고 명료해진 임상적 분석이나 정치적 분석을 필요로 한다"는 점을 시사한다(TS, 296). 달리 말해서 늙은 두더지의 작업이 필요한 것이다!

그러한 분석의 시작으로서, 바디우는 두 가지 서로 뒤얽힌 주체적 과정을 마르크스주의의 정치적 개념들—당, 계급투쟁, 프롤레타리아 독재, 공산주의 등—을 통해 되먹임으로써 이 두 가지 뒤얽힌 주체적 과정에 대한 견해를 발전시킨다. 그 결과—계급투쟁이 "전쟁-반란war-insurrection"이 되는—는 다음 그림과 같다.

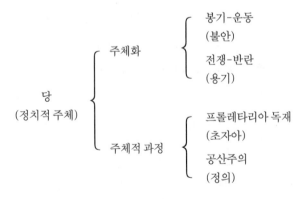

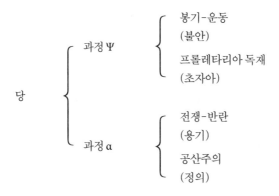

복잡성을 한층 더하여, 바디우는 주체가 한 도표나 다른 도표에서 발견될 수 있는 것이 아니라 한 도표에서 다른 도표로의 이행에서 발견될 수 있다고 주장한다. 바디우의 윤리학에서 첫째 단계가 되는 것은 정확히 분석의 범주들—그러한 범주들이 주체효과들이건, 과정 Ψ나 과정 α건, 혹은 이러한 도표들이건 관계없이—사이에 그리고 그 범주들의 종합으로서 놓인 주체에 관한 강조이다. 하나의 분석에서 정치적 주체에 대해 말할 수 있으려면 이 범주들 모두가 각각 관련되어야 할 뿐만 아니라, 정치적 행동 자체의 영역 내부에서 바디우의 규정이 종합이어야만 한다. 예컨대 우파적 일탈과 좌파적 일탈 사이에 선을 긋기 위해서는 반드시 모든 범주가 받아들여지고 동원되어야 한다. 문제는 이러한 종합에 대한 요청이 변화에 대한 어떤 온건한 이론의 출현을 재현하거나—그런데 온건함은 바디우의 공적인 인격의 일부일 수 없다!—혹은 차라리 정치적 변화가 현실적으로 일어나게 되는 방식에 대한 중립적이고 실용적인 견해의 출현을 재현하게 된다는 점이다.

이 문제에 대답하기 위해 당의 지도와 그 전술에 관한 역설로 이야기를 시작해보자. 마르크스주의 정치에 대한 마오주의적 견해에서, 당의 교화edification는 조직 내에서 '대중노선'mass line이라 불리는 것을 필요로 한다. 문제는 이러한 명령directive이 두 가지 다른 방식으로 이해될 수 있다는 점이다. 첫째는 그 명령을 당내 직접민주주의의 사례로, 즉 잠재적으로 경화되어 완고한 당 기구들의 위계에 대한 해독제로 본다. 여기서 대중노선은 당이 그 자체의 전술을 결정할 때 대중과 풀뿌리 활동가들의 목소리에 귀를 기울여야 함을 의미한다. 그 명령의 다른 해석 방식은 당이 그 자체로 대중에 관한 노선을 발전시켜 대중의 혁명 에너지에 방향을 부여하고 전달하며 조직하여, 그 혁명 에너지가 부르주아적 국가의 반동(반작용)에 의해 훼손되고 방향을 잃지 않도록 해야 한다고 보는 것이다. 따라서 대중노선은 대중의 노선이나 혹은 대중에 관한 노선으로 이해된다. 당연히 바디우는—바디우의 종합은—이러한 해석 중 하나를 고르는 것이 아니라, 이 둘의 모순이 해소되기보다는 유지되어서 그 명령의 두 해석 사이를 오가는 영구적인 동요가 있어야 한다고 주장하는 편을 택한다.

《주체의 이론》의 마지막에서 두 번째 장에는 <당의 정신에 대한 역설들의 소멸로서의 윤리Ethics as the dissipation of the paradoxes of the spirit of the party>라는 제목이 붙어 있다(TS, 325). 역설을 소멸시키는 것은 그 역설을 무효로 하는 것이 아니라, 그것을 참을성 있는 행동을 위한 미묘한 뉘앙스가 부여된nuanced 모델로 전환하는 것이다. 이는 바디우의 관점에서 볼 때 변증법의 두 가지 가능적 일탈의 실존으로 인해 바람직한 것인데, 여기서 두 가지 일탈은 양자 모두 '대중노선'에 대한 한 가지 해석을 배타적으로 추종하는 데서 귀결된다. 첫째 일탈은 대중의 노선을 따르며 자생주의spontaneism로 귀결되는데, 이 입장은 레닌이 "유아적 급진좌파"라 명명했던 것이다. 둘째 일탈은 대중의 생각을 내려다보고 기존에 정립된 정치적 행동의 안정성에 찬성하는 것으로, 이는 바디우가 우파적 일탈이라 지칭하는 것이다. 이러한 일탈들을 피하려면 대중노선의 결정불가능성을 존속시키면서도 동시에 행동의 경로를 결정해야 하는데, 이는 향후 바디우의 작업의 영구적인 한 부분이 되는 명령이다. 요컨대 결정불가능한 것의 견지에서 결정하라는 명령 말이다(TS, 303). 이러한 행동의 모델에서 각각의 경향―대중의 노선, 혹은 대중에 관한 당의 노선―은 다른 경향을 길들이며, 이에 따라 그 모든 과잉의 수사修辭에도 불구하고 결국 우리는 '중도中道'나 절제 같은 무언가로 끝을 맺게 된다. 이런 이야기는 아리스토텔레스 윤리학 같이 들릴 수도 있을 것이다. 정치적 무질서를 절제하라, 도취를 피하라, 오만함hubris을 피하라!

두 가지 주체적 과정을 함께 견지하려면, 다시 말해 좌파적 일탈과 우파적 일탈을 피하면서도 끝없는 폭동이라는 스킬라의 큰 바위와 모든 곳에 편재하는 경찰력이라는 카리브디스의 소용돌이 사이로 항해하려면,* 또한 바디우가 "상상적 대각선들imaginary diagonals"이라고 부르는 것에 주의해야 한다. 이 대 각선들은 네 가지 주체효과가 대안적인 주체적 과정들을 형성 하는 쌍으로 연결될 때 발생한다. 투사들이 봉기의 폭력에 가담 하여 **신**이나 민족의 **시조** 같은 더 높은 권위를 지닌 이름을 위해 자기 삶을 위험에 처하게 할 때는 용기가 초자아와 결합된 것이 다.** 이로부터 귀결되는 과정은─그 속에서 개별자가 어떤 원인 의 도구라는 위치에 있게 되는─교조주의dogmatism의 그것이 다. 한 창시자가 투사적 활동에 참여하기보다는 도래할 유토피 아 사회의 마지막 하나까지의 세부 사항을 계획할 때는 불안이 정의와 묶이게 되며, 이러한 과정의 최종 결과는 회의주의scepti-cism이다. 여기서 문제는 이상적 정체성을 지닌 어떤 고정된 원 칙을 주장하고 정치적 실천의 현실을 믿지 못하게 되는 것이다. 바디우가 이러한 대각선을 사용하여 하려고 하는 것은 공산주 의를 두고 벌어지는 이데올로기적 전투에서 자본주의를 위해 마련된 가장 강력한 수사적 무기를 이루게 된 그러한 정치적 현 상들을 설명하는 것이다. 즉 '개인숭배'와 '공포정치'라 지칭되 는 현상들을 말이다. 바디우의 분석에서 개인숭배는 교조주의

---

* 여기서 스킬라와 카리브디스는 《오디세이아》에 등장하는 두 괴물이다. 오디세우스는 트로이 전쟁이 끝나고 귀향하는 길에 스킬라와 카리브디 스가 사는 해협을 통과하게 되는데, 이로부터 이 문구는 일반적으로 진 퇴양난의 상황을 나타내게 되었다.

** 앞의 도표에서도 알 수 있듯이, 주체화의 과정에서 연결되는 주체효과 는 불안-초자아, 용기-정의이다.

의 과정에서 나온 한 가지 파생물이며, 그는 짧지만 도발적인 공언을 통해 개인숭배를 직접적으로 신철학자들과 그들의 마오주의 철회에 연결한다.

> 나는 분명히 '마오쩌둥 숭배'에 가담했으며, 이를 통해 수백만의 다른 사람과 함께 1960년대 후반기와 1970년대 초에 용기의 큰 변화를 그리고 내 실천적 실존과 신념의 완전한 전환을 탐지할 수 있게 해준 고정점을 형상화할 수 있었다. (TS, 318)

하지만 개인숭배는 정치적 변동 중에 일어나게 될 일을 설명하는 데 있어 매우 제한적인 자리만을 차지한다. 알제리 전쟁 중에 학살이 일어나는 데는 그러한 숭배가 전혀 필요하지 않았다고 바디우는 주장한다. 공포정치와 관련하여 바디우는 헤겔 자신의 프랑스혁명 분석을 논거로 하여 공포정치가 상상적 대각선이 아니라 과정 Ψ―불안을 초자아에 연결하는 과정―의 결과물이라고 주장한다. 말하자면 질서의 부재는 순전한 흩어짐으로 경험되고, 이에 따라 법의 강화를 위한 요청이 있게 된다는 것이다. 요컨대 법의 심급은―공안위원회committee for public safety의 형태를 취하든 한 사람의 독재자의 형태를 취하든―주체의 출현에 대응하여 그 구조에 대한 초과를 모든 개별 장소에 할당한다. 달리 말해서 모든 사람이 용의자가 되는 것이다. 이러한 주장의 가장 의미심장한 귀결은 공포정치가 정치 양식 중 하나로 이해될 수 있으며, 근대 국가 형태의 피할 수 없는 귀결이 아니라 하나의 주체적 과정으로 간주될 수 있다는 것이다. 좌파 자유주의left-liberal 독자라면 정치적 변화에 대한 바디우의 이론이 공포정치를 피할 수 있는 비결을 제공하리라 희망할 수도 있을 것이다. 하지만 그런 비결은 주어지지 않는다. 여기서 다시 한 번 우리는 중립적인 실용주의자 즉 부엉이의 목소리를 듣는다. 어떤 정립된 사회질서가 와해될 때, 공포정치는 그 과정의 떼어 놓을 수 없는 부분이다―변화의 계기에 대한 공포정치의 지배를 피하기 위해 할 수 있는 모든 일은 불안의 심급과 초자아의 심급을 용기의 심급과 정의의 심급에 연결하고, 그럼으로써 과정 α에 참여하는 것이다.

허무주의, 패배주의, 용기 그리고 확신에 관한 《주체의 이론》의 빛나는 마지막 논술들에 대한 독해는 모험을 즐기는 독자의 호기심에 맡겨두겠다. 마오주의를 통한 바디우의 이동과 바디우 저작들 내에서 그것이 차지하는 자리에 관한 결론을 내리기에 앞서, 그의 논증에 표시되어 오늘날에 이르도록 그 관련성을 유지하고 있는 두 가지 문제를 살펴볼 필요가 있다. 첫째 문제는 주체에 관한 그의 정의와 관련된 것이다. 이 시기 바디우의 사유에는 역사적 변동의 실체적인 자기동일적 작인―대중, 프롤레타리아트―을 말하는 '신학적' 이론들의 기각으로부터 주체를 변화의 발화점으로서 출현하는 것으로 보는 이론과 주체를 다양한 변화 과정의 엮임으로 보는 이론으로 옮겨가는 이동이 있다. 《주체의 이론》 중간 부분에서 바디우는 "주체가 (성차화된) 개인을 지지대로 요구한다거나 (사회적) 계급을 가진다는 이야기는 없다"고 경고한다(TS, 186). 이후에 그는 "당은 완전한 주체의 지지대이며, 이를 통해 노동 계급 위에 세워진 프롤레타리아트는 이 계급이 자리한 대수학적 골조의 와해를 겨냥한다"고 말한다(TS, 254). 한참 뒤에 그는 주체와 그 지지대 사이의 관계를 해명한다.

> 당은 엄격한 의미에서 정치의 몸이다. 어떤 한 몸이 있다는 것은 결코 주체가 있음을 보장하지 않는다. 동물적인 몸에 있어서도 제도적인 몸에 있어서도 말이다. 그러나 주체가 있다는 것, 주체가 발견될 수 있다는 것은 [먼저] 몸이라는 지지대를 요구한다. (TS, 306)

그러므로 지지대는 주체의 실존에 있어 필요하지만 충분하지는 않은 조건이다. 문제는 바디우가 때때로 당 그 자체가 정치적 주체이며 지지대가 아니라고 말한다는 점이 아니다. 문제는 오히려 이러한 변화의 작인agent으로서 주체와 변화의 지지대로서 주체 사이의 분열이다. 《존재와 사건》에서도 주체에 대한 정의에 있어 유사한 분열이 있다. 특정한 유형의 작용—강제, 불평등한 것의 실격—으로서의 주체와 변화의 몸—일련의 혁명적인 음악 작품, 획기적인 정리—으로서의 주체 사이의 분열이 그렇다. 이 문제의 기초는 바디우가 다른 곳에서 신학적인 변화 모델이라 규탄하는 어떤 것의 재도입이다. 변화를 개시하는 하나의 자기동일적인 영구적 단일 개체, 즉 행위주체agent를 전제하는 모델의 재도입인 것이다. 바디우 주체 이론의 강점은 전적으로 주체가 하나의 개체가 아니라 다수적 과정들의 단독적이고도 부서지기 쉬운 종합이라는 점이다.

행위주체의 문제에는 매우 복잡한 계보가 있으며, 그것은 근대 유럽 철학의 발전에 중심적이다. 하지만 그 궁극적인 원천은 아리스토텔레스가 《형이상학》에서 제시한 포이에시스(생성)poiesis의 분석에, 즉 내가 1장에서 '생산주의적 변화 모델'이라 지칭한 것에 있다. 이 모델이 바디우의 변화의 이론에 미치는 영향력에 대응하기 위해, 우리는 사실 아리스토텔레스에 따른 변화의 개념 중 다른 것을 채용할 수 있다. 이는 프락시스(실천)praxis 곧 행위이고, 이에 따를 때 주체와 결과는 변화에 내부적인 것이 된다. 다시 말해 프락시스는 행위자를 변용시키는 modify 활동이다. 바디우의 "주체적 과정subjective process"은 목수처럼 또 다른 존재 속에서 변화가 시작되게 하는 어떤 별도의 독립적 개체가 아니다. 오히려 주체적 과정은 변화의 현실적인 물질적 기입으로 이루어진다. 문제는 아리스토텔레스의 측면에서 볼 때 바디우가 모든 것을 독차지하려 한다는 점이다. 이를테면 그의 모델은 사실상 프락시스이지만, 이 주체적 과정들이 한 사회 전반에 걸쳐 어떤 정치적 전환이 일어나게 한다는 점에서 포이에시스이기도 하다. 달리 말해서 이 변화의 개별 생산물이, 즉 새로운 정치질서가 있는 것처럼 보인다는 것이다. 바디우가 포이에시스로부터 프락시스에 도입하고자 하는 것은 포이에시스에 의한 새로운 일관적 개체의 창조이지만, 반드시 개별discrete 행위주체와 개별 생산물의 엄격한 규약stipulation들에 동의해야 하는 것은 아니다. 만일 바디우가 한 개별 행위주체의 실존을 인정한다면 그는 신학적인 변화 모델을 재탕하는 것이 되며, 만일 한 개별 최종 생산물을 인정한다면 헤겔주의가 말하는 변증법의 최종적 종합을 재설치하는 셈이 된다. 변증법 사용자dialectician의 관점에서 변화는 계속 진행 중이며, 그것은 특별한 역량들의 축복을 얻은 개별 개체들의 결과가 아니라 대립적인 관계들의 결과이다. 개별 행위주체나 생산물에 대한 상정을 피하려면, 바디우는 어떻게 변화의 과정이 계속 진행 중일 뿐만 아니라 그것이 점진적으로 정립하는 새로운 구조와 동일한 것이 되는지 보일 필요가 있을 것이다.

《주체의 이론》에서 보여준 노고의 말미에 바디우는 또 다른 엄청난 규모의 과제 앞에 서게 된다. 그가 《존재와 사건》에서 착수하고 《세계의 논리》에서 전개하게 되는 작업, 변화의 과정을 무한한 것으로 보는, 그리고 새로운 상황 또는 세계의 정교하고 지속적인 물질적 기입으로 보는 이론화 작업 앞에 말이다.

《주체의 이론》에서 드러나는 흥미로운 둘째 양면성은 반동적 정치의 실존과 관련된다.[25] 1968년 5월이 1970년대 프랑스의 정치적 지평으로부터 믿을 수 없을 정도로 빠르게 삭제된 상황에 대한 설명의 맥락에서, 《주체의 이론》 1부는 부르주아와 프롤레타리아라는 두 종류의 정치적 주체의 실존을 인정해야 한다고 주장한다.

이러한 제국주의적인 사회와 혁명적인 인민 사이의 대립은 실제로 무엇인가? 그것은 인민의 정치적 분열이다. 부르주아 정치와 프롤레타리아 정치라는 두 가지 정치는 오로지 그것들 각각이 인민을 자기편으로 조직할 수 있는 한에서 현실이 될 수 있다. (TS, 32)

상대자의 힘의 주체적 측면은 그 자체로 여전히 좋은 상태에 있다. 이는 영원히 혁명가들이 이해해야 할 무엇이다. 그들 중 많은 사람은 자신이 유일한 주체라고 생각하며, 자신과 적대하는 계급을 한 줌의 모리배에 의해 관리되는 어떤 객관적인 억압 기제로 나타낸다. […] 부르주아 계급은 정치에 관여하며, 착취를 통해서만이 아니라 공포정치적이거나 법적인 강압을 통해서도 계급투쟁을 주도한다. 부르주아 계급은 하나의 주체이다. 그렇다면 어디에서? 정확히 프롤레타리아와 마찬가지로, 인민 속에서 그러하다. […] 제국주의적인 사회는 단지 물질 substance로만이 아니라 주체로도 이해되어야 한다. (TS, 60)

하지만 바디우의 논변의 전반적인 맥락에서 이러한 입장은 두 가지 난점에 봉착하게 된다. 첫째, 구조적 변증법의 구축에서 계급투쟁은 동일한 질서에 속한 두 개체 사이의 적대antagonism가 아니라 외장소로서의 프롤레타리아 계급과 제국주의적인 사회의 배치공간으로서의 부르주아 계급 사이의 적대로 이론화된다. 둘째, 주체는 혁명적 변화의 과정으로 정의되지만, 부르주아 계급의 기능은 어쨌든 그들에게 맞는 사회를 유지하고 모든 위협에 맞서 그 질서를 지키는 것이다. 어떤 구조를 유지한다는 것은 분명 그 구조를 전환하는 것이 아니며, 따라서 부르주아 주체란 있을 수 없다. 텍스트의 이후 지점에서 바디우는 이 구절이 하나의 모순임을 인정한다.

> 부르주아 계급은 주체가 되는가? 나는 이에 관해 1975년 4월에 여기서 단언했던 바 있다. 모순되는 말을 해보자. […] 부르주아 계급은 오래전부터 더 이상 주체가 아니었으며 하나의 장소다. 어떤 주어진 역사화에는 오직 단 하나의 역사적 주체만이 있다. 이는 중요한 고찰이다. 우리는 정치를 주체적 대결로 보는 시각에 사로잡혀 그러한 사실을 무시하게 되지만, 실제로 정치는 주체적 대결이 아니다. 하나의 장소와 하나의 주체가 있다. 비대칭은 구조적인 것이다. (TS, 148)

이러한 입장은 바디우의 전반적인 논변과 정합적이지만, 동시대의 유럽 정치를 바라볼 때 제한적이고 사실에 맞지 않으며 반직관적인 것처럼 보인다. 마거릿 대처나 니콜라 사르코지는 어떤가? 두 사람은 모두 사회 전체에 영향을 미치는 변화의 프로그램에 관여했으며, 양자 모두 경제의 재정리와 공기업의 사영화, 작업장의 탈노조화를 바라는 적극적인 욕망의 예시가 된다. 양자 중 어느 쪽도 현 상태status quo를 옹호하는 보수적 정치인의 모델에 맞지 않는다. 명백한 대답은 각각의 경우에 새로운 질서—사영 자본private capital—가 대기하고 있으며, 비록 여러 사회적, 기술적 조정이 이루어져야 하지만 아무것도 발명되어서는 안 된다는 것이다. 게다가 이 새로운 정돈은 보다 포용적인 사회를 건설하기보다는 가진 자와 가지지 못한 자 사이에 존재하는 장소들의 위계order를 강화할 것이다.[26] 사회적, 경제적 기능장애에 직면하여, 사르코지 대통령의 욕망은 정의를 위한 것이 아니라 '그것이 작동'하기를 바라는 것이었으며, 여기서 '그것'이란 궁극적으로 자유로운 시장을, 배치공간 또는 배치의 공간—투자—을 가리킨다. 그런 것이 정말 있다면 말이다.

그렇다면 주체를 구조적 변화의 진정한 과정이라 보는 정의를 유지하는 것이 가능하며, 정치적 주체성의 다른 형식들이라 여겨지는 어떤 것을 특정한 방식으로 설명할 수 있을까? 《주체의 이론》에는 확실히 반동reaction에 대해 사유할 개념적 자원들이 있는데, 왜냐하면 그 책이 1968년 5월 사건의 찬사eulogy인 동시에 애가elegy이기 때문이다. 5월은 큰 소리로 시작되어 훌쩍거림으로 끝을 맺었다. 신철학자들의 훌쩍거림과 해방적 정치의 포기, 그들의 전체주의 규탄과 의회민주주의 찬양으로 말이다. 《주체의 이론》의 중심적 과제가 그 사건들에서 일익을 담당했던 마오주의 정치의 사유를 지탱하고 이를 확장하는 것이라면, 바디우 또한 그 사건들의 약속의 배신을 해명해야만 할 것이다. 신철학자들을 직접적으로 공격하기보다—공포정치에 대한 그들의 견해나 혁명의 상상적 일관성에 대한 짤막한 비판을 제외하면—바디우는 이 저작의 마지막 부에서 자신의 정치적 욕망을 포기한다는 것이 어떤 의미인지에 대한 분석을 전개한다. 이 분석과 윤리에 대한 그의 이어지는 주장들은 정확하게 라캉의 윤리의 틀 속에 자리 잡고 있다. 라캉은 하나의 윤리적 명령— 너의 욕망을 포기하지 말라!—과 구성원들에게 '선의 봉사service of goods'에 관여하라고 종용하는 사회의 요구를 대립시킨다. 바디우의 분석에서 우리는 언제나 어떤 선善의 이름으로 정치적 욕망을 양보하는데, 이 선은 필연적으로 부르주아 사회라는 질서 잡힌ordered 배치의 공간의 부분을 형성한다. 여기서 그 선이 민주주의적 시민의 '자유'이거나 혹은 가족의 '안정'임에 상관없이 말이다. 하지만 양보한다는 것이 의미하는 바는 주체가 되기를 그만둔다는 것이며 배치공간의 일부가 된다는 것이다. 바디우에게 있어 반동―양보―의 순간은 주체의 자기부인을 수반하는 듯하다. 따라서 반동적 주체란 있을 수 없는 것이다.

그러나 이런 이야기는 너무 성급하게 결론을 내리는 것이다. 바디우는 우리가 언제나 과거의 주체적 과정의 이름으로 자신의 주체화에 관해 양보한다는 점을 말하는 정리로 이 부분을 마무리한다. 예컨대 의회민주주의나 개인의 시민권은 분명히 프랑스혁명의 주체적 과정의 일부를 구성하는 것이었다. 이에 따라 바디우는 변증법적 시퀀스들 사이에 일종의 고리 또는 단락short circuit을 도입하는데, 이에 의해 반동적 주체는 정치적 변화의 실존을 부정하는 것이 아니라 이전의 역사적 운동의 우선성과 지속적인 정당성을 재언명하게 된다. 관련된 다른 정리에서는 "양보는 필수적인데, 그 이유는 모든 주체가 과정 Ψ를 포

169

함하기 때문이다. 윤리는 가능한데, 그 이유는 모든 주체가 과정 α를 포함하기 때문이다"라고 말한다(TS, 327). 이것이 기이한 것은 반동을 주체의 일부로 만드는 것처럼 여겨지는 탓이다. 무슨 일이 벌어지고 있는 것인가? 과정 Ψ는 불안을 초자아와 연결시킨다. 우리는 이미 바디우가 공포정치의 현상들을 과정 Ψ에 할당함을 알고 있다. 사실 그는 지금 또 다른 육중한 정치적 현상을 이 과정에 할당하려 하고 있으며, 그것은 20세기에 공산주의의 조종弔鐘을 예표豫表했던 현상, 즉 스탈린이 자행한 공개재판과 당의 숙청이다. 이 기이한 정리에 이어지는 구절에서 바디우는 반동적 주체로서의 변절자에 대한 분석을 그만둔다―이에 관한 전개를 보려면 《세계의 논리》까지 기다려야 한다. 그가 추구하는 것은 공산당으로서의 국가―러시아, 중국―와 이른바 공개재판의 '변절자' 사이의 관계에 대한 분석이다. 이는 반동으로서의 당에 대한 분석, 곧 그 자체의 정치적 욕망을 양보하고 새로운 관료적 부르주아 계급의 출현에 길을 내준 당에 대한 분석이다(TS, 212, 245~246). 실제로 니콜라이 부하린의 재판에 관해 이야기하는 지면에서, 국가의 객관성〔대상성〕에 의해 경직되고 포획된 당에 대한 비판은 정점에 이른다. 이는 《주체의 이론》과 그 최종적인 테제에 있어 중심을 이루는 주장의 뼈대이다. 요컨대 1968년 5월에 대한 마오주의적인 정치적 사유를 지탱하고 확장시키려면 당의 관료화에 대해 비판해야 하며, 정치는 구조로서 지속되는 것이 아니라, 구조의 역사적 주기화로서, 주체적 과정으로서, 모든 주체효과―불안, 초자아, 용기, 정의―의 서로 엮임과 유지로서 지속된다는 것이다. 바디우가 받아들일 유일한 **당** 개념은 공산주의라는 주체적 과정을 위한 유연한 지지대로서의 당 개념이며, 달리 말해 "그 자체를 폐기할 장래의 지도자"로서의 당인 것이다(TS, 263).

나는 《주체의 이론》의 논증에 관한 이 긴 요약과 주해를 마무리하며, 마지막으로 그 저작의 보편적인 야심을 강조하고자 한다. 중반 정도 부분에서 바디우는 자신의 혁명으로서의 주체 개념이 "다름 아닌 바로 […] 사회적 유대에 대한 모든 실천적 통각apperception을 고"쳐놓는다고 선언한다(TS, 153). 칸트의 어휘에서 선험적transcendental 통각은 경험의 통일성에 대해 토대가 되는, 자의식의 기원적 통일성을 지칭하는 것이다. 모험적으로 실천적practical 통각이라는 말이 어떤 정치적 실천 내부에서의 사회적 통일성에 대한 현실적인 반성적 의식을 지칭한다고 추정해보자. 바디우는 자신의 주체 개념이 모든 그러한 통각에서 작동한다고 주장하며, 따라서 내가 이해하기로는 반동적이거나 프롤레타리아적인 성격과는 무관하게 모든 정치적 실천에서 작동한다고 주장한다. 달리 말해 바디우가 비록 주체의 희소성에 관해 강조하며 그의 역사적 사례가 매우 적은 수이기는 하지만, 그는 역사에 근거를 둔historicizing 짧은 폭발들에 의해 중단된 구조적 정체stagnation의 긴 시기들에 관한 그림을 그리는 것이 아니다. 정치적 구조의 역사화historicization는 그 자체로 진보적인 정치적 실천과 보수적인 정치적 실천 양자 모두를 문화적으로 재편해나가는 더딘 과정이다. 그리고 상황의 구조―낡

은 두더지의 영역—에 대한 바로 이 느린 재편이 《존재와 사건》
과 《세계의 논리》에서 바디우의 탐구 대상이 될 것이다.

집합론적 존재론과 변화의 모델 만들기

서론: 마오주의의 감산

《모델의 개념》과《주체의 이론》은 바디우의 저작에서 경계선에 해당하는 텍스트들이다. 즉 이 책들은 한 시기를 닫고 다음 시기를 연다. 이에 반해《존재와 사건》은 정확하게 그 자체의 시기 한 가운데에 있는 저작으로, 이 시기란 집합론적 존재론set-theory ontology, 사건들events, 유적인 진리절차들generic truth procedures 그리고 철학의 조건화conditioning of philosophy의 시기다. 하지만 앞 장에서 우리는《주체의 이론》이《존재와 사건》의 거의 모든 것이라 할 수 있는 집합론적 존재론, 사건과 개입(TS, 143), 유적인 집합generic set(TS, 287), 강제forcing(TS, 219) 그리고 바디우가 네 가지 조건들에 대해 가장 선호하는 예시들인 시, 정신분석, 수학, 혁명 등을 맹아의 형태로 내포하고 있음을 목도한 바 있다. 그렇다면《존재와 사건》은 아직 미숙한 것으로 남아 있던 이 통찰들에 대한 단순한 철학적 발전이자 체계화에 불과한 것인가? 여기서 더해지는 것은 무엇인가? 실제로《존재와 사건》과 《주체의 이론》 사이에는 상당한 격차가 있으며, 이 격차는 바디우가 더하는 것 때문이 아니라 그가 치우는 것으로 인해 발생한다. 그가 감산하는(빼내는)subtract 것은 정치와 역사의 분석을 위한 전체적인 마르크스주의적 작업틀이다. 그는 더 이상 변증법적인 역사 과정, 당, 프롤레타리아 이데올로기, 또는 모순에 대해 이야기하지 않는다. 《존재와 사건》 출간 3년 전인 1985년 바디우는 완전한 마르크스주의의 위기를 선언하며, 사회주의 국가나 민족해방 투쟁을 막론하고 그 대상적(객관적) 준거대상refer-ent들이 폐기되었음을 알린다. 동시에 그는 정치철학이 당시 자신 앞에 내놓은 각각의 선택지—수정된 정치경제 비판 또는 전체주의에 반대하는 민주주의 옹호—을 체계적으로 거부한다. 마르크스주의의 위기는 그가 장뤽 낭시나 필립 라쿠라바르트와 함께 "정치적인 것의 후퇴"라 명명한 훨씬 더 큰 위기의 일부이다. 이러한 후퇴 이후에 남은 것은 정치의 허구, 즉 사회적 유대 혹은 공동체의 심급과 그에 대한 국가의 주권적 재현의 혼합물이라는 허구이다(PP, 14). 마르크스주의와 의회민주주의 양자 모두가 이러한 허구에 빠져들어, 마르크스주의는 그 길을 잃고 민주주의는 경제의 관리에 골몰하는 국가 (지배의) 형태로 변했다. 우리가 본 것처럼 1980년대 중엽에 바디우는—혁명적 인식의 변증법 내부에서 마르크스주의 정치와 의회민주주의 정치 자체가 쇠퇴함을 다룬—마오주의 성향의 초기 텍스트들에서 이미 예정된 마르크스주의의 파괴를 수행한다. 바디우의 작업으로부터 거의 완전히 사라진 마르크스주의 용어들—당, 변증법, 혁명, 프롤레타리아트—를 이런 방식으로 봉인하게 되는 텍스트는 새로운 시기의 첫 텍스트인 《정치는 사유될 수 있는가Peut-on penser la politique?》이다. 이 저작을 읽지 않는 이상, 우리는 《존재와 사건》에서 바디우가 채택한 전략이나 그 배경을 이해할 수 없을 것이다.[1]

그러나 이러한 마르크스주의적 용어의 부재는 마오주의의 모든 흔적이 사라짐을 의미하는가? 이는 양의 탈을 쓴 늑대의 사례일 뿐이 아닌가? 철학을 위한 방법론적 규정에는, 실천의 우선성에는 무슨 일이 생긴 것일까? 이러한 질문들에 대답하기 위해 우리는 마오주의의 파괴가 어떻게 일어나는지 이해할 필요가 있다. 첫째 한정은 그것〔마오주의의 파괴〕이 마오나 정치적 이데올로기로서의 마오주의에 대한 비판을 통해 일어나지 않는다는 점이며, 이러한 〔비판의〕 부재로 인해 바디우 논평자 중 일부는 그를 비난하며 많은 사람이 바디우를 전혀 읽지 않을 것이다. 다니엘 벤사이드가 인용하는 프랑수아즈 프루스트의 관점에서, 마오를 비판하지 않는 이러한 실패로 인해 치러진 대가는 역사로부터의 분리이다.[2] 실제로 집합론과 마주하게 될 때 여러 독자는 파리코뮌이나 10월 혁명 같은 구체적인 역사적 사건들에 의해 근거 지어지고grounded 구두점이 찍히는punctuated 지식의 혁명적 순환을 대체하는 것은 무엇인지 의문을 갖게 된다. 바디우가 보기에 여기서 관건이 되는 두 가지 분리가 있다. 첫째는, 앞서 인정된 것처럼, 공동체에 대한 주권의 우위를 표명하는 모든 형상으로부터 정치를 떼어놓는 분리이며, 이에 따라 시민사회, 권리, 정부 제도, 또는 권력 형태에 대한 어떠한 고려도 없게 되는 것이다. 둘째는 중대한 재판소로 이해되는 역사로부터의 분리인데, 그러한 구축물은 바디우의 관점에서 볼 때 신철학자들의 성과이다. 하지만 이것이 의미하는 바는 정치에 대한 비판이 불가능하다는 것이 아니라, 오히려 **"공포정치**Terror의 규탄은 그러한 정치로 향하는 급진적인 정치 비판이 아니"라는 것이다(PP, 31; TS, 309). 바디우에게 있어 철학의 과제는 공산주의적 정치에 대한 바로 그런 급진적 비판이며, 마오주의적 골조의 해체와 철거는 그러한 비판을 실행하려는 바디우의 시도이다. 그러나 바디우는 정치에 대한 발언에 있어 보통 철학을 붙들어 매는 모든 사회역사적 준거대상의 기각으로 그치지 않는다. 즉 그가 진행하는 가장 중요한 수순은 마오주의를 증대시키는 것이다. 실천의 우선성이라는 테제는 유지된다―이전 시기에 이는 변화와 분열의 우선성을 의미했으며, 이 새로운 시기에 그것은 두 가지 테제로 분해된다. 첫째 테제는 오로지 기능장애 중에만 상황의 구조가 드러난다는 것이다. 둘째 테제는 철학은 오로지 특정한 정치적 상황에서 발생하는 기능장애로부터만 사유를 시작하는 것이 아니라, 또한 예술과 과학과 사랑의 상황들을 통해서도 사유를 시작해야 한다는 것이다.[3] 요컨대 기능장애가 있기에 새로운 사유가 출현하게 되는 이상, 기능장애에 주의를 기울여야 한다!

그렇다면 변화의 철학, 1장의 '변증법적 유물론', 또는 2장의 '역사적 변증법'에서 남은 것은 무엇인가? 한편으로 바디우는 하나의 정교한 존재론을 구축하는데, 이는 변증법적 유물론의 구조들보다 견고하고도 복잡한 것이다. 다른 한편으로 그가《주체의 이론》과《정치는 사유될 수 있는가》두 책을 여는 정치적 사막 한가운데 놓인 고독한 작업의 무대 대신에, 여기서 우리가 대하게 되는 것은―정치, 예술, 과학, 사랑 중 어느 것을 막론하고 이와 관련한 모든 것이 철학에 있어 사유와 발명의 원천이 되는―급진적인 변화의 과정들의 무한한 확산이다. 회의주의자는 이렇게 응수할 것이다. 좋다, 그런데 변증법 이론과 현실적인 변화 과정 사이에 놓인 마르크스주의적 연결을 잘라버렸으니, 이 새로운 변화의 이론의 일관성은 어디에 놓이는가? 그것은 단순히 이러한 기막히게 다수적인 정치적 변화의 예시들 가운데서 상실되어버린 것은 아닌가? 이것은 순수한 자생주의, 곧 바디우가 더 이른 시기에 기각했던 입장 아닌가? 바디우는 회의주의자의 우려를 잘 인지하고 있다고 볼 수 있는데, 왜냐하면 이 일관성에 관한 질문에 하나가 아니라 세 개의 대답을 내놓기 때문이다. 첫째 대답은 '수학은 존재론'이라는 테제를 통해 수학이 변화의 철학의 일관성을 보장한다는 것이다. 둘째 대답은 첫째 대답을 복잡하게 만드는 것으로, 변화의 일관성은 급진적인 변화의 개별적인 과정 각각에 의해 보장되며, 집합론의 발명을 비롯한 수학 그 자체는 그러한 과학적 변화의 과정 중 하나일 뿐임을 언명한다. 말하자면 수학이 사용하는 일관성의 형식인 논리적 연역은 결과적으로 다른 변화의 과정들에서 기능하지 못하며, 그 과정들 각각은 자체로 특수한 일관성의 형식을 갖는다는 것이다. 이는 내가 앞서 '철학이 품고 있는 이질적 영역으로의 추방 욕망'이라 말했던 무언가의 또 다른 예시이다. 문제에 대한 대답이 철학 바깥으로 배출되고 다른 실천들에 의해 해결되는 것을 보자면 말이다. 셋째 대답은 이러한 일관성의 형식들의 증식을 해소하고자 시도하며 철학에 어떤 과도한 과제를 설정한다. 즉 철학이 사유해낸 동시대적인 급진적 변화의 과정들 각각을 위한 공통적 가능성의 개념적 공간을 구축한다는 과제를 말이다. 이에 따라 철학은 구조적 변화의 특정한 예시들—바디우가 진리라 명명하는—을 한데 모아내며, 그 자체의 역사에 대한 주기화를 실행하고 무엇이 동시대적인 것인지 지명한다. 철학은 이와 같이 진리들의 정산소clearing-house이며, 그런 것이 바로 조건들의 교설이다.

이 세 가지 대답과 그것들이 서로 양립불가능할 가능성 사이의 긴장은 바디우의 철학을 해석하는 방법을 둘러싼 논쟁을 가열하는 무엇이다. 이 장에서 문제는 이러한 논쟁들—수학의 사용, 그의 정치의 실행가능성, 그의 존재론의 역량 등에 관한 논쟁들—을 해소하는 것이 아니라, 일관성 문제에 대한 이 세 가지 대응을 탐색하는 일이 될 것이다. 내가 보이고자 하는 것은 바디우 작업의 현 시기에 있어 관건은 마르크스주의를 뒤로하는 것이 아니며, 오히려 마르크스주의를 분열시키고 증식하며 전환하는 것이라는 점이다.

우리는 집합론적 존재론의 발생으로부터 논의를 시작할 것이다.

집합론적 존재론

철학에 의지하여 하이데거와 분리하기

《존재와 사건》에서 바디우는 다음과 같이 말하면서 자신의 기획을 시작한다. "하이데거와 더불어, 철학 그 자체는 오직 존재론적 문제의 기초 위에 재지정될 수 있다고 주장될 것이다"(BE, 2). 《주체의 이론》 독자들에게 이는 엄청난 방향 전환을 알리는 것이다. 더 이상 바디우 담론의 영역은 혁명적 인식의 변증법이 아니며, 이제 그 영역은 철학 및 그 전환의 문제와 관련된다. 바디우의 대화 상대자 혹은 허수아비 논쟁 상대stalking horse는 더 이상 헤겔과 구조적 변증법이 아니라 하이데거와 유한성의 철학이다. 이러한 변화의 이유는 텍스트의 시작 부분에서 드러난다. 말하자면 "동시대의 철학적 '존재론'은 전적으로 하이데거라는 이름에 의해 지배"되는데, 그는 또한 우연히도 "보편적으로 인정받을 수 있는 마지막 철학자"이기도 하다(BE, 9, 1). 이런 주장들은 상당한 논쟁의 소지가 있다! 바디우는 자신의 위대한 종합의 작업을, 즉 자신의 체계를 분열적인 논쟁으로 시작하는 듯이 보인다. 그러나 이러한 주장들은 그것을 프랑스 내의 철학에 제한할 경우, 그리고 그것들이 목표로 삼는 대상을 감지할 경우 논쟁의 소지가 줄어드는데, 여기서 그 대상은 장뤽 낭시의 《무위의 공동체La communauté désœuvrée》와 필립 라쿠라바르트의 《정치적인 것의 허구La fiction du politique》에서 볼 수 있는 탁월하게 하이데거적인 유한성의 철학이며, 이 두 저술은 대략 《존

재와 사건》과 같은 시기에 모습을 드러냈다.[4]

　어쨌든 바디우는 하이데거를 활용하여 〔어떻게〕 존재를 사유하면서도 **일자**One의 형태를 취하는 존재의 형이상학적 포획에 굴복하지 않을 것인지 〔방법을 모색하는〕 자신의 근본적인 문제의식을 그려내는데, 여기서 그러한 포획은 〔다음과 같은〕 라이프니츠의 금언으로 간결하게 표현된다. "하나의 존재가 아닌 것은 하나의 존재가 아니다."[5] 바디우에게 있어 이는 하이데거가 존재는 대상의 형식이 아닌 다른 방식으로 사유되어야 한다고 선언할 때나 혹은 "존재자들entities의 **존재**Being'는' 어떤 한 존재자가 아니다"라고 말할 때[6] 하이데거에 의해 고지된 것과 동일한 과제이다. 하이데거는 형이상학이 플라톤의 이데아idea나 근대적인 대상object이라는 고정된 가림막cut-out 뒤에서 "존재의 망각forgetting of be-ing"을 시작한다고 주장한다―바디우의 관점에서 보자면 이 "망각"은 철학적이거나 역사적인 것이 아니라 구조적인 것이며, 그것은 존재를 하나로 셈하는 것counting of being for one, 곧 존재자being[*]의 통합unification이다(CT, 25). 그

---

[*] 　지은이의 원문 그대로라면 '존재'로 번역하는 게 맞지만, 지은이가 지시하는 《이행적 존재론 소고Court traité d'ontologie transitoire》(한국어판 제목은 《일시적 존재론》)의 해당 부분을 찾아보면, 거기서 바디우가 사용한 용어는 être(존재)가 아니라 étant(존재자)임을 확인할 수 있다. 참고로 지은이는 이 책의 서술에서 존재와 존재자를 구별하지 않으며 심지어 때로는 혼용하기도 한다. 그래서 번역 과정에서 존재 및 존재자라는 번역어를 최대한 경우에 맞게 구분하여 사용했다.

러므로 존재는 이러한 셈하기counting에 앞서는 것으로, 즉 순수한 혹은 통합되지 않은non-unified 다수성으로 간주되어야 한다.

바디우는 하이데거를 채용하여 존재론의 담론을 고정하고 그 과제를 표시한다. 이를테면 그 과제란 존재를 순수한 다수성으로 사유하는 것, 즉 〔존재를〕 **일자**로 단일화하기에 앞서 다수들의 다수로 사유하는 것이다. 이 과제를 검토하고 존재론의 본성에 있어서의 그 귀결들을 확인하면서, 바디우는 점차 하이데거와 자신의 거리를 표시해나간다. 그의 경로를 따라가기 위해, 먼저 '있는 것은 무엇인가?'**라는 고전적인 존재론적 질문으로 논의를 시작하자. 철학의 다양한 대답들—'실체들', '단자들monads', '정세들states of affairs'—에 바디우는 '현시된 다수성들presented multiplicities'을 더할 것이다. 어떤 현시된 다수성 또는 상황situation은 바디우에게 일종의 하나로 셈하기counting-for-one 곧 작용〔연산〕operation이다. 달리 말해서 하나의 상황은 원래 하나가 아니라 다수적인 것이며, 하나의 상황에 대해 말할 수 있도록 하는 단일성unity은 이러한 하나로 셈하기의 결과이다.[7] 그러므로 각각의 상황은 두 가지 측면을 갖는다. 한편으로 이러한 〔하나로 셈하기〕 작용의 결과로서, 상황은 통합된 다수들로 이루

** 원문에 제시된 질문은 what is there? 인데, 이는 '거기에 있는 것은 무엇인가?'로 해석된다. 하지만 읽기에 어색하고 '거기 있음'이 현존재 또는 존재자를 가리키는 말이 되므로, '존재자는 무엇인가?' 혹은 '있는 것은 무엇인가?' 정도의 의미로 읽어야 할 듯하다.

어진 일관적으로 통합된 다수성이며, 다른 한편으로 그 작용 '이전의' 상황의 지위는 비일관적 혹은 순수한 다수성의 그것이다. 이러한 일관적 다수성과 비일관적 다수성 사이의 내부적 대비는《주체의 이론》에서 그 자체로 있는 외장소offsite와 구조에 의해 배치된 것으로서의 외장소 간의 구분과 유사하다. 이 지점에서 한 가지 "큰 유혹"이 생겨나는데, 그것은 존재론 자체가 모든 다른 존재의 존재로 향하는, 즉 비일관적 다수성으로 향하는 직접적인 접근로를 갖는다는 점에서 하나의 예외적 담론임을 선언하고자 하는 유혹이다. 바디우는 이 유혹에 굴복하는 기획을 부정신학negative theology이라 명명하지만, 그의 진정한 공격 대상은 시의 말하기를 존재의 말하기와 인접한 것으로 보는 하이데거이다. 헤겔의 절대지abousolute knowledge 기획은 〔그보다는〕 덜 복잡한 공격 대상이 될 터인데, 그 이유는 헤겔의 기획이 명백히 그 자체를 존재자들의 존재에 직접적으로 접근함으로써 실행되는 모든 존재자의 전체화로 상정하기 때문이다. 이러한 유혹에 저항하며 바디우는—첫째 테제—존재론이 그 자체로 하나로 셈하기에 종속되는 이상 하나의 상황이며 존재의 현시라고 상정한다. 따라서 존재론의 문제는 비일관적 다수성을 현시하는 동시에 무너짐을 각오하고 그 자체로 하나의 일관적 다수성이 된다는 것이다. 흥미롭게도 이는 정치적 반란의 정합성을 보장함에 있어 자생주의와 교조주의 사이의 경로를 따라 항행해야 하는 마오주의적 도전과 정확히 동일한 문제이다.

존재론의 고유한 구조, 즉 그 자체의 하나로 셈하기는 그것이 현시하는 모든 것을 통합하는데, 이에 따라 존재는 일자(하나)와 동등한 것이 되고, 구조적인 이유로 인해 형이상학을 우회할 길은 없는 것처럼 보이게 된다. 그러므로 도전해야 할 과제는 일관적 다수성이지만 그럼에도 있는 그대로의 비일관적 다수성을 현시하게 되는 어떤 담론을 찾아내는 것이다. 여기서 우리는 바디우가 스스로 "내 기획의 첫 테제"로 확인하는 무언가로 진입하게 된다. 말하자면 수학만이 이러한 도전 과제에 대답할 수 있으며, 수학은 존재로서의 존재being qua being의 과학, 즉 비일관적 다수성의 현시인 것이다(BE, 3). 그러므로, 하이데거의 견해와는 반대로, 수학은 허무주의의 기호도 기술 시대의 완성도 아니다(BE, 9).

이러한 집합론적 존재론의 설명으로 들어가는 서언에서, 바디우는 하이데거가 니체를 배치하는 것과 정확히 똑같은 방식으로 하이데거를 배치한다. 고지된 형이상학의 극복 혹은 파괴로는 충분치 않았으며, 아직 취해져야 할 결정적인 발걸음이 남아 있는 것이다(BE, 9). 결국 바디우가 하이데거를 오독하는지 아닌지는 중요치 않다—실제로, 해럴드 블룸을 따라서, 우리는 그가 자신의 저작을 생산해내려면 하이데거를 오독할 수밖에 없다고 주장할 수 있을 것이다. 중요한 것은 바디우가 실제로 그 결정적인 발걸음을 취하여 하나의 정합적인 존재론을 발전시켰느냐 여부이며, 더 나아가 남아 있는 철학의 과제들과 관련하여 이 존재론이 어떤 역할을 하느냐는 것이다.

수학은 존재론이다

이 장의 마지막 부분에서 나는 '수학은 존재론이다'라는 바디우의 첫 테제를 방법론적인 관점에서 간략히 검토할 것이다. 당장은 그가 어떻게 이 테제에 이르게 되었는지에 관한 그 자신의 설명에 집중하도록 하자. 《존재와 사건》〈서론〉에서 그는 다음과 같이 말한다.

> 이러한 한 다수와 그 부분들의 집합 사이의 관계에 대한 근래 연구들에서 드러나는 명백한 역설들을 고려한 이후, 나는 결국 먼저 **다수**Multiple가 수학자들에게 있어 명료하게 구성된 (형식적) 개념이 아니라, 그에 관한 이론이 내부적 간격과 난관을 펼쳐놓는 어떤 실재임을 받아들일 경우에만 거기에 이해가능한 형상들이 있을 수 있다고 생각하게 되었다.
> 나는 그런 이후 수학이, 존재 자체와 관련해, 순수한 **다수**의 이론의 장 안에서 표명할 수 있는 어떤 것을 기술한다고 가정할 필요가 있다는 확신에 이르렀다. (BE, 5)

다수가 수학적 이론의 실재real라는 언명은 무슨 의미인가? 바디우의 라캉 독해에서 실재는 수학적 발명의 내부적 제약으로 기능하는데, 바디우는 이미 〈무한소적 전복〉에서 −1의 제곱근이 유리수의 영역에서 엄격히 불가능함을 이야기하며 이에 대해 논급했다. 수학에서의 이러한 불가능성의 계기들은 그것들이 부정적인 지표를 제시하는 한에 있어 '실재적'이다. 여기서 지표들indexes을 말하는 것은 그것들이 피할 수 없는 장애물을 알리기 때문이며, 부정적negative이라 하는 것은 그 장애물에 어떠한 실체적 확실성positivity도 없기 때문이다. 바디우는 자신의 존재론을 '감산적subtractive' 존재론이라 명명하는데, 이는 정확히 이러한 절대적인 기능장애의 지점들에서, 다시 말해 수학의 일관된 연역 연쇄로부터의 감산〔빠져나감〕을 통해, 수학이 어떤 방식으로든 '실재'에 고정되기 때문이다. '실재'는 실체적인 현실로, '세계'로 이해되는 것이 아니라, 오히려 프로이트에 따른 현실 검증reality testing의 의미에서 이해되어야 한다. 즉 무엇이든 우리의 소원 성취 기제 또는 현실에 대한 공상을 가로막는 장애물로 증명되면, 그것은 실재적이다.

이러한 '실재〔적〕'라는 용어의 사용에 있어 여기서 작동하는 불가능성을 필연성으로 바꿔놓는 기이한 전환이 있다. 수학적 발명이 집합론의 역설들에 관해 작용하도록 강제되는 이상, 그리고 그 발명이 전개하는 대안적 구성들이 일관적인 이상, 그것의 담론에는 필연성이 부여된다.

《존재와 사건》이후 10년이 지나 쓰인 시론들에서, 바디우는 수학적 명제들의 인식론적 지위와 수학적 객관성의 존재론적 지위에 관한 다양한 입장의 목록을 사용하여, 자신의 접근법을 수리철학의 접근법과 대조한다. 그는 자신의 접근법이 철학의 모든 전문 분야에서 벗어나는 것이며, 자신이 또 다른 수리철학을 발전시키는 것이 아니라고 주장한다. 이것은 오직 독수리의 목소리가 말하는 것일 뿐이다! 오히려 그의 탐색은 오늘날의 수학이 어떻게 존재론 같은 철학의 과제 중 일부를 받아들이고 그렇게 함으로써 그 과제들을 전환하게 될 것인지와 관련된다. 물론 후자의 주장은 늙은 두더지가 말하는 목소리이며 그것이 사실일 수는 있겠으나, 그렇다 하더라도 그런 주장은 바디우가 수학적 객관성의 존재론적 지위를 심문하는 자들의 대열에 합류하는 것을 막지 못한다. 실제로 그는 정확히 동일한 분량을 할애하여 자신의 입장을 플라톤주의의 한 가지 수정된 형태로 전개하는데, 이로부터 수학자가 어떤 결정불가능한 지점 곧 실재의 지점을 결정해야만 할 때 사유와 **이데아**〔이념〕Idea 또는 존재 사이를 잇는 내재적 연관이 드러난다(TW, 54). 수리철학과 바디우의 모험 사이에는 아직 수행되어야 할 많은 작업이 남아 있으며, 이는 아닌디아 바타차리아, 재커리 루크 프레이저, 보 매디슨 마운트를 비롯한 여러 선구자가 개척한 작업이다.[8] 바디우의 작업에 대한 이 입문적 개관에서 우리의 목적과 관련하여 중요한 것은 이른 시기에서 마오주의 시기로 옮겨가면서, 그리고 이제 칸토어와 관련된Cantorian 시기에 들어서면서 나타나는 수학의 지위의 변천이다.《모델의 개념》,〈변증법적 유물론의 (재)시작〉, 그리고〈무한소적 전복〉에서 나타나는 수학의 특이성은 수학이 구조적 변화의 이론화를 위한 작업틀과 함께 새로운 수학적 지식의 출현에 있어 일관된 구조적 변화의 예시를 제공한다는 것이다. 실제로《모델의 개념》최신판에 달린 새로운〈서문〉에서 바디우는 수학이 사유의 운명을 형성한다고 이해한 것이 자신의 초기 입장이었다고 진단한다.[9]《주체의 이론》에서 우리는 집합론에서 변증법을 변화의 이론으로 개편할 수 있는 잠재력을 일별한다. 여기서 수학은 변화를 이론화하는 것이 아니라 안정된 존재의 일관성을 이론화하는 데 있어 유일무이한 역량을 지닌 것으로 지목된다. 실제로 《세계의 논리》에서 바디우는 이러한 성향의 과제들을 확인하며 다음과 같이 기술한다. "존재로서의 존재는 순수한 다수성이다. 이런 이유로 그것은 파르메니데스의 강력한 기원적 직관에 따라 절대적으로 부동적이다. […] 그것은 생성도 부패도 용인하지 않는다"(LM, 377).

집합론과 무한한 다수들

그러나 바디우는 어떤 이유로 안정성의 이론을 필요로 하며, 그의 변화의 이론은 어떻게 되는가? 이 지점에서 우리가 손에 쥐고 있는 가장 직접적인 변화의 예시는 당연히 이전에는 철학적인 양상을 보이던 존재론의 담론을 수학과의, 특히 집합론과의 동일시를 통해 바꾸게 된 바디우 자신의 전환이다. 이로부터 왜 수학의 다른 영역이 아니라 집합론이 선택되었느냐는 질문이 제기된다. 바디우는 집합론이 그 자체의 역설들과 위기들을 통해 수학사에서 하나의 증상을 형성한다고 주장한다(BE, 5~6, 14). 이는 그가 혁명적 인식의 변증법이 연원한 출처를 사회적 봉기를 증상으로 보는 마르크스의 해석에서 찾은 《주체의 이론》의 논변을 떠올리게 한다. 여기서 다시 한번 관건은 사유의 운동에—혹은 인식의 변화에—출처를 지정하고, 그 출처를 기능장애의 계기들에서 발견하는 것이다. 요컨대 집합론이 존재론이라고 주장하는 테제는 집합론 자체가 급진적인 변화의 과정 또는 '유적인 진리절차generic truth procedure'라는 쌍둥이 관계에 있는 테제와 분리될 수 없다. 어쨌든 이 쌍둥이 테제들에 관해서는 나중에 이야기하도록 하자. 집합론의 선택 뒤에 있는 이유는 그것이 어떻게 관계들과 연산〔작용〕들을 비롯한 모든 수학적 개체가 순수한 다수들로 사유될 수 있는지 보인다는 것이다. 일단 바디우가 실제로 집합론이 이 순수한 다수들을 기술하고 구조화하는 방식을 탐험하기 시작하게 되면, 독자들은 이러한 존재론의 전환을 통해 얻게 될 이점들을 어렴풋이 감지하게 될 것이다. 첫째 이점은 어떤 명시적인 정의를 사용하지 않음에도 집합들을 조작할 수 있는 공리 체계〔공리계〕axiom system의 능력이다. 여기서 사용하게 될 것은 오로지 변수들 또는 다수들 간의— $\alpha \in \beta$로 표기되는—단순한 귀속belonging 관계와 이러한 관계를 조작할 방법들을 펼쳐내는 몇 가지 규칙 및 연산뿐이다. 그러한 조작의 결과, 다수 그 자체를 포착하는 정확한 개념이 없더라도, 다양한 구조와 크기를 지닌 무한한 다수들의 우주가 열리게 된다. 데리다나 라쿠라바르트가 제시하는 형태의 하이데거의 형이상학 비판과 궤를 같이하여, 집합론적 존재론은 존재를 형식form으로도 대상object으로도 상정하지 않으며, 오히려 존재를 자신의 공리들의 함축적 귀결로 나타낸다.

물론 수학자들은 집합론의 발전 과정에서 그러한 철학적으로 정묘한 사항들에 관심을 두지 않았다. 그들은 역설의 출현으로 인해 어쩔 수 없이 집합에 대한 명시적 정의를 포기할 수밖에 없었던 것이다. 이것은 바디우가 《존재와 사건》의 숙고* 3에서 이야기하는 것이다. 프레게는 집합들을 한 개념의 연장extension으로 정의하고자 시도했는데, 이에 따를 때 하나의 집합은 잘 구성된 정식〔정합논리식〕well-formed formula에 의해 정의된 하나의 속성을 가지는 모든 다수의 모음으로 정의된다. 러셀은 이에 반대하여 '그 자체에 귀속되지 않는 모든 집합의 집합'이라는 정합논리식이 모순의 발생으로 인해 다수들의 모음과 대응할 수 없는 속성을 정의한다는 의견을 개진했다. 만일 이 소위 집합이라는 것이 그 자체에 귀속된다면, 그 〔속성에 대한〕 규정적 정식에 따를 때, 집합은 그 자체에 귀속될 수 없다. 다른 한편으로 만일 이 집합이 그 자체에 귀속되지 않는다는 가정에서 시작한다면, 정의에 따라 이 집합은 그 자체에 귀속되어서는 안 된다. 어쨌든 이 다수에 접근할 때 모순이 뒤따르고, 이에 따라 최초의 명제는 기각되어야 하게 된다. 그 명제는 다름 아니라 정합논리식과 집합 사이의 대응correspondence을 정립하는 명제인 것이다. 여기서 우리는 앞에서 개략적으로 서술된 실재의 첫 번째 구체적 사례와 마주치게 된다. 바로 집합론적 존재론의 담론에 변화를 강제하고 〔그 이후에도〕 일관성을 유지하기 위한 새로운 구조를 발전시킬 수밖에 없도록 하는 어떤 불가피한 장애물, 즉 불가능의 지점과 말이다. 이 경우에 새로운 구조는 에른스트 체르멜로의

---

* 《존재와 사건》의 각 장은 숙고Meditation라는 이름으로 지칭된다.

분리공리axiom of separation로, 이는 어떤 한 정식과 대응하는 새로운 집합을 구성하려면 그 정식을 이미 전제되어 있으며 정의되지 않은 일차적 집합의 부분집합으로 분리해내야 함을 언명한다. 바디우는 이 공리를 포착하여 집합론적 존재론의 유물론을 나타내는 표시라고 말한다. 이 공리가 다수들을 구별하는 언어의 힘을 넘어서는 순수한 다수의 초과를 기입한다고 말이다. 달리 말하자면 언어가 작동하기 위해서는, 순수한 다수성으로서의 존재의 일부분이 그러한 언어의 작용 자체로부터 감산된다고 전제되어야 한다는 것이다.

우리는 집합론의 공리들 각각을 완전히 설명하는 일에 착수하기보다는—흥미를 가진 독자라면《존재의 사건》의 숙고 3과 5를, 참을성이 부족한 독자라면《무한한 사유Infinite Thought》의 〈서론〉을, 그리고 철두철미한 독자라면 피터 홀워드의《알랭 바디우: 진리를 향한 주체Badiou: Subject to Truth》에 수록된 탁월한 〈부록〉을 참고하기를 권한다—차라리 바디우의 존재론과 전통적인 존재론의 과제들 간의 차이에 중점을 둠으로써 그의 철학에 대한 우리의 이해를 발전시킬 것이다.

이 목적을 위해, 집합론적 존재론을 형성하며 현재 진행 중인 논의에 중요한 세 가지 서로 다른 공리가 있다. 합집합공리axiom of union는 최초에 주어진 집합의 원소들의 모든 원소로부터 하나의 일관적인 집합이 구성될 수 있음을 말한다. 그러니까 ZFC 공리계*에는 원소와 집합 간의 구분이 없으며, 각각의 원소는 하나의 집합으로 취급되고 그 자체의 원소들로 분해될 수 있다. 멱집합공리axiom of powerset는 최초에 주어진 집합의 모든 부분집합—모든 특정한 원소의 무리 지음—으로 이루어진 하나의 일관적 집합—'멱집합'—이 구성될 수 있다고 말한다. 이 멱집합이란 것은 최초의 집합보다 더 크며, 따라서 멱집합공리를 반복해서 사용하여 최초의 집합을 기초로 점점 더 큰 집합들을 만들어낼 수 있다. 마지막으로 무한공리axiom of infinity는 멱집합의 연산과 같은 연산들의 반복을 통해서는 이를 수 없는 어떤 집합이 있음을 말하는데, 실제로 그러한 연산들을 통해 구성된 모든 집합의 수열은 (앞서 말한 도달될 수 없는) 이 집합의 한계 안에 자리한다. 이런 종류 중 가장 작은 집합은 첫 번째 무한집합 알레프 0으로 규정되며, 이는 또한 모든 유한수의 집합이기도 하다. 이어서 더 큰 무한집합들의 추가적인 수열이 멱집합 같은 연산들을 사용하여 이 수(알레프 0)의 기초 위에 구성될 수 있다. 이 세 가지 공리가 작용한 결과는 무한한 다수들로 이루어진 우주이며, 무한한 다수들의 다양한 수열의 엄청난 확산을 고려할 때 그중에서 오직 얼마 되지 않는 소수의 다수들만이 유한하다. 이러한 무한한 우주는 동질적으로 다수적이다. 즉 분해를 통해 어떤 주어진 집합에서 그 원소들로 하강하거나 혹은 멱집

---

* ZFC란 외연공리, 분리공리, 멱집합공리, 합집합공리(결합공리), 공집합공리, 무한공리, 토대공리, 치환공리 등으로 이루어진 체르멜로-프렝켈 공리계에 선택공리를 더한 아홉 가지 공리로 이루어진 공리 체계를 말한다.

합 같은 연산을 통해 상승함에 관계없이, 우리는 다수들의 영역 내부에 남게 되며, 그 어떤 원자도 확실한 전체도 없다. 이 우주는 무제한적이다.

이러한 다수들의 일관적 확산은 상당히 놀라운 것이며, 이로부터 우리는 일단 들어가게 되면 수학자들은 그러한 낙원에서 쫓겨나지 않을 것이라는 다비트 힐베르트의 말을 이해할 수 있다. 물론 '이 낙원에서 철학자가 하는 일은 무엇인가?'나 혹은 차라리 '집합론적 존재론의 기능은 무엇인가?' 하는 것이 우리의 문제이기는 하지만 말이다. 전통적으로 말하자면 존재론은 어떤 종류의 개체들이 실존으로 들어가도록 허용될 것인지를 결정할 수 있게 한다고 전제되는 담론이다. 예를 들어 도널드 데이비드슨은 '사건들'—'보일러 폭발' 같은—이 몸〔물체〕들과 함께 실존에 들어가는 것으로 인정해야 할지 말지를 생각했다.[10] 그의 신중함은 형이상학의 전통 내부에서 작동하는 매우 강력한 규칙인 오컴의 면도날에 따른 것으로, 이 규칙은 누구든 자신의 이론이나 가설에 근거를 대기 위해 필요 이상으로 이론의 구성 개체entity들을 늘리지 말아야 한다고 규정한다. 존재론은 또한 몸들과 정세들 같은 존재자의 다양한 유형을, 즉 동일한 개체의 다양한 예시를 구별하고, 특히 어떤 변화 z가 일어났을 경우에 x는 시점 a에 그런 것처럼 시점 b에도 동일한 존재자인지 아닌지 결정하기 위한 기준을 제공해야 한다. 내가 2학년 때 수강했던 형이상학 강사는 만일 인간 존재들이 여러 차례 몸 바꾸기를 겪을 수 있다면 어떻게 개인의 동일성을 해명할 수 있는지 묻

곤 했다. 나는 그가 그때 원래의 자기 몸 안에 있었는지 아닌지를 결코 알아내지 못했다.

내가 여기서 스케치한 그런 종류의 전통적 존재론 애호가들은 바디우의 집합론적 존재론에 실망할 것이다. 그 존재론은 앞으로 보게 될 것처럼 다수의 다양한 유형을 구별하지만, 우리가 일상적 언어로 혹은 과학적 이론에서 이야기하는 존재자들이 실존에 들어간다고 인정될 수 있는지 결정하기 위한 기준을 제공하지는 않으며, 또한 그러한 존재자들의 동일성과 차이에 관한 기준도 제공하지 않는다. 물론 집합론의 범위 내에서는 기준이 제공된다. 바디우는 명백히 오컴의 면도날의 반대편을 지지하여 가능한 많은 수의 다수를 실존으로 집어넣을 것이며, 더구나 집합론은 특정한 존재자들의 비실존non-existence에 관한 통제 규칙을 만드는 것으로 나타난다. 모든 집합의 집합, 존재의 시원적 형태로서의 **일자**, 그 자체에 귀속되는 집합들에 관해서 말이다. 하지만 어느 집합이 어느 구체적 상황에 대응된다는 확인이 부재할 경우, 집합론적 존재론은 우리가 일상적 언어로 이야기하는 그러한 존재자들의 실존에 관해 어떠한 규칙도 제공할 수 없다. 이러한 무능력은 (경험론적 구역으로부터) 바디우의 문앞에 배달된 가장 심각한 고발장 중 하나의 근원이다. 말하자면 그의 집합론적 존재론이 허공에 지은 성이거나 혹은 '잃어버린 세계의 존재론'이라는 것이다.[11] 하지만 상당히 분명한 것은 바디우의 존재론은 현실을 설명하거나 혹은 현실을 마디에 따라 조각한다고 주장하지 않는다는 점이다. '**현실**Reality'은 집합론적 존재론의 용어가 아니다. 거기서 다뤄지는 것은 특정한 크기의 다수들뿐이다. 기껏해야 집합론적 존재론은 어떤 동일성이―개인의 정체성이나 뚜렷이 구별되는 사건들과 관련하여―무엇을 주장하더라도, 그것이 정합논리식에 기초하고 있는 이상, 그것의 '개체〔존재자〕entity'를 먼저 상정된 더 큰 다수로부터 분리해야만 한다고 선언할 뿐이다. 앞에서 논급한 것처럼 그런 것이 바로 집합론적 존재론의 유물론이다. 하지만 그래서 그러한 존재론이 세계를 설명하지 않거나 혹은 다른 담론들과 그것들의 실존적 책무를 정리하지 않는다면 그것의 기능은 무엇인가?

사유와 변화에 대한 그의 철학적 성향에 있어 가장 큰 자원에 주목할 때, 우리는 바디우의 관점에서 집합론적 존재론이 하는 일이 무엇인지 이해하기 시작하며, 그 자원은 바로 순수한 다수들 내부에 있는 내재적 이질성의 발현이다.

멱집합의 초과

만일 집합이 바디우의 말로 할 때 상황 혹은 현시presentation의 존재를 나타낸다면, 이 집합의 멱집합은 그가 상황의 상태state of the situation라 부르는 것을 나타낸다. 요컨대 모든 일관적 다수성은 그 자체의 하나로 셈하기에 의해, 그리고 그것의 모든 하위다수sub-multiple〔부분집합subset을 의미함〕를 한데 무리 짓는 두 번째 셈count에 의해 구조화된다. 숙고 8의 '역사-사회적인 상황의 상태'라는 제목에도 불구하고, 상황의 상태는 정치적인 의미에서의 국가state에 상당하는 것이 아니며, 국가는 상태의 한 가지 예시가 될 뿐이다. 어떠한 상황의 상태도 현시된 다수들의 재편 regrouping으로서 재현re-presentation의 수준에 있다. 만일 하나의 상황이 과학적이거나 예술적이라면, 그 상황의 상태는 그 상황 의 원소들을 재편하는 모든 제도적, 징후적, 재현적 기제를 구조 화하게 될 것이다.

어쨌든 상황의 상태라는 이 개념은 정치를 사유할 때 정부 로서의 국가에 영구적으로 구조의 자리를 제공하게 된다. 이는 바디우에게 있어 상당한 중요성을 갖는 것으로, 앞선 장에서 보 았듯이 그가 공산주의를 국가의 소멸과 당의 자기무효화로 사 유한다는 점을 감안하면 그럴 수밖에 없을 것이다(TC, 47).[12] 실 제로 나중에 쓰게 되는 한 시론에서 그는 여전히 이러한 생각이 마르크스주의 정치의 본질적인 목적이라는 입장을 견지한다.

> 레닌에게 있어 정치는 국가의 소멸과 계급 없는 사회를 그 목 적 또는 이념으로 삼는다. […] 이는 유적인 공산주의로 불릴 수 있는 것으로, 유적인 공산주의란 다형적인 노동자들 사이의 자 유로운 연합으로 이루어진 평등주의적 사회를 지칭하며, 그들 의 활동은 지위와 기술적이거나 사회적인 전문 지식에 의해서 가 아니라 집합적인 필요의 지배에 의해 규제된다. […] [이는] 순수한 현시로, 자유로운 연합으로 지칭될 수 있으며 […] 무한 으로부터 분리되지 않은 권위 혹은 집합적인 것 자체의 도래이 다.[13]

게다가 바디우는 같은 글에서 철학이 "정치의 궁극적인 목적들을 지시하고 정당화하며 평가하는" 것으로 명명될 수 있으며, 이런 이유로 철학은 국가의 소멸을 사유할 능력을 가진 채로 유지되어야 한다고 주장한다.[14] 따라서 모든 개별적인 정치 상황에서 국가를 위한 구조적인 자리가 있다는 점은 바디우의 철학에 있어 작지 않은 장애물이 된다. 실제로 이는 어떤 측면에서 집합론이, 철학의 한 가지 조건으로서, 바디우가 철학적 개념들과 정치적 개념들을 집합론의 언어로 바꿔 옮기도록 허용하지 않는지에 대한 한 가지 좋은 예가 된다. 여기서 우리는 그의 철학의 명확한 중단을 대하게 되는데, 이로 인해 그의 철학에는 모종의 조정이 필요해지게 될 것이다. 바디우는 국가의 소멸을 사유하는 사상가로 남겠지만, 이를 위해 상당한 개념적 대가를 치러야 할 것이다.

집합론적 존재론은 범주화categorizing와 순서배열ordering이라는 기제들의 실존을 위한 영구적인 자리를 인정할 뿐만 아니라, 이러한 '상태'의 양적 복잡성은 최초에 주어진 상태의 양적 복잡성을 양을 알 수 없을 정도로 초과한다. 이러한 결정불가능한 초과는 바디우가 "존재의 난관"이라 지칭하는 것이다. 존재의 난관은 존재에 관한 담론이 그 자체를 조직하는 데 있어 중심에 두는 또 다른 불가능성의 지점을 형성한다. 유한집합들에 관해 이야기할 때, 멱집합의 양quantity에 대한 계산은 단순하다. n이 최초에 주어진 집합의 원소들의 수일 때, 2의 n승 개의 부분집합이 있는 것이다. 따라서 세 개의 원소가 있는 최초의 집합은 여덟 개의 원소가 있는 멱집합을 갖게 되는데, 여기서 하나나 둘 또는 세 개의 원소를 갖는 부분집합 일곱 개에 공집합이 더해져야 한다. 하지만 무한집합과 관련하여, 집합론은 그러한 간단한 계산을 사용할 수 없으며, 멱집합의 양은 문자 그대로 결정불가능하다. 그러므로 바디우의 관점에서 보기에, 현시와 재현 사이에는 지정할 수 없는 간극이 있다. 말하자면 재현된 다수들보다 계산할 수 없을 정도로 더 많은 재현의 방법이 있는 것이다. 이어지는 바디우의 논증은 《존재의 사건》의 보다 사변적인 혁신 중 하나이며, 그것으로 인해 바디우는 저속하게 단순화된 변증법의 '좌파적' 일탈과 '우파적' 일탈을 자기 사유의 훨씬 더 풍요로운 맥락화로 대체할 수 있게 된다. 그는 네 가지 주된 사유의 정향이 있으며, 그것들 각각이 재현과 현시 사이의 간극을 해소하기 위한 특별한 전략에 기인함을 주장한다. 사유의 구성주의적 정향은 엄격하게 정의된 정식과 일치〔대응〕하는 그러한 다수들로 인정된 다수들을 재현의 수준에서 제한하는 데 착수한다. 사유의 선험적 정향은 그것들 자체보다 작은 모든 다수를 아우르고 순서를 정하도록 의도된 막대한 다수들을 구성한다. 사유의 유적인 정향은 식별불가능한indiscernible 유적 부분집합을 구성함으로써 현시의 수준을 재현의 수준과 재결합하고자 한다. 이러한 사유의 정향들은 집합론 내부에 그 대표자를 두고 있으나, 바디우에게 흥미로운 것은 넷째 정향의 가능성이다. 이 정향은 프로이트라는 이름과 마르크스라는 이름에 고정되어 있으며, 상태〔국가〕의 초과는 어떤 사건에 의해 시작된 급진적 변화의 과정 속에서 오로지 존재론 바깥에서—특정한 상황들에서—결정되고 측정될 수 있다고 주장한다. 앞으로 보게 될 것처럼 이러한 상태〔국가〕의 측정은 정확히 상태〔국가〕의 소멸로 향한다.

그러나 시작된 변화에 있어서는 어떤 한 사건이 반드시 일어나야만 하며, 《존재와 사건》의 논증에서 사건들은 사건의 자리eventual site들을 포함하고 있는 상황이 아닌 이상 어떠한 상황에서도 일어나지 않는다.

존재의 지역화를 통한 변화의 위치지정

바디우가 존재의 지역화regionalization를 발전시키기 위해 채용하는 것은 부분집합과 원소의 구별이다. 정상적normal 다수는 원소이자 부분집합이 되는 것이고, 돌출적excrescent 다수는 오직 부분집합이 될 뿐 원소의 층위는 상실한 것이며, 마지막으로 단독적singular 다수는 오직 원소가 될 뿐 부분집합의 층위는 상실한 것이다. 부분집합의 정의는 그것의 모든 원소가 최초의 집합에 귀속된다는 것인데, 따라서 단독적 다수가 부분집합으로 여겨지지 않는다는 사실의 이면에 놓인 이유는 그러한 다수의 원소 중 일부가 최초의 집합에 귀속되지 않는다는 것이다. 그래서 바디우는 어떤 최대의 단독적 다수인 사건의 자리eventual-site를 그것의 모든 원소가 다른 집합에 귀속되는 다수로 정의한다. 여기서 우리는 알튀세르와 구조적 인과성의 문제와 관련하여 차용된 개념과 상당히 비슷하며, 또 《주체의 이론》에서 등장했던 점근선적 잔여물asymptotic remainder이나 불가능성의 장소와도 상당한 유사성을 보이는 내부적 배제internal exclusion의 착상을 대하게 된다. 역사적 상황historical situation은 적어도 하나 이상의 사건의 자리를 갖는 것으로 정의되며, 이에 반해 중립적 상황neutral situation에는 정상적 다수와 단독적 다수가 뒤섞여 있고, 자연적 상황natural situation은 정상적 다수들만으로 구성된다.

이러한 정의들을 사용하여 바디우가 제시하는 것은 다름 아닌 전체에-속한-존재being-in-totality를 지역들로 나누는 분류 방식이다. 즉 자연적 상황, 중립적 상황, 역사적 상황의 순으로 구조적으로 동질적인 것(모든 원소가 부분집합이 되는 것)으로부터 구조적으로 이질적인 것(부분집합이 아닌 원소만이 있는 것)으로 구획하는 것이다. 바디우는 순수한 다수의 일원론을 포기하지 않은 채로, 상대적 안정성—혹은 동질성—과 불안정성—혹은 이질성—의 기준을 제거해야 한다고 주장한다. 그럼으로써 그는 정체되고 생기 없는 집합론적 존재론의 우주에 속하지 않을 것처럼 여겨지는 변화와 활력의 어휘 사전으로 잠입한다. 무엇보다, 존재의 지역화와 관련된 전반적인 문제는 차후에 지역들로 분할될 수 있는 어떤 주어진 전체에-속한-존재의 배치를 전제하는 듯 보인다는 점이다. 또 지역적 존재론들은 어떤 종류의 개체〔존재자〕들이 특정한 영역을 채우고 있는지에 대한 조사를 제한한다. 바디우는 그러한 접근법을 뒤집어, 존재자의 한 종류에 대한 정의—자연적 다수, 혹은 집합론의 용어로는 서수집합ordinal set—로부터 논의를 시작하며 그런 다음 서수집합들의 시퀀스〔수열〕라는 기초 위에 놓인 한 지역을 상세히 설명한다. 그의 이어지는 질문은 '이 영역의 크기는 어떻게 되는가?'이다. 이 질문에 대한 답은 정확히 존재의 전체화라는 문제를 건드린다. 공교롭게도 집합론에서는 모든 다른 서수가 귀속되는 서수의 전체집합total ordinal set에 대한 구상이 불가능하다. 바디우의 철학적 용어로 하자면, 자연적 상황들은 있지만 **자연**은 없으며, 자연적인 것의 전체성도 없다. 또한 모든 다른 역사적 상황이 귀속되는 하나의 역사적 상황을 생각하는 것이 불가능함이 드러나며, 이에 따라 바디우는 《주체의 이론》에서의 선언과 궤를 같이하여 '**역사**는 없다'고 선언한다. 이런 방식으로 바디우는 존재의 전체적인 성향으로부터 출발한 후에 그것을 '사회', '자연', '현실' 등과 같은 정당화되지 않은 범주들과 함께 지역들로 구획하는 것이 아니라, 오히려 한 유형의 다수에 대한 엄격한 구조적 정의로 논의를 시작하여, 이 유형에 속하는 추가적인 다수들의 구성을 통해 그 영역을 상술하고, 그런 다음 각각의 영역이 그 나름으로 존재로서의 존재를 불완전하게 하는incomplete 방식을 보여준다. 자연적 다수들은 있지만 **자연**은 없으며, 역사적 다수들은 있지만 **역사**는 없는 것이다.[15] 바디우의 철학에서 집합론적 존재론이 전면으로 끌고 오는 것이 바로 이 불완전의 논리 logic of incompletion이다.

　　존재의 지역들의 전반적인 기능은 변화의 위치를 지정하는 localize 것이며, 단순히 사건들의 전체적인 구조적 변화와 유적인 진리절차들이 아니다. 집합론적 존재론이 획득한 것 중 하나는 모든 서수집합이 서로에게 귀속된다는 것으로, 말하자면 서수집합들은 보편적으로 상호연관되어 있음이 입증될 수 있다. 그러므로 철학적 관점에서 자연은 어떠한 독립성도 알지 못하며, 자연에는 주권이 없다―이는 물론 자연적인 것을 사회적인 것 아래 두는 생태주의자들에게 흡족할 것이다. 따라서 바디우의 관점에서 모든 것은 흐름이라는 입장―즉 개별적인 것으로 가정되는 모든 존재자[개체]는 실제로 다른 연결된 존재자들의 연속적인 변용이라는 입장―을 고수하는 헤라클레이토스의 통찰과 관련된 모든 철학적 존재론은 존재의 본성을 착각하는 것이 아니며 오히려 오직 자연적 다수들을 이야기하는 것일 따름이다. 헤라클레이토스의 존재론에 관한 니체의 변주를 생각해보자. 권력에의 의지will-to-power의 교설에 따를 때, '자유'의지 같은 것은 없고 강한 의지와 약한 의지의 순위만이 있을 뿐이다. 바로 이 우월함과 열등함의 질서가 하나의 사회적 제도에 의미를 할당하면서 누군가가 다른 누군가보다 우위를 차지하는 경위를 설명해주는 것이다.

> 존재하는 무엇이든, 어떤 방식으로든 존재에 이르게 된 이상, 그것보다 우월한 어떤 힘에 의해 새로운 목적에 맞게 재해석되고 인계되고 변환되고 전용된다. 유기적인 세계 속의 모든 사건은 복종시키기, 주인 되기이며, 모든 복종시키기와 주인 되기는 어떤 신선한 해석을, 이전의 모든 '의미'와 '목적'이 필연적으로 흐려지거나 심지어 지워지기까지 하는 개작을 수반한다.[16]

바디우의 집합론적 존재론에서, 집합론적 우주의 나머지에 엄격한 순서 관계를 제공하는 것은 자연적 다수들의 수열 곧 서수들이며, 각각의 서수는 전반적인 수열 속에서 그 자체의 특정한 지위를 갖는다. 이런 방식으로 상호연결되고 순서대로 배열된 다수들의 헤라클레이토스적 존재론은 바디우에게 있어 지역적 존재론이며, 그것은 오로지 자연적인 것에 대해 이야기할 뿐이다—전체적인 존재론은 또한 역사적인 것에 대해서도 이야기해야 한다.

'**역사**는 없으며, 오직 별개의 역사들만이 있다'는 선언은 변화의 철학에 어떤 의미가 되는가? 바디우의 저작에서 이 진술은 마르크스주의의 역사적 변증법에 대한 묘비명으로 쓰인다. 이미 《주체의 이론》에서 변증법적 시퀀스들의 증식에, 이러한 시퀀스들의 모든 최종적 통합의 부재에, 그리고 분열의 영구성에 전념했기에, 여기서 바디우는 다양한 역사적 시퀀스의 급진적인 분리와 가능적 동시대성을 포괄한다. 실천적인 수준에서, 변화의 발생은 단순히 예측불가능하고 우발적인 것으로 만들어지며, 다시 말해 변화는 그러한 상황 속에서 일어날 수도 일어나지 않을 수도 있게 될 것이다. 가능적 변화의 위치를 정함에 있어 바디우가 사용하는 유일한 지침은 내부적 배제 혹은 내재적 이질성의 구조를 나타내는 사건의 자리라는 개념으로, 이는 상황의 상태에 있어서 모호성의 지점을 구성한다. 문제가 있다면 한 구절에서 바디우가 사건의 자리는 엄격하게 말해 오로지 그 내부에서 어떤 사건이 일어나는 한에서만 사건적이라고 명기하기도

한다는 점이다. 이런 이야기는 생산으로서의 변화를 말하는 아리스토텔레스의 모델을 상기시키며, 우리는 이미 바디우가 초기에 보였던 변화와 생성의 융합과 관련하여 아리스토텔레스 모델의 압도적인 영향력을 인지할 기회가 있었다. 여기서 사건은 작용인efficient cause―집 짓는 목수―과 같이 사건의 자리에 잠들어 있는 잠재성―벽돌과 회반죽―을 활성화하는 작용을 한다.[17]

이 지점에서 나는 어떤 우회로를 놓고 싶다. 상태〔국가〕혹은 기존 상황의 지식에 있어 모호성의 지점을 형성하는 것이 무엇이든, 그것은 분명히 초과와 결여라는 징후들에 의해 표시된다. 결과적으로 사건의 자리는 어떤 사건의 발생 없이도 위치지정될 수 있다. 프랑스 국가의 눈에 불법 이주민들은 그들의 수, 범죄적 성향, 프랑스 사회에 부과하는 부담 등에 있어 초과적이며, 다음으로 언어 능력, 위생, 세속주의 등 프랑스의 사회 통합과 관련한 모든 기준에 따를 때 결여되어 있다. 하지만 만일 상파피에〔미등록 이주민들〕sans-papiers가 프랑스 정치 내부에서 어떤 사건의 자리를 형성한다면, 그들이 국가〔상태〕에 있어 무지의 지점을 구성한다고 말하는 것은 부정확하다. 〔정말로 그들이 국가에 있어서 무지의 지점이 된다면〕어떻게 그들이 국가가 가장 선호하는 희생양이 될 수 있다는 말인가? 질문은 어떤 하나의 환상을 구성하려면 얼마나 많은 지식이 그리고 어떤 종류의 지식이 필요하느냐는 것이다. 국가가 억압적 역량을 당당히 행사하도록 정당화하는 것은 바로 기생충으로서의 불법 이주민이라는 환영적 형상이다. 이러한 역량들은 결코 신비가 아니며, 실제로 그 역량들은 다른 상황들과 그 상태들의 한 부분을 형성한다. 말리Mali에서 온 국외 추방자의 상황이나 혹은 불법 이주민을 돕는 시민 단체들의 상황에 상관없이 말이다. 모든 사건의 자리는 최초에 주어진 상황의 상태가 취하는 관점에서 볼 때 공백의 가장자리edge of the void에 있다고 바디우는 말한다. 하지만 사건의 자리 내부로부터, 거기에 속한 다수가 상황들 간의 교차로부터 만들어진다. 말하자면 식민지에서 독립한 이후의 말리와 무지한 방식으로 '미숙련' 노동이라 지칭되는 것에 대한 수요를 가진 프랑스 경제의 상황 사이의 교차로부터 말이다. 어떤 한 유물론적 존재론에서는, 어딘가로부터 이질적인 요소들이 유입되어야 한다. 그래서 사건의 자리는 상황들 사이의 인정받지 못한 교차로, 즉 국가〔상태〕의 층위에서 어떤 순수한 괴리로 나타나는 결격의 혼합체로 정의할 수 있다―프랑스 국가는 말리의 시민들에 대해 책임지지 않는다. 오랫동안 좌파는 이상주의자로 일축되어왔으나, 여기서는 상파피에와 함께하는 활동가들이 일정 분량의 현실주의realism를 요청한다. 국가는 그 공상에서 빠져나와 실재 세계로, 달리 말하자면 현시의 층위 및 인구들의 교차를 통한 현시의 확장이라는 실재 세계로 들어갈 필요가 있다.

《세계의 논리》에서 바디우가 사건의 자리와 사건에 관한 자신의 이론을 수정하여 이 둘을 융합시킨다는 점에 유의하자. 한 가지 확연한 귀결은 존재의 영역들에 관한 역사적/자연적/중립적 교설의 상대적인 사라짐으로, 이러한 교설은 조성적tonal

세계와 무조성적atonal 세계의 이론으로 교체되었다. 이러한 이론—언뜻 보기에 상당히 결정론적으로 여겨지는—의 평가는 향후에 또 다른 주해에서 이루어져야 할 것이다.

변화를 위한 가능적 위치로서의 이질적 상황들의 교차라는 이 발상에서, 우리는 바디우의 저작에서 다시 표면으로 올라오는 늙은 두더지를 발견하게 되며, 언제나 그랬듯이 늙은 두더지는 철학적 분석을 위한 규정들을 고지한다. 실재적이지만 인식되지 않은 교차들에 주의를 기울이는 것, 거기서 사유와 변화가 시작될지도 모르는 것이다.

사건과 개입

추가 분량의 우발성: 역사의 비실존

바디우는 일반적인 역사란 없으며 오직 특정한 역사들 또는 역사적 상황들이 있을 뿐이라고 선언한다. 이러한 테제의 직접적인 귀결은 사건들에 어떠한 기초도 없다는 것, 즉 사건들을 생산하는 기원적 상황이란 없고 또한 사건들은 어떠한 특정 상황도 원천으로 하지 않는다는 것이다. 사건들이 어떠한 상황에도 귀속되지 않기에, 바디우는 사건들을 존재-로서의-존재가-아닌-것that-which-is-not-being-qua-being의 범주에 들어가는 것으로 분류한다. 그렇기에 수학적 존재론은 사건들에 대해 이야기할 수 없으며, 바디우는 사건 개념에 대한 자신만의 고유한 철학적 구축에 착수해야 한다. 조건들의 교설에 따를 때, 철학적 구축은 예술, 과학, 사랑, 정치에서의 급진적인 변화의 절차들에서 모습을 드러내는 새로운 사유를 분석함으로써 시작된다. 따라서 바디우의 사건 개념을 검토할 때, 그 개념이 〈주사위 던지기는…A Cast of Dice…〉*이라는 시의 형태를 취하는 말라르메의 '시의 혁명'에 대한 그의 분석에 의해 조건 지어짐을 기억할 필요가 있다.

사건의 첫째 특징은 그것이 국지적이며, 어떤 상황 전체에 걸쳐 일어나는 것이 아니라 사건의 자리라는 상황의 특정한 지점에서 일어난다는 점이다. 둘째 특징은 그 절대적인 우발성con-tingency, 곧 사건의 발발을 규정하는 것은 아무것도 없다는 것이며, 사건의 자리의 실존은 필수적이지만 불충분한 조건이라는 것이다. 바디우는 여기에 결단주의적인 변화의 이론들에서 나타나는 오류를 가져다 놓는데, 그러한 이론들은 사건의 자리의 실존과 변화의 실존을 혼동한다. 사건의 셋째 특징은 그것이 상황에 귀속되는지 아닌지 결정불가능하다는 것이다. 분명히 사건은 상황에 귀속되지 않는다는 반대 의견이 나올 수도 있겠지만, 외연공리에 따를 때 어떤 다수가 상황에 귀속되는지 아닌지를 결정하려면 그 원소들을 조사해야만 한다. 만일 사건의 원소들을 조사한다면, 우리는 사건이 사건의 자리의 모든 원소를 담고 있지만―그리고 이 원소 중 어느 것도 최초의 상황에 귀속되

---

* 보통 〈주사위 던지기〉라는 제목으로 알려진 말라르메의 시. 이 문구는 시의 첫 행에서 나온 것으로 원래 문구는 "주사위 던지기는 결코 우연을 폐하지 않으리라Un coup de des jamais n'abolira le hazard"이다.

지 않으며, 이것만큼은 확실하다―또한 그 자체를 즉 그 자체의 이름을 담고 있음을 알게 된다. 이것이 사건의 넷째 특징인 재귀성reflexivity이다. 어떤 사건을 식별하고―사건의 원소들을 조사함으로써―그것에 귀속된 것을 결정하려면, 우리는 이미 사건을 식별했어야만 할 것인데, 왜냐하면 사건은 그 자체의 원소 중 하나이기 때문이다.

이는 사건이 존재론의 외부성이 된다는 점에 대한 깔끔한 형식적 해결책이다. 다수들의 자기귀속self-belonging은 러셀의 역설로 귀착되며, 토대공리axiom of foundation에 의해 간접적으로 금지되어 있기 때문이다. 이에 따라 사건은, 그 구조가 존재론의 담론을 위한 불가능성의 지점을 이루는 이상, 존재-로서의-존재가-아닌-것의 범주 속으로 접합된다. 사건은 이런 방식으로 바디우의 담론적 배치 전반에서 그 자체의 자리를 찾게 되지만, 이 재귀성의 구조가 무엇을 의미하는지 이해하는 문제는 또다른 사안이다. 이 문제는 향후에 다시 다루게 될 것이다. 상황의 관점에서 보자면 사건이 있는 것인지 아닌지를 결정하기 위한 기준은 없다. 사건은 순전하게 이례적인 일이거나, 다른 상황에서 우연히 일어나는 사고이거나, 또는 상황 자체의 기이한 생산물인 것이다. 결과적으로 하나의 현시된 다수로서의 사건에는 고정 장치가 없으며, 그래서 어떠한 일관성도 없다. 현상학적 언어를 사용하는 한 드문 사례에서 바디우는 사건이 나타나자마자 즉시 사라질 운명에 처해 있다고 말하는데, 이것이 사건의 여섯째 특징으로, 사건은 실존적으로 연약하며 덧없는 것이다.

이러한 특징 모두가 우연의 등가물로 그려지는 사건에 부합하는 듯 보인다. 만일 한 사건이 어떠한 상황에도 귀속되지 않는다면, 그것에는 하나의 원인이 할당될 수 없으며, 따라서 라이프니츠의 충족이유율principle of sufficient reason을 위반하게 된다. 그러나 이는 정확한 이야기가 아니다. 개념적으로 말하자면 우연은 추론적인 통계의 상황에 귀속되는 것으로 계산되고 제시될 수 있으며, 무엇보다 레이 브래시어는 컴퓨터 프로그램이 특정한 알고리듬을 실행하여 임의의 수randomness를 생성해낼 수 있다고 주장한 바 있다.[18] 〔하지만〕 사건에서 관건이 되는 특정한 형태의 우연은 라캉이 《세미나 11》에서 빗겨간 만남missed encounter이나 기능장애의 분출irruption of dysfunction로 재작업한 아리스토텔레스의 튀케tuche 범주에 의해 포착되는 것이다.[19] 그러니까 사건은 새로운 존재자의 출현이라기보다는 상황의 피륙을 찢어서 벌려놓는 것이다. 사건은 모호한 것이며 아무것도 정립하지 않는다.

그런데 우리는 이러한 사건의 재귀성을 어떻게 이해할 수 있을까? 바디우가 드는 예는 언제나 정치적인 것들이다. 그는 프랑스혁명 그 자체의 역사적 과정에서 어떻게 사건의 이름—'혁명'—이 유효한 통합적 원소가 되는지 이야기하며, 생쥐스트의 "혁명이 얼어붙었다"라는 발언을 그러한 자기귀속의 전형적인 사례로 언급한다. 《세계의 논리》에서 그는 '3월 18일'과 파리코뮌 시기에 그날이 담당한 역할을 이야기한다. 사건의 재귀성은 또한 사랑의 진리절차에서도 쉽게 상상할 수 있는데, 두 연인의 첫 만남은 그들의 사랑의 실천을 통해 연장되고 확장될 수 있는 이상 그 만남 속에서 하나의 근본적인 원소를 형성한다. 이것이 정확히 '첫눈에 사랑에 빠지는 것'이 의미하는 바이며, 그것은 사랑이 의미하게 될 무언가에 대한 완전한 지식이나 경험이 아니라, 순전한 사실성에 대한 분석이나 흡수의 불가능성으로, 곧 두 연인을 함께 묶는 만남의 단독적인 운명인 것이다. 과학적 사건이나 예술적 사건의 재귀적 구조는 그만큼 직접적으로 분명하지는 않다. 뒤샹의 소변기는 현대 예술의 장에 어떻게 귀속되는 것일까?[20]

사건의 재귀성은 어떤 기원적인 연극성을 함의하는데, 사건은 스스로 무대에 올라 그 자체를 알리며, 그 자체의 내부에서 주장한다. 사건이라는 개념이 한 편의 시─말라르메의 〈주사위 던지기는…〉─에 의해 조건 지어지는 이상, 그것의 해석은 [《아이네이스》라는] 다른 시에 의해 조건 지어질 수 있다. 아이네아스는 안개 속에 몸을 숨기고 신흥 도시 카르타고에 숨어든 비밀스러운 여행자로서, 한 신전에서 자기 삶의 일부인 트로이 전쟁과 트로이의 패배를 이야기하는 청동제 장식띠 모양의 현액bronze frieze을 마주하게 되는데, 거기서 그는 전투에 임한 자신의 모습을 재현해놓은 상을 보게 된다.[21] 이렇게 그는 함대가 궤멸되어 낯선 이국의 해변으로 떠밀려오게 된 지금의 곤경을 초래한 재앙의 재현을, 다시 말해 자신의 항해와 운명을 향한 자신의 태도를 통해 그것의 직접적인 연장이자 지속이 된 곤경을 초래한 바로 그 기원적인 재앙의 재현을 대하게 된 것이다. 《아이네이스》

의 전반부는 트로이의 패배라는 재앙적 사건의 연장을 소개하는 데 바쳐지는데, 이 사건은 단 하룻밤의 화재로 그친 것이 아니라 집을 잃고 강제로 달갑지 않은 방랑 생활에 들어가게 된 사람들 전체의 운명에 영향을 미친 재앙이었다. 그 연장된 재앙을 이루는 한 원소는 영웅이 그 재앙의 부분을 표현하는 예술 작품을 우연히 보게 된 마주침이며, 이어지는 부분들은 연회장에서 디도Dido에게 자신의 항해에 대해 말해주는 아이네아스의 이야기를 통해 제시된다. 시의 전반부 내내, 아이네아스는 이 재앙에서 벗어나지 못한다. 그는 그 재앙 속에서 살아가며, 지속적으로 그 재앙을 통해 나타내진다.

만일 우리의 바디우 해석이 《아이네이스》라는 서사시의 유적인 진리절차의 부분에 의해 조건 지어진다면, 우리는 사건이 재귀적인 것은 그것이 재앙이기 때문이라고 주장할 수 있을 것이다. 실제로 한 사건이 진정으로 상황을 중단하고 기능장애를 야기할 수 있으려면, 사건의 모호한 동일성의 현존이 어떤 방식으로든 집요하게 지속되어야 한다. 사건을 분석하고 완전히 이해하기 위한 시도들이 아니라면 이 모호함은 다른 어떤 것에서 되풀이되겠는가? 바로 이 재귀적 구조에 의해 좌절감을 맛보는 시도들에서가 아니라면 말이다. 지식은 이러한 다수를 가공할 수 없고, 어떠한 분해나 재구성도 그것을 해석할 수 없으며, 이러한 그 자체 내부에서의 집요한 지속insistence이 바로 바디우가 **초일자**ultra-One라 부르는 것이다. 나는 그것을 재앙의 **동일한-동일자**the Same-Same라 부를 것이다.

약간 성급하게 앞서 나가자면, 이 재귀적 구조는 지식을 가로막을 뿐만 아니라 지식을 자극하여 지식의 범주들을 재발명하도록 하기도 한다. 만일 사건이 어떤 종류의 다수인지 알기 위해서는 어떤 것인지 이미 알고 있어야만 한다면, 사건의 정체성은 우리가 명백히 아직 가지지 못한 지식의 획득에 달려 있게 된다. 하지만 이 지식을 가지게 될 때, 우리는 사건의 재귀적 구조로 인해 이미 그 지식을 가지고 있을 것이다. 즉 사건이 어떤 것인지 알려면 그것이 무엇으로 이루어졌는지 이미 알고 있어야 한다는 것이다. 이 기이한 전미래 시제future anterior의 논리가 바로 유적 절차 및 상황에 귀속된 사건의 귀결들에 대한 그러한 절차의 조사들에서 나타나는 논리이다. 사건의 구조가 이미 이 논리를 규정하고 있다는 사실은 사건의 정체성이 변화의 절차를 통해 각각의 조사에 기초하여 사후적으로 규명될 것임을 나타낸다. 이 기묘한 다수는 상황 전반으로의 확장을 통해 정체성을 얻게 될 것이다. 프랑스에는 모든 공립학교 정문 위에 새겨진 자유, 평등, 우애라는 금언에 따라 학생을 가르치기 위해 노력하는 고등학교 교사들이 있다. 이 교사들은 교육의 장에서 프랑스혁명이 어떤 것인지, 그것에 어떤 결과가 수반되었는지에 관한 답을 찾기 위해 여전히 노력하고 있다. 프랑스혁명은 아직 종료된 것이 아니다. 무기를 들어라, 시민이여Aux arme citoyens! 혁명은 아직 끝나지 않았다.

그러나 그러한 조사enquiry가 있으려면, 그리고 사건의 정체성이 사후적으로 지정되려면, 우선 그 조사는 어느 정도의 일관성을 얻어야 하며, 사건의 귀속에 관한 결정이 내려져야 한다. 바디우는 사건을 상황에 귀속된 것으로 명명하지만 그럼에도 사건의 사건성을 무효화하지 않는 모든 절차를 "개입"이라고 지칭한다.

개입과 사건의 자기명명

개입intervention은 사건을 기표로 고정시켜 망각으로부터 구원하는 도박이다. 개입은 사건을 상황으로 향하도록 하며, 사건을 명명하여 언어적 유통 속으로 끌어들인다. 그렇게 하면서도 사건의 사건성을 축소시키지 않기 위해, 사건의 이름은 상황 속에서 현시되는 다수들로부터 유래할 수 없으며, 오히려 현시되지 않은 다수들 혹은 공백으로부터 유래해야 한다. 달리 말해서 개입은 사건의 자리를 이루는 한 원소를 가지고 사건을 명명한다(BE, 204). 상황과 그것의 상태의 관점에서 볼 때 이 이름은 비식별적indistinct인데, 왜냐하면 그 이름이 상황에 귀속되지 않기 때문이다. 그것은 하나의 고유명이 아니며, 따라서 그것이 명명하는 것은 식별적인distinct 존재자가 아니다. 그러므로 상황의 입장에서 사건은 하나로 셈하기의 법칙 아래 떨어지지 않으며, 요컨대 그것은 하나의 통합된 구조를 지닌 다수가 아니다. 상황의 상태의 관점에서 사건의 명명은 어떠한 재현의 법칙과도 대응되지 않는다. 즉 이 명명을 규제하는 규칙은 없다. 이러한 명명의 불법성에서 오는 직접적인 귀결은 개입이 사건의 결정불가능성을 완전히 가라앉히지는 않는다는 것이다. 누군가가 개입의 귀결들을 탐험할 때마다 매번 개입과 사건이 상황 내부에서 일어났음을 다시 결정해야만 할 것이며, 개입과 사건의 유효성은 추가적인 평가를 요구한다. 결과적으로 사건에는 영웅이 있을 수 없고, 개입은 한 번에 완전히 상황에 대한 사건의 귀속을, 따라서 상황의 전환을 보장하지 않는다. 이러한 성질은 바디우의 변화의 철학 내부에서 들려오는 독수리의 목소리의 가능적 재등장에 있어 근본적이지만, 추가적인 동물 비유는 나중으로 미루자. 상태(국가)의 입장에서 볼 때 비식별적인 이름이 사건의 자리와의 관계 속에서 모습을 드러냈으나, (여기서) 둘 사이의 연관은 완전히 불명확하게 남아 있다. 게다가 상태가 다양한 재현적 기제를 동원하여 상황의 현시된 다수들을 배치하고 여러 종류의 순서를 정립하는 것인 이상, 고정된 장소를 갖지 않는 사건의 위치는 오로지 방향을 정하지 않고 이동하는 방랑적인 다수 혹은 '편력하는errant'* 다수의 위치이며 따라서 오로지 임의적인 것으로 설명될 수 있다. 뿐만 아니라 사건은 심지어 다수가 아니라 일종의 중간휴지interval, 비식별적인 이름과 현시되지 않은 다수들 간의 미결정suspense의 순간이다. 만일 상태가 이 유동적인 예외anomaly에 대응할 능력이 있다면, 그것은 오직 어떤 외부적 작인이 이름과 (사건의) 자리 사이의 수수께끼 같은 연관 이면

---

* 지은이는 여기서 erring(잘못을 저지르는)이라고 썼지만 논의의 맥락을 볼 때 errant(편력하는, 방황하는)가 맞는 것 같다. 또 errant라는 말에 '잘못된', '정도를 벗어난' 등의 의미가 들어 있기도 하다.

에 놓인다고 주장해야 할 것이다. 물론 바디우는 책임은 상태에 외부적이지만 상황에는 내부적이라고 논변하며, 그러므로 그의 비판 대상이 될 것은―《주체의 이론》에서 그렇듯―있는 그대로의 구조가 아니라 상태라는 특정한 형태의 구조이다.

마지막으로 바디우는 개입이라는 개념을 발전시킴에 있어, 상태 또는 상황 속에 있는 어떠한 자원도 현시나 재현의 법칙들로부터의 감산을 떠받칠 수 없음을 고려하여, 어떻게 불법적인 명명이 가능할 것인지 묻는 결정적인 질문을 제기한다. 개입의 가능성을 토대 짓는 것이 사건일 경우, 바디우에게 이에 대한 유일한 해답은 하나의 새로운 사건은 오직 이전의 개입과 그 귀결들의 관점에서 볼 때만 사건으로 인식될 수 있다는 것이다. 바디우가 전범적으로 드는 예시 중 하나는 파리코뮌이라는 사건에 대한 레닌의 충실성과 공산주의 정치에 있어 그 충실성의 영향이다. 요컨대 바로 이 충실성이 레닌으로 하여금 1917년의 시민적 소요 사태를 혁명의 계기로, 하나의 새로운 사건으로 인식하게 했던 무엇이다. 우리가 여기서 대하게 되는 것은 《주체의 이론》에 나오는 구조적 변증법의 주기화의 다른 형태이다. 즉 개입들이 역사성을 토대 짓는다. 불만족스러울 정도로 짧은 한 여담에서 바디우 자신이 언급하는 것처럼, 시간성의 이론―정연한 순서로서가 아닌 미분화微分化로서의 시간의 이론―은 어떤 것이든 그 자체로 두 개입 간의 차이에 기초한다. 통상 《존재와 사건》은 역사를 어떤 방향이 정해진 전체성으로 보는 마르크스주의적 역사 구상의 분쇄를 실행하는 것으로 읽힌다. 앞에서 언급한 것처럼 **역사**는 없으며 오직 역사적 상황들만이 있는 것이다. 하지만 바디우가 여기서 허용하도록 강제되는 것은《주체의 이론》의 역사화된 변증법을 밀접하게 닮은 역사적 상황의 시퀀스들이다. 우리에게 전체로서의 역사는 없으나, 확실히 긴 역사적 계열들에 대한 구상은, 즉 단지 국지적인 것이 아닌 지역적인 regional 역사들에 대한 구상은 있다. 지역화regionalization의 힘에 대한 탐구는《세계의 논리》에서 하나의 명시적인 관심사가 된다는 점에 유의하도록 하자.

정확히 바디우가 정치와 같은 특정한 영역 내부에서 역사적 시퀀스들이 연결됨을 인정할 때, 변화에 대한 그의 이론화에 친숙한 목소리 하나가 다시 나타난다. 부엉이의 목소리가 말이다. 부엉이는 먼 거리를 두고 변화를 조망하는 시야를 향유하며 변화의 발현과 형태들에서 패턴이나 불변항을 찾는다. 부엉이의 관점에서 볼 때 사건의 발생은 확실한 것인데, 이는 사건이 특정하게 예상가능하거나 모든 곳에서 자주 일어날 수도 있기 때문이 아니라, 과거에도 발생했고 앞으로도 발생할 것이기 때문이다. 무엇보다, 멀리서 바라볼 때, 개입에 의해 시작된 전환의 과정들은 어떤 새로운 상황의 생산으로 향하며, 그 새로운 상황의 특징들은 어떤 측면에서 그 과정의 결과이다. 여기서 우리가 한 목소리 속에서 또는 바디우가 제시하는 변화의 사유의 한 흐름 속에서 감지하기 시작하는 것은 생성genesis 이론의 유령, 곧 구성 이론의 유령이며, 이는 정확히 여러 주해자가 그의 집합론적 존재론에 빠져 있다고 느끼는 것이다.[22] 만일 부엉이가 독수리나 늙은 두더지 같은 다른 목소리들 위로 올라갈 방법이 있다면, 생성 이론—질베르 시몽동에 따른?—은 어쩌면 바디우 철학의 논리적 연장임이 드러날지도 모를 것이다. 우리는 유적인 진리절차의 해석이 완료된 이후에야 이 목소리 중 어느 것이 다른 목소리들보다 우위에 서게 되는지 결정하게 될 것이다. 하지만 이 해석을 시작하기 위해, 먼저 개입과 그것이 촉발한 반대들에 관한 논의를 마무리해야 한다.

그가 급전환을 실행하는 매우 드물지만 귀중한 순간 중 하나는 2001년에 출간된 《윤리학L'éthique》 영어 번역판의 〈서문〉에서 그리고 2006년에 출간된 《세계의 논리》에서 개입에 대한 자신의 이론을 철회한 것이다. 후자에서 바디우는 사건의 자리와 개입에 관한 질 들뢰즈, 장프랑수아 리오타르, 장뤽 낭시, 장투생 드장티의 비판들이 자신에게 이 두 개념의 정식화에 함유된 문제들에 대해 경고했으며, 이로 인해 사건과 사건의 자리를 융합하는 방식으로 생각을 수정하게 되었다고 밝힌다. 특히 리오타르의 비판은 바디우의 변화 이론에서 결단주의의 출현에 관한, 다시 말해 일종의 슈미트적 의지론voluntarism의 출현에 관한 우려를 표명했다. 카를 슈미트에게 있어 주권자sovereign는 예외적 정황들에서 결정을 내리는 행위를 통해 구성되는데, 리오타르의 관점에서 이는 정확히 〔바디우가 말하는〕 개입에서 일어나는 무엇이며, 거기에는 어떤 예외적인 원소의 귀속에 관한 결정을 통해 주권sovereignty을 획득하는 선험적 작용이 있다는 것이다. 하지만 바디우의 이론에서 주체는 사건 이후에 오는 것이며, 따라서 사건에 선행하는 '선험적 작용'은 결코 있을 수 없다. 그러나 리오타르의 반대 의견은 어떤 방식으로든 유지된다. 만일 사건이 '불법적인' 절차를 통해 명명된다면, 바디우 자신의 용어로 할 때 "불분명한 선험적 구조"가 가정되어야만 한다.[23] 그리고 앞에서 언급된 해답—이전의 충실성에 충실한 주체가 사건을 명명한다는—을 채용하여 새로운 사건의 주체들이 〔사건에〕후행적이라고 강변한다면, 우리는 여전히 개입이 새로운 주권자의 구성을 묘사한다는 반대 의견을 제시할 수 있다. 구조적 제약이 부재하는 가운데, 어떤 예외적 사건에 대한 각각의 결정은 순수한 의지 곧 주권적 주체의 출현을 표시한다.[24] 내가 보기에 이는 바디우의 변화 이론에서 독수리의 헤게모니를 표시한다. 하지만 두 가지 이유로 인해 이 둘째 반대 의견은 실패한다. 첫째 이유는 유적인 진리절차의 전개에 관한 구조적 제약들이 있다는 것으로, 말하자면 사건에 연결되지 않았고 따라서 그 귀결 중 하나를 형성하지 않은 다수들과 강제의 절차가 마주치는 일이 가능하다는 것이다. 그러므로 유적인 절차는 그저 의지만의 표현일 수 없으며, 이러한 논변을 이후에 다시 한번 다루게 될 것이다. 둘째 이유는 그러한 사건 이후에 오는 주체들은 영웅적 개인들이 아니며, 오히려 개인들 사이에 그리고 개인들을 통해 일어나는 조사들과 실천들이 중요하다는 것이다—정치적 주체는 개인이 아니라 회합이나 팸플릿 또는 항의 집회이며, 사랑의 주체는 동거 생활이나 질병의 극복같이 두 개인 사이에서 일어나는 무엇이라고 바디우는 말한다. 주권은 통일성을 전제하는

데, 유적인 절차에는 단순한 통일성이 있을 수 없다.

　그러나 바디우가 문제가 된다고 인식하는 것은 일종의 이차적인 기적적 사건으로서의 개입만이 아니다. 그는 사건의 자리도 그 형식화에 있어 곤란함이 입증된다고 인정한다.[25] 《세계의 논리》에서 제시되는 [사건의 자리의 난점에 대한] 그의 해결책은 세 가지 범주를 모두 융합하는 것이다. 말하자면 사건은 어떤 특정한 종류의 자리가 되며, 사건 그 자체는 세계의 논리적 구조에 영향을 미치고 흔적을 남긴다. 자신의 이론에 대한 이 재구성에 있어 가장 까다로운 측면은 다시 한번 [사건의] 자리의 자기반영성self-reflexivity이다. 그의 새로운 용어로 말하자면 어떤 다수에 속한 각각의 원소는 특정한 세계에 내재하는 나타남appearance의 강도의 선험적 등급으로 지시된다. 어떤 한 자리의 경우에, 그 원소들 각각이 어떤 강도의 정도에 지정될 뿐만 아니라, 그것의 존재 전체가 나타나고 [그 정도에 따라] 지시되는 것이다. 달리 말해서 [사건의] 나타남을 떠받치는 어떤 자리의 존재—그것의 순수한 다수성—는 그 자체로 강도들의 장에서, 즉 동일성과 차이의 관계들로 이루어진 장에서 나타난다. 바디우는 [사건의 자리] 개념이 모호함을 인정하고, 즉각적으로 그 개념을 예증하기 위해—앞서 이야기한 것처럼—자기반영성이 일종의 자기명명으로서 발생하는 사랑의 예시에, 그리고 어떤 자리의 이름이 그 자체를 하나의 다수로 펼쳐냄에서 역할을 담당하게 되는 정치의 예시에 의지한다. 어떤 의미에서 사건의 재귀성 [반영성] reflexivity은 《존재와 사건》에서 이미 일종의 자기명명으로 사유되고 있다. 엄격하게 말해서 사건을 사건의 자리 X에서 유래한 어떤 하나의 다수 x로 명명하는 것은 개입이다(BE, 204). 하지만 사건 그 자체가 자기반영적 구조를 지닌다―즉 그 수학소math-eme는 $e_x = \{x \in X, e_x\}$이며, 여기서 e_x는 사건, X는 사건의 자리, x는 사건의 자리의 원소들이다.* 게다가 개입이라는 개념을 발전시키기에 앞서, 바디우는 사건이 가진 "명명의 힘"에 대해 이야기한다(BE, 182). 여기서 그가 언급하고 있는 것은, 상황의 관점에서 볼 때 어떤 이유로 사건을 사건의 자리의 공백 속으로 사라지지 않도록 막는 유일한 것은 사건(e_x)이 그 자체를 사건 자체와 사건의 자리($x \in X$) 사이에 놓는 배치가 되는지에 관한 것이다. 달리 말해서 사건은 단지 사건의 자리의 원소들로만 이루어지는 것이 아니라―그럴 경우 그것은 상황의 관점에서 손쉽게 외부적인 사고accident로 기각될 수 있다―사건 그 자체로도 이루어진다. 이는 내가 앞에서 이야기한 재앙의 구조 또는 계속되는 기능장애이다. 만일 사건이 그 자체를 명명할 수 있다면, 우리는 사건과 개입이 이미 《존재와 사건》에서도 서로 융합되어 있었다고 주장할 수 있다.

그러나 바디우가 역사와 정치에 관해 드는 예시를 생각해보

---

* 지은이는 사건의 수학소를 $e_x = \{e_x / x \in X\}$로 표기하지만 원래 바디우가 《존재와 사건》에서 제시한 것은 $e_x = \{x \in X, e_x\}$이다. 이 수학식의 의미는 사건 e_x는 사건의 자리의 원소와 사건 그 자체를 원소로 갖는다는 것이다.

면, 오로지 무언가 예외적인 일이 일어나서 우리가 아직 그 발발에 대한 설명이나 개념을 갖지 못했을 때, 어느 한 날짜—1871년 3월 18일* 같은 사건의 역사적 이름—는 그 날짜가 지시하는 기간 속에서 어떤 내부적인 동기 유발 요인이 됨을 알게 된다. 그러나 분명히 '냉전'은 그것이 명명했던 바로 그 시기에 〔세계를〕 체계화하는 유효한 역할을 맡았던 하나의 통합하는 기표였으며, 더욱이 정치사에 있어 하나의 예외적 기간을 나타낸다. 자기명명만으로는 분명히 하나의 자리가 바디우가 '유적인 진리절차'라고 부르는 그런 종류의 변화를 일으키게 될 것을 보장하기에 충분치 않다. 이런 이유로 바디우는 《세계의 논리》에서 사건의 식별identification을 위한 몇 가지 기준을 더한다. 어떤 한 사건이란 세계를 이루는 나타남의 논리에 대한 함의를 갖는 그러한 유형의 자리이다. 첫째, 자리-사건site-event은 나타남의 최대 강도를 가진다. 둘째, 그 나타남의 근본적인 귀결은 이전에 상황에 귀속되었으나 나타남의 강도를 보이는 데 실패한 다수—즉 비실존자inexistent—가 이제는 최대 강도의 나타남을 누리게 된다는 것이다. 파리코뮌의 세계에서 비실존자—귀속되지만 나타나지는 appear** 않는 다수—는 노동 계급의 정치적 역량이다. 3월 18일

---

* 파리코뮌 발발일.
** 이 '나타나다'라는 말은 주로 《세계의 논리》에서 사용되는 말이며, 《존재와 사건》에서는 이와 대응되는 '실존하다exist'라는 말을 주로 사용한다. 이 말은 재현representation과 관련하여, 상황 속에서의 현시는 '존재하다'와 관련하여 사용된다.

파리코뮌의 형성으로부터 오는 즉각적인 귀결은 프롤레타리아의 정치적 역량이 최대 강도를 달성하게 되었고, 이로써 유럽 정치의 세계에 영구적으로 남게 될 흔적을 남겼다는 것이다.

하지만 그것만으로는 구조적 변화를 위한 흔적을 남기는 사건이 일어나기에 충분치 않다. 바디우가 《존재와 사건》에서 자신에게 묻는 질문은 어떻게 한 사건의 귀결들이 탐험되고 유지되는 동시에 그 귀결의 사건적 본성을 보존할 수 있을 것인지에 관한 것이다. 그의 답은 하나의 매우 특수한 체계적 규율이 요구되며, 그것은 **충실성**fidelity이라 불린다는 것이다. 충실성이 하는 일은 상황의 아직 식별불가능한 하위다수sub-multiple의, 곧 유적인 다수generic multiple의 윤곽을 천천히 보여주는 것이다.

강제와 유적인 것

알려지지 않은 일관성의 실존

강제forcing와 유적인 것generic의 교설은 《존재와 사건》에서 바디우 기획의 핵심을 형성하며, 이를 다루는 부분이 책에서 가장 어려운 부분이다. 그럼에도 그 교설이 변화의 사유에 함축하는 의미는 당황스러울 정도로 단순하다. 상황 전체로부터 원소들을 하나하나 한데 모아내는 정합적 다수의 윤곽을 상황 내부에서 구성할 수 있는데—그것은 모든 것에서 약간씩을 취한다—그것은 전체로 보자면 전혀 알 수 없고 그 상황의 구성 요소들에 대해 가지고 있는 어떠한 지식과도 일치하지 않는다. 달리 말해서 무언가 저변에 깔려 있거나 혹은 상황 속에서 무언가 작동하고 있는 것이, 즉 무언가 구성적 실천을 통해 발견되어야 할 것으로 남아 있는 것이 있다. 요컨대 알려지지 않은 일관성이, 작동하지만 우리의 상상에는 여전히 생소한 것으로 남아 있는—정치, 과학, 예술, 사랑에서의—작업 방식이 있다.

하지만 이러한 일관성은 사건이 상황에 귀속되는 것으로 명명되는 즉시 한꺼번에 출현하지 않는다. 오히려 그것은 바디우가 "조사들enquiries"이라고 지칭하는 것으로부터 만들어지는 무한한 절차를 통해 차츰차츰 펼쳐진다. 조사는 상황에 속한 다양한 다수와의 마주침이며, 이를 통해 그것들이 사건에 연결되는지 아닌지에 관한 결정이 내려진다. 사건에 연결된 것으로 드러나는 그런 다수들은 서서히 한데 모아져 하나의 유적인 다수를 구성하게 되는데, 이것은 기존에 정립된 상황의 지식에 있어 분류될 수 없음에 의해 그 새로움을 알리는 상황의 부분집합이다. 즉 우리가 이 합성적 다수의 특징을 규정하기 위해 어떤 개념이나 범주를 사용한다 해도, 이 다수는 언제나 그 개념과 대응되지 않는 적어도 하나의 원소를 가지고 있다. 바디우의 관점에서 유적인 다수는 "어떠한 속성에 따른 식별로부터도, 적어도 그 지점 중 하나에 있어, 그 자체를 감산"해내며, 이런 이유로 그것은 식별불가능indiscernible하다고 말해진다(BE, 370). 어떤 실제적인 진리절차에서, 이러한 감산subtraction은 사건 이후에 이어지는 새로운 실천들과 사건의 약속을 포착해내지 못하는 오래된 관념들 및 실천들 사이를 가르는 끝없는 분열 과정으로 옮겨진다.

하지만 유적인 다수는 단순히 식별불가능한 것이 아니며, 또한 선택된 모든 개별 속성에 있어 유적인 다수의 모든 원소가 아니라 그중 일부가 선택된 속성을 가진다는 점에서 유적인 것이다. 수학적인 측면에서 지배domination란 한 가지 속성을 부정하는, 그러나 동시에 반대의 속성을 규정하는 다수이다. 즉 유적인 부분집합은 모든 지배를 교차하는―모든 지배의 일부 원소를 품고 있는―다수인 것이다. 그러므로 유적인 다수는 어떤 것이든 관계없이 모든 개별 속성에 대응되는 적어도 하나 이상의 원소를 품고 있으며, 말하자면 모든 것의 약간씩을 품고 있는 셈이다. 바디우는 다음과 같이 서술한다.

> 예술, 과학, 참된 (희소한) 정치, 그리고 사랑에서(만일 그런 것이 실존한다면) 일어나는 일은 당대에 식별불가능한 것을 빛으로 가져오는 것인데, 이 식별불가능한 것은 그 자체로 인식되거나 인정된 다수가 아니며 말할 수 없는 단독성도 아니고, 오히려 검토되는 집합적인 것의 모든 공통적 특징들을 그 다수－존재 속에 간직하는 것이다. 이런 의미에서 그것은 그 집합적인 것의 존재의 진리이다. (BE, 17)

이에 따라 바디우는 철학의 저장고에 진리에 대한 한 가지 새로운 정의를 더하게 된다. 상황의 진리는 조사들을 수행함에 따라, 사건의 이름에 연결된 원소들이라는 사실로 인해, 다른 원소들로부터 점차 분리되어나가는 특정한 원소들로 이루어진 유적인 다수라는 정의를 말이다. 유적인 다수가—그것의 원소 중 일부가 어떤 속성을 가진다는 점을 감안할 때—포함적이지만 그럼에도—어떠한 속성도 그것을 하나의 전체로 분류하는 데 소용되지 않는다는 점을 고려할 때—식별불가능한 이상, 유적인 다수는 상황의 진리이다. 이런 이유로 바디우는 "충실성의 절차는 실존하는 지식을 가로지른다"고 기술한다(BE, 327). 그것은 지식의 어떤 숭고한 외부에서 일어나지 않으며, 오히려 각각의 범주를 뚫고 들어가 그 범주와 교차한다. 지나가는 길에 바디우는 바로 이것이 자신의 철학이 하이데거 철학, 분석철학, 그리고 주체에 대한 투사적 교설이나 임상적 교설의 범주들에 대해 실행하는 것이라고 주장한다는 사실을 지적해두자(BE, 2). 또한 알튀세르 자신이 (X와 Y가 완전히 상이한 것일 때) 'X는 Y의 진리'라는 정식이 헤겔 변증법의 원동력 중 하나라고 경고했다는 점을 상기해야 한다.[26] 우리는 "유적인 다수는 최초에 주어진 상황의 진리"라는 정식이 일종의 변증법의, 즉 변증법적 순서배열 sequencing의 동력이라는 입장을 고수할 것이다.

이러한 유적인 다수의 정의로부터 간직해야 할 가장 중요한 특징은 (유적인 다수가) 구분의 작용을 통해서뿐 아니라 또한 종합의 작용을 통해서도 구성된다는 것이며, 다시 말해 그 구성이 부정—이 다수도 그 다수도 아니다—을 통해서만이 아니라 단언—이 다수의 일부 그리고 다른 다수의 일부—을 통해서도 진행된다는 것이다. 결국 충실성의 유적인 절차는 아직 만들어지지도 않은 상품이 올려져 있으며 지나치게 번잡하여 끝없이 길어지는 쇼핑 목록과도 같은 것이다. 그러나 무엇이 이러한 선택과 종합의 절차를 인도하며, 어떤 다수가 사건에 연결되는지 아닌지를 결정하는가? 이는 유적인 진리절차의 일관성에 관한 질문에 다름 아닌데, 만일 유적인 진리절차가 기존 지식의 입장에서 식별불가능한 무언가를 펼쳐낸다면, 분명히 어떠한 지식 범주도 그 일관성을 보장하지 못할 것이기 때문이다―즉 기존 지식의 입장에서 볼 때 그것은 비일관적일 것이기 때문이다. 《존재와 사건》에서 바디우는 각각의 진리절차에서 하나의 충실성의 작용소가 출현한다고 주장한다. 앞서 언급했듯이 이는 철학이 품고 있는 이질적 영역으로의 추방 욕망philosophical desire for hetero-expulsion의 한 사례가 된다. 여기서 바디우에게는 어떤 유적인 절차의 일관성의 문제에 대한 일반적인 철학적 해결책이 없다―'충실성의 작용소가 있다'고 말하는 것 외에는 말이다. 물론 그에게 그러한 해결책은 있을 수가 없는데, 만일 그랬다면 철학은 식별불가능한 진리절차들의 다수성을 식별해내고 하나로 통합할 수 있는 입장에 있을 것이기 때문이다.[27] 그러므로 바디우에게 있어 각각의 진리절차가 그 자체의 일관성의 형태를 창조해낸다고 주장하는 것은 상당히 논리적이다. 그의 첫째 예시는 집합론적 존재론 자체의 과학적인 진리절차인데, 여기서 충실성의 작용소는 연역이다. 우리의 예시는 앨런 캐프로*의 작

★ 미국의 화가이자 아상블라주 예술가. 환경을 강조한 설치미술 및 비재현적 특성의 행위예술 분야를 발전시킨 이론적 선구자이다.

업, 그리고 또한 로베르 필리우와 벤 보티에 같은 플럭서스 운동 Fluxus movement*의 구성원들의 작업이 될 것이며, 이들은 예술의 장에서 마르셀 뒤샹의 레디메이드ready-made라는 사건에 대한 충실성을 발전시켜 그것을 하나의 예술 작품이 아니라 몸짓으로 구상한다. 그들의 조사 속에서, 충실성의 작용소는 레디메이드를 몸짓으로 보는 구상이다.[28] 이 충실성의 작용소의 전체적인 기능은 장차 도래할 알려지지 않은 예술 전체를 위한 잠정적인 이름으로 작용하는 것이며, 실제로 캐프로의 경우 예술과 삶 사이의 경계를 흐리는 거대한 다수의 잠정적인 이름으로 작용하는 것이다. 따라서 이 잠정적인 이름은 알려지지 않았지만 그럼에도 일관적인 다수의 다양한 표현으로서의 괴리적이고 때로는 고립된 예술적 실험들을 종합하여 하나로 결속해낸다.

요컨대 유적인 다수의 실존을 주장하는 것은 어떤 한 절차가 객관적이면서도 잘 알려진 보증의 결여 가운데 〔괴리적인 다수들을〕 하나로 뭉칠 수 있음을 주장하는 것이다. 장애물이나 방해, 동력 상실이나 반발, 다양한 조사의 지리적, 역사적 분리에도 불구하고, 조금씩 펼쳐지기를 기다리며 남아 있는 알려지지 않은 무한한 일관성이 저변에 깔려 있다. 그러나 이 펼쳐짐은 어떻게 일어나는가? 지식이 부재하는 가운데, 어떻게 우리는 사건과 관련하여 누군가가 이미 실행된 무언가를 단순히 되풀이하는

---

* 1960년대에서 1970년대에 걸쳐 지속된 국제적인 전위예술 운동.

것이 아님을 알 수 있는가?

강제, 주체의 작업, 보충 그리고 늙은 두더지

국지적인 수준에서 진리절차의 발생을 사유하기 위해, 바디우는 폴 코언의 수학으로부터 강제forcing라는 둘째 주요 개념을 철학에 들여온다. 강제는 도래할 새로운 상황에 관한 지식이 획득될 수 있도록 하는 작용이다. 이 새로운 상황은 "유적인 확장generic extension"으로 불리며, 이것은 최초에 주어진 상황에 그 자체의 유적인 부분집합이 그 상황의 원소 중 하나로서 보충되는 것에서 기인한다. 바디우는 강제라는 작용을 주체의 법칙law of the subject이라 지칭한다. 이 법칙은 만일 상황의 특정한 다수가 도래할 상황에 관한 언표와의 인식가능한 관계를 지닌다면, 그리고 만일 그 특정한 다수가 사건에 연결되어 있고 따라서 유적인 다수의 원소가 됨이 밝혀진다면, 그 언표는 도래할 상황에 관해 참된 것이 되어 있으리라는 것이다(유적인 확장). 이에 따라 강제는 새로운 상황에 대한 선행적 지식을, 곧 새로운 상황의 진리가 조사들의 가능성으로부터 유예되지 않는다는 조건 아래 있는 지식을 생산한다. 바디우가 강제라는 작용으로 제공하는 것은 새로운 지식의 국지적이고도 축적적인 생산에 대한 설명이다. 이것이 바로 그가 초기의 알튀세르적 연구에서 찾고자 했던 무엇이다. 지식의 생산에 대한 이론은 어떤 것이든 오류와 동어반복tautology 양자 모두로부터 지식을 구별해내기 위한 기준을 제공해야만 한다. 강제를 통해 생산된 지식의 경우, 바디우는 모든 언표가 강제될 수 있는 것은 아님을 엄격하게 규정한다. 어떤 언표들은 상황의 다수들 중 어느 것과도 인식가능한 관계를 갖지 않을 것이고, 다른 언표들은 상황의 모든 다수와 그러한 관계를 갖게 될 것이며, 오로지 단 하나의 특정한 종류의 언표만이 특정한 다수들과 관계를 맺고 다른 것들과는 맺지 않을 것이다.

강제는 바디우에게 있어 단지 지식의 이론만이 아니며, 또한 그의 주체의 이론이기도 하다. 단순히 《주체의 이론》에서 제시된 작업에서 앞으로 나아가는 것이 아니라, 바디우는 그러한 작업의 부분들을 《존재와 사건》에서 선택적으로 편입하여 수정한다. 여기서 '강제'로 다시 고쳐지는 것은 '주체적 과정subjective process'이다. 《존재와 사건》에서 주체는 진리절차의 한 조각이다. 다시 말해 주체는 일련의 성공적인 조사이며, 사건의 이름에 연결되는 다수들의 집합이다. 그러므로 어떤 정치적 진리절차에서 주체는 하나의 행위자가 아니라 일련의 회합, 팸플릿, 시위, 그리고 의회의 점유이다. 예술적 진리절차에서, 주체는 우연히 발생한 것happening일 수 있으며, 시 모음집 혹은 연작시일 수 있다. 사건에 연결되고 임의적인 시퀀스의 조사들 중에 마주치게 된 다수들의 집합으로서, 주체는 존재론의 범위 바깥으로 떨어진다. 그러므로 바디우와 관련하여 존재론은 주체의 존재를 사유할 수 없지만, 그럼에도 강제라는 주체의 작용은 사유할 수 있다. 하지만 다수들의 집합으로서의 주체의 존재와 강제는 서로 분리되지 않는다. 강제라는 특수한 심급은 바로 그 다수들의 집합을 생산하거나 펼쳐내는 어떤 것이다. 그러므로 강제의 근원이 될 수도 있는 주체의 존재의 일부를 위한 여지는 없다. 달리 말해서 바디우의 관점에서 볼 때 주체 내부에 개별적인 변화의 행위자란 없다. 주체는 오직 강제로서의 변화일 따름인 것이다. 바디우가 숙고 20에서 그렇게 하는 것처럼, 집합론적 존재론 자체를 하나의 진리절차의 예로 들자면, 이 절차 속에서의 주체는 칸토어 개인이 아니라 전례 없는 수학적 언표들의 연속으로서의 칸토어인 것이다. 주체는 변화의 작업 이면에 놓인 행위자가 아니라 변화의 작업 그 자체이다.

《주체의 이론》과《존재와 사건》사이에서 변한 것은 파괴의 역할이다. 짧은 자기비판을 수행하며―이는 전형적인 마오주의적 실천인데―바디우는 이전에 자신이 창조의 과정에서 파괴가 담당하는 역할에 대해 오해했다고 인정한다. 여기서 그는 파괴가 오직 정립된 위계들과 더 이상 정확하지 않은 가치의 진술들의 실존에 관련되며, 하나의 다수 자체가 변화의 과정에서 파괴된다는 것은 결코 사실이 아니라고 주장한다. 전체적인 층위에서 그 과정은 마오주의적 시기에 그랬던 것처럼 통일성의 분열이 되기보다는, 이제 최초의 상황에 그것의 식별불가능한 부분집합이 더해지는 느린 보충으로 이론화된다. 그 부분집합은 앞에서 언급한 것처럼 현시의 층위에 하나의 원소로서 더해진다. 이는 분명히 상황의 정립된 구조를 붕괴시키며, 유적인 다수를 원소로 수용하기 위해 그 구조를 고치는 완전한―그리고 점진적인―재작업을 요구한다. 게다가―이는 코언의 유적인 다수에 대한 수학적 재구축의 핵심 결과 중 하나인데―최초의 상황이 무한한 이상, 유적인 다수 역시 무한하다. 엄격하게 말해서 이는 유적인 진리절차가 영원히 끝나지 않게 되는 귀결을 수반한다―아무리 멀리까지 갔다 하더라도 아직 가야 할 길이 남아 있는 것이다. 그러나 이는 최초의 사건에서 오랜 시간 이후에 일어나는 어떤 한 조사가 진리절차가 시작되었을 때와 가까운 시기에 있었던 조사와 동일한 위치에 있다는 의미가 아니다. 철학에서, 혹은 심지어 니체에게서 '독일 관념론'이라고 명명되는 그리스 비극에 대한 조사들은 오이디푸스 3부작*으로 이루어진 조사와는 상당히 다른 입장에 있다. 초기 연구와 후기 연구를 가르는 것은 바디우가 주체언어subject-idiom**라 부르는 것의 출현이며, 이는 새롭게 보충된 상황의 실존으로부터 유예되는 준거대상과 관련된 새로운 이름들의 과잉으로 이루어진다. 이러한 언어idiom는 진리절차의 일관성을 강화하고 예시하고 전달하며, 구조의 수준에서는 바디우가 대항상태counter-state로 지칭하는 것을, 즉 사건에 연결되는 것으로 밝혀진 다수들의 재현들re-presentations 또는 재편들regroupings로 이루어진 집합을 구성한다. 주체언어와 대항상태는 강제의 언표들이 천천히 쌓이는 축적을 통해 이루어지며, 이 둘이 함께 진리절차의 전달이라는 문제에 대한 물질적 해결책을 제공한다. 진리절차의 열렬한

---

* 《오이디푸스 왕》, 《콜로노스의 오이디푸스》, 《안티고네》를 지칭한다.
** 이 말은 《존재와 사건》에 나오는 langue-sujet 또는 영어판의 subject-language를 지칭하는 것으로 보인다.

신봉자들을 위한 금욕적 입문 의식 같은 것은 없으며, 예컨대 새로운 서사극에 관한 가설들의 축적만이 있을 뿐이다. 이러한 변화를 점진적인 축적으로 또는 언표들과 이름들의 종합으로 보는 견해는 정확히 바디우가 마오주의 시기 이래 얼마나 멀리까지 이동했는지 보여준다. 변화의 원동력과 막다른 길의 회피가 오직 영속적인 분열―프랑스에서 좌파의 역사나 라캉주의 정신분석의 역사에서 너무나도 분명하게 읽어낼 수 있는 실천―을 통해서만 보장될 수 있었던 시기로부터 말이다. 바디우가 합의 consensus를 받아들이는 것은 아니며 오히려 이와는 한참 떨어져 있는데, 합의란 언제나 기존의 정립된 상황의 지식에 의지하기 때문이다. 충실성의 유적 절차는 분열의 작업으로 남지만, 그것은 또한 전례 없이 새로운 종합들을 통해 발전한다. 이러한 느리지만 쉼 없이 진행되는 상황의 보충이라는 모델에서 우리는 변화에 대한 바디우의 사유에서 다시 한번 그 경향과, 늙은 두더지의 목소리와 마주하게 된다. 이제 남은 것은《존재와 사건》에서 변화의 이론을 주도하는 것이 늙은 두더지인지, 부엉이인지, 아니면 독수리인지 살펴보는 일이다.

의지론의 문제

바디우의 변화의 이론에 거듭 가해지는 비판 중 하나는 앞서 언급한 것처럼 의지론이다. 이러한 반대의 변주 중 한 가지 형태는 진리절차가 어떤 제약들에 종속되는지에 대한 물음으로 시작되며, 윤리적 기준이 결여되어 있을 때 정치적 진리절차를 역사상

최악의 정치―특히 국가사회주의〔나치〕National Socialism나 스탈린주의―로부터 떼어놓을 수 있는 것이 아무것도 없다는 결론에 이른다. 바디우의 구상은 정치적 실천을 순전한 주체적 의지의 표현으로 간주하는 견해에 도달하게 된다는 것이다. 더구나 외부적인 관점에서 볼 때, 윤리적 기준의 결여로 인해 바디우의 철학은 변화를 위한 변화를 찬양하게 된다는 것이다. 이러한 반대 의견은 우리의 해석에 있어 유용한데, 왜냐하면 분명히 바디우는 그런 의견을 잘 알고 있고 그에 대응하여 자신의 이론을 형성해나가고 있기 때문이다. 그런 의견은 또한 도덕률을 통해 정치에 다가가는 접근법의 여러 전제를 농축하고 있는데, 이것은 정확히 바디우가 《윤리학》이라는 책에서 비판에 나서는 무엇이다.

바디우가 이런 종류의 반대 의견에 보이는 민감함은 자신이 제시하는 변화의 이론에 실제로 구성 요소로 들어가 있는 제약들의 수로도 어느 정도 측정될 수 있을 것이다. 그 제약들은 모두 다섯 가지인데, 첫째로 유적인 진리절차는 어떤 신화적 사건보다는 참된 사건으로 시작되며, 참된 사건이란 사건의 자리 내부에서 일어나는 사건을 지칭한다. 이는 바디우가 국가사회주의의 '혁명'이 사건이 될 요건을 충족하지 못한다고 볼 수 있게 해준다. 이 소위 국가사회주의 혁명은 정치적 상황의 불명확하고 배제된 영역에서 발발하기보다는 오히려 상황―독일 인민―내부에서 현시되어 있는 동시에 재현되어 있었던 이미 구성된 다수를 대상으로 삼았다.[29] 어쨌든 그러한 실격은 사건의 자리를 식별해내는 데 있어 사건의 현실적 발생이 아닌 다른 기준이 요구되는 이유를 시사한다. 둘째 제약은 충실성의 현실적 형태와 관련된 것으로, 여기서 바디우는 세 가지 상이한 유형의 충실성을 구별하는데, 교조적인dogmatic 충실성은 상황의 모든 다수가 그것들의 본성과 관계없이 사건에 연결된다고 주장하고, 자생주의적인spontaneist 충실성은 오직 사건의 자리 자체의 다수들만이 사건에 연결됨을, 다시 말해 사건에 대한 기원적 근접성에 대한 일종의 배타적 순수성을 그리고 이에 따른 전이의 불가능성을 주장하며(BE, 237), 유적인generic 충실성은 이들과 달리 다수들이 실제로 사건과 연결되어 있는지 여부에 대한 무지라는 전제로부터 출발하여 어떤 다수들은 〔사건에〕 연결된 것으로 드러나게 되리라는 도박을 통해 계속해나가는 것이다. 이는 우리를 진리절차에 관한 셋째 제약으로 이끄는데, 그것은 간단히 말해서 어떤 국지적 수준에서 특정한 다수들은 사건에 연결되지 않는 것으로 드러날 수도 있다는 것이다. 예를 들어 모더니즘 연극modernist theatre이라 불리는 유적 진리절차에 있어 충실성의 작용소가 메이예르홀트*가 선언한 대로 연극을 "집단적인 창조적 행위"로서 규정하는 연극의 정의라면, 관객을 연극적 경험으로부터 천천히 뽑아내는 예르지 그로토프스키의 작업**은 극한에 이

---

* 프세볼로트 메이예르홀트는 러시아 출신의 연극 배우, 연출가, 제작자이다. 관습에서 벗어난 연극 무대 장치의 실험을 통해 국제적으로 현대 연극에 큰 영향을 미쳤으나, 스탈린의 대숙청 시기에 희생되었다.

르면 더 이상 모더니즘 연극의 진리절차에 귀속되지 않는 것으로 드러난다. 이유는 그 집단—배우들로 구성된 극단이라는 집단—이 어떠한 특정한 공연보다도 이전에 그리고 그러한 공연과 독립적으로 실존한다는 것이다. 하지만 메이예르홀트의 충실성의 작용소는 모든 특정한 공연 내부로 일시적이지만 유일무이한 집단의 돌입을 명령한다. 비판자는 이런 방식으로 충실성의 작용소의 선택에 의지론이 들어 있다고 대꾸할 수 있겠지만, 그러한 작용소는 여러 주체에 의해 최종적으로 선택되는 것이 아니라 되풀이되고 전이되는 것이다. 어떤 한 충실성을 유적인 것으로 만들기 위해서는 한 번 이상의 조사가 요구된다. 넷째 제약은 강제의 효과들과 관련되는데, 바디우는 하나의 언표가 오래된 상황의 특정한 조건들을 지금까지 특권적이었던 입장들로부터 실격시킬 수 있음을 강조하기 위해 노력한다. 이를테면 연극적 공간이 더 이상 '네 번째 벽fourth wall'***이라 지칭되

** 예르지 그로토프스키는 폴란드의 연극 연출가이자 이론가이다. 연극 무대나 장치를 제거한 상태에서 배우와 관객의 교감을 중시하는 '가난한 연극'의 주창자로서 동시대 연극에 큰 영향을 미쳤다. 본문에 등장하는 "관객을 연극적 경험으로부터 뽑아내는 작업"은 그로토프스키가 표방한 가난한 연극의 특징과 관련한 표현으로 보인다.

*** '네 번째 벽'이란 연극에서 배우와 관객을 구분하는 관습으로, 관객은 배우를 볼 수 있으나 배우는 관객을 볼 수 없는 것처럼 배우들이 연극과 허구적 세계에 집중하는 것을 말한다. 말하자면 무대 장치에서 배경과 무대 좌우에 벽이 있고, 배우와 관객 사이에 보이지 않는 은유적인 '네 번째' 벽이 있다고 보는 것이다.

는 다수에 의해 지배될 필요가 없음을 말이다. 하지만 연극적 공간에 대한 대안적 견해들에 따른 실험이, 그리고 관객과 공연자들을 함께 결속하는 반복되는 시도가 필연적으로 네 번째 벽의 사용에 대한 완전한 억제를 수반하는 것은 아니다. 바디우는 이렇게 어떤 한 다수를 실격시키면서도 유지하는 것을 단독성을 보존하기saving the singular라고 지칭한다(BE, 406~407). 마지막으로 바디우는 《윤리학》에서 진리절차의 방침에 관한 다섯째 제약을 더한다. 그는 네 가지 진리 영역—사랑, 예술, 정치, 과학—각각에는 어떤 진리절차의 작용들로부터 감산되는 하나의 항이, 말하자면 명명불가능한 것unnameable이 존재한다고 주장한다.[30] 정치의 영역에서 그것은 사회적 유대social bond이며, 사랑의 장에서는 성적인 향유 자체이다. 만일 하나의 유적인 진리절차가 이항을 다시 명명하고 다시 만들어내기를 시도한다면 그 결과는 악evil이며, 바디우는 이것에 재앙이라는 이름을 붙인다.[31] 이러한 다섯 가지 제약의 존재는 우리의 규범적인 상대자를 설득할 수도 그러지 않을 수도 있다. 물론 바디우가 그러한 우려들에 내놓는 대답에 관한 메타적 제약meta-constraint은 진리절차의 유적인 성격genericity에 관한 내재적인 구조적 제약들을 고안할 필요가 있다는 것이다. 상황들의 무한성과 변화의 식별불가능성에 대한 바디우의 헌신은 그가 어떤 하나의 선험적 도덕률이나 혹은 사회적으로 근거 지어진 이념적 정치 활동의 모델을 구성하지 못하도록 막는다.

하지만 의지론에 대한 비난은 또 다른 물음을 제기하는데,

그것은 특히 바디우가 루소의 일반의지 개념에 의지하여 정치에 있어서의 유적 다수에 대한 철학적 해석을 제공한다는 점을 고려하여 제시되는 의지의 개념화에 대한 물음이다. 바디우의 유적인 진리절차 개념에서 의지가 드러난다는 문제에 관한 조사는 어떤 것이든 먼저 의지라는 개념에 대한 니체의 비판과 사용을 통과해야 한다. 심리학적인 자유의지 개념에서 니체가 비판하는 표적은 그 개념이 행동가와 행위 사이의 명백한 분리를 상정하며, 복잡하고 알려지지 않은 유기적 인과성의 연쇄를 단순한 원인—자유로운 행위자 또는 의지—과 효과—의도된 작용—로 단순화한다는 점이다. 이 비판을 변화에 대한 바디우의 구상 쪽을 향하도록 돌려놓는 것은 통일된 자기동일적 변화의 작인을 가정하는 데 집중될 것이다. 바디우의 주체 개념이 변화 자체의 일부가 아닌 그 어떤 통일된 실체entity도 배제한다는 점은 명백하다. 하지만 진리절차에서 발견되는 것은 진리절차의 펼쳐짐을 통해 무언가가 작동한다는 가정이다. 이는 정확히 니체가, 정신적 사건들을 연결하며 인간의 의식을 통해 작동하는 알려지지 않은 인과성의 연쇄들에 직면할 때, 우리가 상정해야 한다고 주장하는 무엇이다. "인간은 하나의 고독한 개별자일 뿐아니라 전체적인 유기적 세계 내에서 하나의 특수한 계통이기도 하다."[32] 니체에게 있어 인간의 극복은 최초에 '의식'과 '목적'이 단순한 부수 현상일 뿐이며 그것들을 통해 무언가 다른 것—궁극적으로 권력에의 의지—이 작동하게 된다는 것에 대한 인정에 의해 일어난다. 바디우의 진리절차들의 맥락에서, 알려지지 않은 일관성의 실존에 대한 도박은 휘포케이메논hypokeimenon 혹은 기체substrate를 상정하는 것에 상당하는데, 이는 라캉이 무의식을 임상적 증상들과 관련하여 사유하기 위해 선택하는 용어이다. 하지만 하나의 통일된 실체가 누군가의 모든 행동의 원인이라는 가정과 저변에 깔려 있는 무언가가 앞으로 발견되고 표명될 것이라는 데 돈을 거는 도박 사이에는 차이가 있다. 어떤 유적 절차에서 휘포케이메논을 상정하는 것과 니체의 "전체적인 유기적 세계 내에서의 계통" 혹은 아리스토텔레스의 기체로서의 순수한 물질 사이의 차이는 유적 다수가 강제를 통해 지식에 접근가능함이 입증될 것이라는 점이다. 어쨌든 니체와 바디우에게 공통적인 것은 행동을 구성으로가 아니라 저변에 깔린 무언가의 표현으로서 인식하는 사유의 체험적heuristic 계기이다. 실제로 바디우는 어떤 진리절차 속에는 "알려지지 않은 것의 법칙이 있다"고 말한다.[33] 즉 사건에 연결된 다수들의 확인은 동시에 그러한 다수들의 지위를 훨씬 더 큰 무언가—유적 다수—의 환유들로 인정하는 것이기도 하다.

표현에 대한 그러한 사유의 출현은 존재론의 수준에서 중요성을 갖는다. 바디우는 단순히 니체의—혹은 심지어 들뢰즈의—표현의 존재론을 무한한 다수성을 사유하라는 명령을 완수하지 못하는 존재의 통일성에 대한 생기론적vitalist 복원이라 비판하면서도 이를 기각하지는 않는다. 오히려 그는 헤겔과 마찬가지로, 경쟁하는 철학들을 **절대성**Absolute의 펼쳐짐에 있어 필연적인 계기들로 놓는 배치를 통해, 표현의 존재론을 일시적

이지만 필연적인 체험적 학습법으로서 변화의 화용론pragmatics 가운데 배치한다.[34]

　요컨대 바디우는 의지론적인 변화 이론을 전개하는 것이 아니라, 더 높거나 혹은 더 깊은 의지 같은 무언가—표면으로 떠오를 수 있고 그렇게 될—의 여전히 알려지지 않은 실존을 변화의 절차 내부로부터 상정할 필요가 있음을 받아들인다.

국가의 영구성, 우파 바디우주의와 부엉이

그러나 우리는 왜 더 높거나 더 깊은 의지를 믿게 되는가? 나는 경탄할 만큼 간결한 이 질문을 카를로스 프라데에게 빚지고 있다. 정치적 변화를 알리는 것으로서 유럽 지하층의 운동들에 주의를 기울여야 한다는 내 권고에 대한 그의 응수는 이런 것이었다. "왜 아래로부터 오는 무언가를 믿어야 하는가?"[35] 그러한 질문은 바디우가—마오주의 시기에—정치경제학으로서 마르크스주의를 버렸을 때, 그리고 다음으로—현행적 시기에—혁명의 이론으로서 마르크스주의를 버렸을 때 즉시 인정되었어야 하는 것이다. 즉 만일 바디우에게 소외나 착취에 대한 설명이 없다면, 만일 그에게 정치로부터 프롤레타리아의 구조적 배제에 대한 설명이 없다면, 그는 어떻게 진리절차의 성격을 선good으로 규정할 수 있는가? 혹은 차라리, 첼란을 인용하자면, 그의 철학 전반에는 왜 스스로를 자기 바깥으로 던지라는 명령이 있는 것인가? 확실히 그의 텍스트들에는 불멸성의 수사법이 작동하고 있으며, 인간 동물이 때로 영원한 진리절차의 일부로서 주체가 되는 것을 찬양하기도 한다. 바디우는 테티스Thetis의 욕망*을 공유하는가? 왜 아킬레우스가 되기를 선택해야 하는가? 짧은 대답은 진리절차에 외부적인 윤리적 기준은 없다는 것이다. 즉 선은 정확히 유적인 절차를 통해 다시 만들어지고 다시 명명되는 것이다. 바디우가 이런 종류의 질문에 대한 응답으로 진리들의 윤리를 공들여 만들어냈을 때, 인간 동물이 진리절차의 내용을 평가하기보다 진리절차에 대한 참여를 계속할 수 있도록 하는 것은 조건들을 규정하는 형식적 윤리이다. 우리는 진리절차를 '믿는' 것이 아니라, 최초의 사건이 상황과 관계없다는 것을 인정하게 될 경우에—그리고 오직 그럴 경우에만—진리절차에 의해 사로잡히게 되며, 말하자면 이주 노동자들이 정치적 권리를 요구하는 것이 옳다고 결정할 경우에 그 결과로서의 정치적 절차에 개입하게 되는 것이다.

　　마르크스주의의 관점에서도 유사한 반대 의견이 제기될 수 있다. 일단 바디우의 변화의 이론에서 혁명의 변증법의 모든 특징이 제거되어버렸다면, 우리는 어떤 정치적 절차가 공산주의와 국가의 소멸로 이어질 수 있음을 어떻게 확신할 수 있는가? 우리는 《주체의 이론》에서 마오주의의—그리고 중국 문화혁명이 제시한 덧없는 약속의—끝나지 않은 과제가 정확히 국가의

---

* 그리스 신화에 등장하는 님프인 테티스는 인간 남편과의 사이에서 낳은 아들 아킬레우스를 불사로 만들기 위해 아들을 스틱스강에 담궜다고 한다. '테티스의 욕망'이란 불멸성을 얻기 위한 욕망이라 할 수 있다.

쇠퇴와 계급의 소멸로서의 공산주의로 향하는 이행을 사유하는 것이었음을 보았다. 바디우는 이러한 질문을 당의 비판과 파괴라는 입장에서 검토하는데, 그것은 다름 아닌 주기화periodization에 관한 질문이다. 주기화는 분열을 통해 일어나며, 이에 따라 변증법에 대한 마오주의적 구상에는 '최종적인 승리'가 없고, 오로지 승리와 패배로 이루어진 역사적 시퀀스들의 순환이 있을 뿐이다. 이러한 견해에서 공산주의는 유토피아의 한 형태가 되기보다는 차라리 이러한 분열 과정 자체로, 즉 지속적인 국가 구조의 파괴와 재구성으로 확인될 것이다.

하지만 그렇다면 《존재와 사건》에서는 어떤 일이 벌어지는가? 어떻게 영구적 분열의 사상가가 모든 상황 속에서의 국가state의 편재성을 말하는 사상가가 될 수 있다는 말인가? 《존재와 사건》에서 바디우는 국가의 소멸이라는 개념을 포기하는 것인가? 《존재와 사건》을 처음 읽었을 때, 국가 없는 공동체를 사고하고자 시도하는 마르크스주의와 포스트구조주의라는 토양 위에서 성장한 박사과정 학생으로서, 나는 내가 단적으로 반유토피아적인 측면으로 이해한 것에 실망했었다─유적 절차의 발생에도 불구하고, 국가는 새로운 상황 속에서 어떤 구조화의 원리로서 존속한다는 점에 대해서 말이다. 그리고 이러한 외견상 부정의의 영구성을 변명하는 듯한 측면에 대한 실망은, 내가 다양한 포스트구조주의적 사유의 원元정치적archi-political 입장에서 드러나는 이상주의와 유토피아주의로 인해 그러한 포스트구조주의적 사유를 포기했기 때문에, 그만큼 더 통렬하게 느

껴지는 것이었다.[36] 하지만 대다수의 박사과정 학생과 마찬가지로, 나는 (《존재와 사건》을) 오해했고 내 첫 번째 독해는 장뤽 낭시와 모리스 블랑쇼의 그림자에 의해 흐려졌다. 바디우에게 있어 상태state는 하나의 존재론적 개념이며 정치적인 국가state와 등가적인 것이 아니다. 그것은 최초의 하나로 셈하기count-for-one 이후에 상황 속에 현시된 다수들에 대한 모든 가능한 재편된 집단을 한데 모아내는 이차적인 구조화의 원리이다. 따라서 이러한 구조화 원리의 편재성을 인정하는 것은 부정의의 영구성을 포용하는 것과 동일하지 않다. 즉 새롭게 보충된 상황의 상태는 최초 상황의 상태와 동일한 상태가 아닌 것이다—이것이 바로 그것이 구축되는 동안 대항상태counter-state라 불리는 이유이다. 지금 전시 책임자curator들과 비평가들에게 예술로 셈해지는 count as art 것은 1916년 뉴욕의 아트 갤러리 주관자들—원래 R. 머트*의 전시를 반대했던 사람들—에게 예술로 셈해졌던 것과 동일한 것이 아니다.

따라서 내 젊은 시절의 이상주의에—마치 케르베로스의 목구멍에 꿀로 적신 빵조각을 던져주듯이—한 가지 미끼가 던져질 수 있을 터인데, 이를테면 바디우는 오직 가끔 있게 되는 사건들의 동화assimilation를 통해서만 오랜 지속성을 얻을 수 있는 영속적인 배제의 구조들을 받아들이지 않는다는 점이다. 그

★ 'R. 머트'는 마르셀 뒤샹이 1917년 뉴욕의 아트 갤러리에 <샘Fountain>이라는 이름으로 전시했던 (소변기 형태의) 작품에 써놓은 이름이다.

러나 여기서도 다시 우파 바디우주의Right-Badiousianism라는 한 가지 큰 위협이 야기된다. 만일 진리절차가 단순히 어떤 한 상태를 다른 상태로, 다시 말해 한 가지 순서배열의 기제를 다른 기제로 교체할 뿐이라면, 모든 상태는 원래 대항상태였다고 이해될 수 있다. 기존에 정립된 모든 정치적 제도는 한 기원적 사건의 귀결들로 확장되어 들어가는 충실한 조사들로서 분석되고 옹호될 수 있을 것이다. 이러한 해석자들의 손에서 바디우 철학은 결국 근대적인 의회민주주의를 위한 변명거리를 생산해내게 된다. 그럴 때 바디우는, 그 자신은 반대하겠지만, 자신의 최우선적인 적수들이자 마오주의를 배신한 자들인 신철학자의 대열에 합류하게 된다. 정말로 심각한 위협이며, 무언가 이에 대한 조치가 필요하다!

우파 바디우주의자는 자기 주장을 시작하면서 다음과 같이 선언한다. '어떤 한 유적 절차의 호불호를 판단할 외부적 기준은 없고, 유적 절차들은 단순히 발생하는 것이며, 사람들은 그것들에 의해 사로잡히거나 그러지 않거나 한다. 순서배열의 기제들은 시간이 경과함에 따라 하나가 다른 하나를 교체할 뿐이다.' 이러한 위협을 물리치기 위한 우리의 첫째 조치는 그러한 선언 이면에 있는 동물이 어떤 놈인지 확인하는 것이다. 그렇게 먼 거리에서 역사를 바라보는 시각을 가졌음을 감안하면, 《주체의 이론》에 등장하는 구조의 변증법적 주기화들의 연속을 상기할 때, 그 동물은 다름 아닌 부엉이일 수밖에 없다. 부엉이의 역량은 난장판으로 벌어지는 실제적인 역사적 사건들로부터 떨어져 있는 먼 거리에 있으며, 이러한 거리는 부엉이에게 객관성에서 비롯하는 고결한 중립성이나 사심 없음을 부여할 것이다. 그러나 만일 부엉이의 선언들이 기존에 정립된 모든 제도를 서서히 진행되는 변화의 사례들로 옹호하는 변명으로 귀결된다면, 부엉이의 객관성은 매우 적은 수의 대상에만, 즉 단단히 현재에 고정되어 있는 대상에만 한정될 것이다. 부엉이의 가장 순수한 형태는 아널드 토인비나 오스발트 슈펭글러의 이론 같은 문명들의 주기적인cyclical 탄생과 사멸에 관한 이론들에서 모습을 드러낸다. 그러한 사회적 주기social cycle 이론들의 공통적인 특징은 변화를 무효화한다는 점이다―흔히 인간의 정착 패턴에 대한 장기적인 설명이 명시적으로 기후 변화 모델들에 의지하는 것처럼 말이다. 부엉이의 진단을 위한 열쇠를 제공하는 것은 바로 자연에 대한 기본적인 준거이다. 요컨대 부엉이는 변화change와 생성genesis의 동일시에 의지한다. 《존재와 사건》의 해석에서 부엉이는 하나로 셈하기의 유적 해석을 개진하며 모든 상황이 유적인 진리절차들을 통해 생성된다고 주장한다. 이는 명백히 비정통적인 독해법이며 그러한 해석에 반박하기 위해 텍스트의 여러 구절을 가져올 수 있을 터인데, 그 구절 중에서도 첫째는 자연적 상황과 역사적 상황 사이의 구별이 될 것이다. 그러나 그렇게 쉽게 부엉이의 입을 다물게 할 수는 없다. 부엉이의 목소리는 바디우의 초기 작업에서, 정확히 말하자면 새로운 지식의 출현에 관한 알튀세르의 문제의식에 대한 바디우 자신의 재구성에서 유래한다. 기억을 더듬어 1장의 논지를 생각해보자. 자신의 변화의 이론에서 알튀세르는 단일성, 질서, 변화의 문제들을 융합하며, 이에 따라 변화는 전체의 생성과 동일시된다. 그렇게 함으로써 그는 아리스토텔레스의 생산주의적 변화 모델을 반복하고 그 문제들을 물려받게 되는데, 그 문제 중에서도 첫째는, 무로부터의 창조creation ex nihilo라는 종교적 모델을 인정하지 않는 이상, 변화가 무언가의 변화이며 따라서 저변에 깔려 있는 채로 변화가 일어나는 내내 동일한 것으로 유지되는 무언가가 있다고 상정해야만 한다는 것이다—다시 한번 휘포케이메논[기체]이 등장하는 것이다! 아리스토텔레스주의자가 모든 존재가 통합되어 있고 자기동일적이라는 입장을 고수하는 이상, 휘포케이메논은 문제가 될 수밖에 없다. 왜냐하면 그것은 변화의 담지자로서 동일한 것으로 남아 있어야 하며, 그렇지만 동시에 일단 변화가 완료되었을 때 그것의 형태가 달라져 있어야 하는 이상 변화해야 하기 때문이다. 이 문제에 대한 현대적인 해법은 바디우가 자신의 알튀세르 재구성에서 수용하는 해법이다. 말하자면 다양한 원소로 구성된 구조를 상정한 다음 변화를 그러한 원소들의 재조합과 뒤섞기로 사고하는 것이다. 그러나 이러한 해법은 이후의 바디우에게 만족스럽지 않게 될 것이다. 전체적인 전환의 표징은 새로운 상황의 출현이며, 이미 실존하는 상황의 재편이 아니니 말이다. 만일 아리스토텔레스적 주형이 변화의 철학에 있어 철저한 것이었다면, 바디우는 변화에 대한 무로부터의 창조 모델의 한 변이형을 받아들여야 했겠지만, 실제로 그는 그러한 모델들을 절대적인 시작의 꿈을 원하는 사변적 급진좌파speculative leftism라는 이름으로 판결한다—당연히 우리는 이 모델들을 독수리의 공상으로 판결한다. 그러나 철학에는 아리스토텔레스에 의해 표시된 경로가 아닌 다른 경로들이 있으며, 그래서 바디우는 변화를 상황의 보충으로 사유한다. 어떤 것—최초에 주어진 다수의 원소들—은 동일한 것으로 남지만, 어떤 다른 것—그 다수의 구조—은 변한다. 그것의 하나로 셈하기가 새로운 원소—곧 유적인 다수—를 수용하도록 강제되는 이상 말이다. 변화는 상황의 생산으로서가 아니라 상황의 연장이나 확장 또는 보충으로 간주된다. 여기서 우리는 늙은 두더지의 목소리를 인지한다.

요컨대 우파 바디우주의의 위험은 부엉이의 목소리가 변화의 이론을 지배하게 될 위험으로 진단될 수 있다. 그러한 해석에 맞서는 최선의 방어책은 다른 목소리를 동원하는 것이다. 즉 늙은 두더지의 목소리를 말이다. 결국 문제는 이 목소리들이 바디우의 철학 내부에서 서로 균형을 이룰 수 있느냐 아니냐다.

독수리, 부엉이 그리고 늙은 두더지

독수리 또한, 그것이 가진 외양에도 불구하고, 바디우에게서 나오는 하나의 자생적인 목소리이다. 바디우는 절대주의적인 변화의 모델을 가졌다며, 또 '세계의 역사를 둘로 쪼개기' 바라는 욕망을 선언했다며 니체를 비판한다. 하지만 사건이 그 이례적인 난입을 통해 실행하는 작용은 바로 상황을 서서히 둘로—말하자면 사건에 연결된 다수들과 연결되지 않은 다수들로—가르는 분열을 초래하는 것이다. 앞에서 논급한 바와 같이 개입 그 자체가 결정불가능성을 결정으로 그리고 불가능성을 가능성으로 바꿔놓는 기적적인 전환을 통해 어떤 단속적인punctual 변화의 모델을 불러온다. 기존의 정립된 지식과 유적 절차의 '진리' 사이의 분리는, 이를 절대적인 것으로 받아들이자면, 순수한 변화의 몸을 창설하고 이어 충실성과 교조적인 믿음의 혼동을 야기하게 된다. 이런 것이 바로 슬라보예 지젝과 피터 오스본이 바디우를 향해 제기하는 비판이다.[37]

이러한 비판의 사안들 각각이 바디우 해석에서 확인하고 파악할 수 있는 위협임을 인정한다고 하더라도, 무엇이 그것들을 이 독수리라는 터무니없는 형상 속에서 한데 묶어내는가? 독수리와 관련한 변화의 모델은 무엇인가? 독수리의 우선적인 특징은 그것이 변화의 시작에서 확인할 수 있는 어떤 독특한 지점의 존재를 수용한다는 점이다. 둘째 특징은 이 지점이 아리스토텔레스 이래 작용인efficient cause으로, 즉 변화의 실행 전체에 있어 원인이 되는 자기동일적인 작인으로 이해된다는 점이다. 하지만 아리스토텔레스에게서와는 달리, 이 지점은 또한 변화 전체를 즉각적으로 드러내 보이거나 또는 함유하는 것으로 상상된다. 변화는 예비되고 전조를 보이며 고지되는 것으로, 최초의 중단punctuation은 그 변화의 미래를 품고 있다. 예술의 장에서, 이러한 변화의 모델은 예술 작품의 근원으로서의 영감에 대한 호소invocation에서 찾을 수 있다. 종교의 영역에서, 이 모델은 땅위의 삶을 전환시키기에 충분한 것으로서 메시아의 도래에 대한 기원invocation에서 찾을 수 있다. 아리스토텔레스의 용어로 말해, 이 모델은 작용인과 형상인formal cause의 혼동에 의지한다. 요컨대 독수리의 눈으로 볼 때, 변화의 최초 지점의 개방은 그 맥락 전체의 즉각적인 주체화를 실현하기에 충분하다. 독수리는 **일자**의 형상—기적의 지점—과 **전체성**의 형상—즉각적으로 변모한 상황—사이에 단락短絡을 일으킨다.* 이러한 단락은 인상적인 광경—변화 전체를 조망할 수 있다는 의미에서—으로 지각될 뿐 아니라 현존과 경험으로도 지각되는 변화의 모델을 생산해낸다. 만일 전체 상황이 주체화된다면, 역으로 변화는 단 하나의 주체에 의해 한정될 수 있을 것이다. 정확히 열정passion 으로 말이다.

바디우는 변화에 대한 자신의 사유 속에 내적인 유혹과 위험으로서 독수리가 현존함을 잘 알고 있다. 그에게 있어 이러한 경향을 나타내는 이름은 바로 니체이며, 그에게는 이에 대한 변론을 위한 여러 논거가 있다. 〔먼저〕 사건을 알리는 천사와 같은 고지자—예를 들어 광장에 도착하는 광인 또는 차라투스트라 같은—는 없는데, 왜냐하면 사건의 자리의 실존은 사건의 발발을 위한 필요하지만 충분치는 않은 조건이 될 뿐이기 때문이다. 게다가 사건의 영웅은 없는데, 현실적으로 개입은 결코 안정적

---

* 여기서 이 'short-circuit' 혹은 '단락'이라는 말은 전기 배선의 합선 같은 것을 의미한다기보다는 중간에 거쳐야 할 단계를 전부 제거해버리고 일자의 형상과 전체성의 형상을 한 번에 잇는다는 의미로 이해해야 한다.

인 것이 아니라는 점에서 그렇다. 사건의 결정불가능성은 계속 해서 다시 불거져 나오며 〔상황에 대한〕 사건의 귀속 여부는 각 각의 조사마다 매번 새롭게 결정되어야 한다. 존재는 시작되는 것이 아니라고 바디우는 선언한다(BE, 210~211).

만일 독수리가 바디우에 의해 기각되는 변화의 모델이라면, 어떤 이유로 변화에 대한 그의 이론은 그것을 완전히 제거하지 않는 것일까? 왜 독수리가 그의 작업에서 하나의 목소리로 등장 하는 것인가? 바디우가 알튀세르에 관한 초기 작업에서 인식하 게 되는 것처럼, 유물론적인 변화의 이론에서 변화의 시작점은 반드시 내재적이면서도 위치를 지정할 수 있는 것이어야 한다. 그러니까 이는 최초 지점의 필수성이다. 바디우가 《주체의 이 론》에서 인식하는 것처럼, 일단 변화가 주체화로 이해되고 나면 그 추동력은 상황의 전체적인 주체화의 약속에 있을 수밖에 없 다. 자신이 사르트르로부터 취한 것의 특징을 묘사할 때 바디우 는 다음과 같이 쓴다. "전체 세계는, 그것에 필적하는 외연을 가 진 기획의 주체적 규정에 따라 취해지고 고쳐지지 않는다면, 그 것의 주어진 질서에 있어 아무것도 흥미로울 것이 없다."[38] 달리 말해서 각각의 유한한 조사는 무한한 변화의 일부로서 파악되 어야 한다. 따라서 독수리는 어느 정도는 필수적인 것이다.

그러나 우리는—니체에게는 혐오스럽겠지만—영국인과 같이 되어 느리고 실용적인 보충 과정의 병렬적인 필수성에 대 해서 주장하도록 하자. 즉 늙은 두더지의 역할에 대해서 말이다. 비록 모든 것의 주체화에 대한 약속이 유적 절차 내부에서의 어떤 체험적 선언으로서 필수적인 것이지만, 어쨌든 그 선언은 유적 절차의 무한성에 대한 확언에 상당하는 것이 아니다. 어떤 무한한 다수는 하나의 전체가 아니며, 특히 멱집합공리를 통한 고전적인 부분-전체 관계part-whole relationship의 붕괴를 고려할 때 그럴 것이다. 실제로 엄밀하게 말해서 외부적인 관점—바디우가 존재론자의 관점이라 이름하는—에서 볼 때, 유적인 집합의 무한성은 그것의 상황 내부로부터 통합하는 하나의 이름에 의해 전체화될 수 없다. 존재론자의 입장에서 볼 때 진리절차의 무한성은 최초에 주어진 상황의 무한성에 의해 보장되지만, 그 상황의 거주자 입장에서는 어떨까? 조사들의 관점에서 볼 때 조사들의 유한성은 어떻게 무한한 절차를 이룰 수 있는가? 우리는 무한공리axiom of infinity에 대한 바디우 자신의 해석으로부터 유한 서수집합finite ordinal set의 끝없는 후계로는 무한집합을 구성하기에 충분치 않음을 알고 있다. (무한집합의 구성을 위해서는) 그 속에서 그러한 후계가 펼쳐지는 무한집합의 실존을 선언해야만 한다. 진리절차 속에서 그러한 선언에 상당하는 등가물은 무엇인가? 어떻게 유한한 조사는 무한한 과정의 일부로 파악될 수 있는가? 이것은 다름 아니라 무한한 것이 유한한 것과 조우하는 마주침의 문제라는 점에 주목하자. 즉 예언, 예지몽, 성육신incarnation, 혹은 심지어 성찬의식에서 불멸성과 필멸성의 상호작용이 일어나는 각각의 무대를 가지고 종교가 대답하는 문제라는 점에 말이다. 이 문제에 대한 한 가지 유물론적인 대답이 요구하는 것은 혁명적인 발화행위speech acts의 이론, 다시 말해 수행적인 것performatives으로서 조사의 위치를 어떤 무한한 지평 내부로 옮겨놓는 강제의 특정한 심급들의 이론이다. 정치의 영역에서 이것은 칸트가 혁명적 열광의 문제라 불렀던 것이며, 일반적으로는 전달의 문제이다. 그리고 지금 그것은 비판철학critical philosophy의 문제이다.

만일 늙은 두더지와 독수리 양자 모두가 바디우의 변화의 이론에서 담당하는 역할이 있다면, 그것들은 어떻게 상호작용하는가? 사건—독수리의 관점에서의 변화의 개시—은 사건의 자리의 원소들과 사건 자체의 이름으로 이루어진다. 앞서 주장한 것처럼 사건의 자리는 이질적인 상황들 사이의 마주침으로 이루어진다. 강제—늙은 두더지의 작업—는 사건에 연결되는 그러한 다수들을 수집하는 데 있다. 따라서 강제는 사건의 자리의 느린 확장으로 이해될 수 있으며, 사건이 일어났던 기원적인 불명확성의 지점을 연장하고 이를 악화시킨다. 불명확하게 확장된 이러한 다수가 상황에 귀속된다는 지속적인 주장을 통해 강제는 상황의 부분들의 기존에 정립된 배열과 단절한다. 그렇게 함으로써 조사들은 아직 알려지지 않은 경계를 지닌 새로운 부분들 혹은 구역들을 만들어낸다. 이에 따라 조사들은 불완전의 논리logic of incompletion라 불리는 것을 실행한다. 이러한 불완전함은 사건의 자리와 기존에 있던 상황의 부분들의 원래 경계들에 영향을 미칠 뿐만 아니라, 결국에는 상황 자체의 경계들에 영향을 미치게 된다. 이런 이유로—그리고 바디우 자신은 그러한 극단적인 결론을 이끌어내지는 않지만—예술, 정치, 과학, 사랑의 영역들 내부에서 유적인 진리절차들의 실존과 작용은, 사건의 자리들의 무한한 확장을 통해, 그러한 영역들의 완전한 불확정에 이르거나 혹은 그것들의 재명명에 이르게 될 수 있다.[39] 바디우는 철학을 화산 위에 앉혀놓은 것이다.

화산이 폭발해 우리의 모든 범주가 더 이상 쓸모없어지기 전에, 늙은 두더지는 독수리에 대한 변증법화dialectization라는 점에 유의하자. 그런데 부엉이에 대해서는 어떻게 이해해야 하는가? 우파 바디우주의의 자리는 그의 철학에서 삭제되어야 하는가, 아니면 그 또한 맡아야 할 그 자체의 역할이 있는 것인가?

부엉이의 미덕은 그것이 변화에 대한 중립적인 설명을 개진하며, 이에 따라 선에 대한 어떠한 선험적 도식의 부과도 방지한다는 점인데, 왜냐하면 변화의 영역들이 그 다수성에 있어 돌이킬 수 없을 정도로 괴리적이기 때문이다. 이러한 심급에서 부엉이는 유적인 것의 권리를, 늙은 두더지와 독수리의 변증법에서 도출되는 전반적인 귀결을 주장한다. 전례 없이 새로운 상황을 말이다. 다른 한편으로 부엉이는 또한 하나의 상황에서 변화가 일어나는지 아닌지에 상관없이 어디에서든 변화는 일어날 수 있고 일어날 것이라고 확언한다. 따라서 부엉이는 우리의 연구가 이미 일어났거나 혹은 우리가 습관적으로 머물러 있는 곳보다 더 멀리 떨어진 상황들에서 일어나고 있는 사건들을 향하도록 하는 힘을 갖는다. 그리하여 부엉이는 늙은 두더지와 독수리의 작업으로부터 철학 자체의 쇄신으로 이어지는 선을 긋는다. 부엉이는 화산 바깥으로 날아가는 것이다.

바디우의 변화관에 관한 주석을 나는 매우 과장된 어조로 마무리하고자 한다. 이를 위해 한 가지 최종적인 해석적 주장을 개진할 것이다. 유적인 진리절차라는 개념은 프락시스〔실천〕praxis와 포이에시스〔생산〕poiesis와 테오리아〔사변〕theoria라는 아리스토텔레스 범주들의 융합을 실현한다. 그렇게 함으로써 그의 사유는 철학의 가장 오래된 질문에 한 가지 추가적인 철학적 대답을 제시한다. '좋은 삶이란 무엇인가?'라는 질문에 대한 답을 말이다.

조사enquiry의 관점에서 볼 때 어떤 한 조사 속에서 일어나는 것은—아리스토텔레스의 생산과 마찬가지로—상황과 관련해 숨겨진 잠재적 형태의 현실화이다. 물론 그와 동시에 어떤 진리절차 속에 있는 거주자는 또한 자신의 활동을 〔기존 상황에 대한〕 새로운 형태의 개입으로 생각해야 한다. 어떻게 그 형태가 상황에 귀속되는지, 어떻게 그 활동이 지역적으로 배치되는지, 그 활동이 어떤 질서를 불러오며, 그 질서가 어떻게 전체적인 것과 연관되는지가 여전히 불명료한 한에서 말이다. 다음으로 진리절차가 인간을 주체로 바꾸는 전환을 수반하는 이상, 그것은 프락시스의 한 형태로 간주될 수 있다. 아리스토텔레스에게 있어 프락시스의 주요한 특징은 상황 내부에서 주체에 대한 변화의 실현이었다. 사변 혹은 이론은 아리스토텔레스의 관점에서 존재자들의 원리들에 대한 지식이며, 강제가 새로운 다수들의 지식을 생산해내는 이상 사변은 사실상 유적인 절차의 일부다. 마지막으로 조사들이라는 작업이 이미 작동하고 있는 무언가에 대한 수고로운 구축이자 드러냄으로서 실시된다면, 우리에게는 자유와 필연성의 융합이 있는 셈이다. 바로 그런 것이 철학에 있어서의 좋은 삶인 것이다.

방법*

두 가지 반대 의견: 검증과 불필요한 중복

《주체의 이론》과 《존재와 사건》 사이에서 바디우 철학은 전환을 맞이한다. 전자는 혁명과 관련한 지식의 변증법 내부에 하나의 계기로 자리하며, 후자는 프랑스와 독일 철학의 전통 내부에 정당하게 자리한다. 비정규적인 출처들에 대한 중단된 조사, 용어 사용에 있어서의 암시적인 변화, 잠정적인 테제들의 수정은 모두 모습을 감추었고, 이런 것들을 대신하여 점진적이고 축적적인 방식으로 논지를 피력하는 권위 있는 담론이 들어서게 되었다. 《존재와 사건》은 공리들과 교설들 그리고 그 자체의 영속적인 쇄신의 기제—철학이 예술, 정치, 과학, 사랑의 영역들에서 동시대적인 진리절차들 혹은 조건들을 위한 정합적인 개념적 공간의 구축이라 규정하는 철학의 정의—로 완비된 체계적인 철학을 전개한다. 다음으로 바디우의 철학이 그 자체를 맥락화

---

* 아무 맥락도 없이 방법론을 이야기하는 것은 약간은 뜬금없는 일이지만, 어쨌든 여기서 지은이는 바디우 철학의 여러 시기와 관련하여 그가 각 시기에 사용하는 주된 방법을 설명한다.

하는 방식에도 변화가 있었다. 혁명의 변증법에 대한 좌파적 일탈과 우파적 일탈을 겨냥한 논쟁으로부터, 철학에서의 언어적 전회(관념적 언어술idealinguistery*이라는 이름이 붙여진), 해석학, 유한성의 철학들(그리고 그 철학들이 내놓는 철학의 종말에 대한 선언), 동시대의 소피스트적 담론sophistry, 반철학(니체, 비트겐 슈타인, 라캉) 그리고 마지막으로—바디우 철학이 거대하게 확장되어 나가는 단계에서—민주주의적 유물론, 즉 '오직 몸들과 언어들만이 있다'고 선언하는 우리 시대의 이데올로기에 대항하는 다수의 논쟁들에 이르는 변화가 말이다.

　이 모든 논쟁의 기초는 바디우에 의한 수학과 존재론의 동일시이다. 바디우 철학에 관한 주석에서는 이러한 동일시에 대해 제기되는 두 가지 주된 비난을 발견할 수 있다. 첫째 비난은 집합론적 존재론이 현실과 아무 관계도 없이 허공에 지어진 성이라는 것으로, 말하자면 (바디우 철학에서는) 세계가 사라져 있다는 것이다. 둘째 반대 의견은 집합론 자체가 불필요한redun-dant 것으로, 바디우의 '메타존재론metaontology'은 기존의 철학

---

* idealinguistery 혹은 idéalinguisterie라는 이 말은 원래 라캉이 만들어 낸 linguisterie라는 말에 idéa-를 붙여서 바디우가 새로 만들어낸 말이다. linguisterie라는 말은 '언어적'이나 '언어학적' 정도의 의미를 지닌 linguist-에 '무언가를 만드는 기술'이나 '만들어진 물건' 정도의 의미를 지닌 -erie가 붙여진 것으로, '언어 기술' 혹은 '언어술' 정도로 옮길 수 있다. 따라서 idealinguistery라는 말은 관념적 언어술 정도의 의미를 갖게 된다.

적 개념들―예컨대 이해interpretation 같은―을 수학적 형식을 빌려 꼼꼼하게 기록해놓은 것에 불과하다는 주장이다.[40] 바디우의 독자라면 누구라도 이러한 반대 의견들을 기각시킬 자료를 찾을 수 있을 것이다. 첫째 반대는 일치adequation로서의 진리 모델과 담론들이 토대 지어질 수 있다는 데카르트적 가정에 기초한 것이며, 둘째는 단순히 수학적 개념들과 철학적 개념들 사이의 차이를 간과한 데서 오는 것이다. 하지만 그러한 반대 의견들은 어떠한 독단의 수면에도 빠지지 않도록 우리를 일깨우는 미덕을 지닌다. 말하자면 바디우가 전개한 집합론적 존재론의 발전은 그러한 존재론이 해결하는 것만큼이나 많은 질문을 야기한다. 이러한 질문 중 가장 단순한 것은 다음과 같다. 우리는 집합론적 존재론으로 무엇을 할 수 있는가? 특정한 상황들의 다수성의 구조 혹은 집합을 결정하기 위해 그 상황들의 존재론적 분석을 실행해야 하는가? 만일 그렇다면 어떤 분석 규약들에 따라야 하는가? 이런 유형의 질문에 대한 바디우의 대답은 상당히 단호하다.

어떤 한 구체적인 상황이 있다. 우리는 그 상황의 존재론적 구조를 생각할 수 있다. 그러니까 우리는 무한한 다수성에 관한, 자연적 다수성 […] 상황의 역사적 성격 […] 사건의 자리 등등에 관한 무언가를 생각할 수 있는 것이다. 상황의 존재론적 도식이 있다. 이 도식으로 우리는 상황을 이해할 수 있다.[41]

그러나 〈일자, 다수, 다수성(들)Un, multiple, multiplicité(s)〉이
라는 글에서 바디우가 인정하다시피, 존재론적 분석과 구체적
상황의 일치를 결정하는 데 사용할 수 있는 검증 절차가 없다면,
이 구조들은 얼마나 정확하게 사유될 수 있을까?[42] 이 질문에 대
답하려면 먼저 우리는 그 질문을 고려해봐야 한다. 바디우의 철
학에 따르면, 언제 우리는 무한한 다수가 되거나 사건적 다수를
소유하는 상황에 대해 이야기하는가? 말하자면 언제 존재론이
아니라 바디우에게 있어서의 메타존재론에 대해 이야기하는가?

그 대답은 매우 단순하게 특정한 유적 진리절차 속에 있을
때 그리한다는 것이다. 즉 실존에 관한 결정들이 내려질 때, 그리
고 어떤 상황이 실용적pragmatic이고 체험적인 방식으로 도식화
될 때 말이다. 실제로 〈일자, 다수, 다수성(들)〉이라는 글에서 그
는 이어서 "다수의 이론은 […] 오로지 규정들을 위한 규제 이념
regulative ideal으로 기능할 수 있을 뿐"이라고 말한다. 물론 이는
모든 투사militant가 '사건의 자리'나 '무한한 다수성'에 관해 무
엇을 해야 하는지 분석한다는 뜻이 아니며, 오히려 그들의 선언
과 규정이 예외의 지점들을 분리해내고 가능성의 지평을 확장
해나가는 형태를 취하게 됨을 의미한다. 메타존재론은―철학에
서 일어나는 것처럼―발명되는 것이 아니라, 유적인 진리절차
를 앞당기는 특정한 종류의 발화행위로서 발생할 것이다. 게다
가 바디우는《무한한 사유》에 수록된 대담에서 상황의 참된 구
조는―즉 그것의 메타존재론적 도식은―오로지 재앙과 기능
장애의 발생을 통해 규명될 수 있다고 분명하게 말한다. 앞서 언

급한 것처럼 이는 실천의 우선성 테제에 관한 그의 인식론적 변이형이다.[43] 그러므로 이러한 종류의 도식에 대한 '검증verification'은 엄격하게 말해 유적인 진리절차들의 조사들 속에서 나타나는 새로운 지식의 대상들 혹은 새로운 실천들의 생산에 다름아닌 것이다.

둘째 반대 의견은 존재론과 수학의 동일성 테제에는 어떠한 철학적 작용도 없다고 주장하는데, 그 이유는 집합론은 불필요하고 그것의 작용은 오직 기존에 정립된 개념들에 대한 재필사re-transcribe일 뿐이기 때문이라는 것이다. 이미 잘 정립된 철학적 개념 중 어떤 것이 폴 코언의 강제라는 연산(작용)에 의해 재필사되는지 정확히 아는 것이 좋겠으나, 이와 관련하여 옥신각신하지는 말자. 보다 흥미로운 질문은 (존재론과 수학의 동일성을 말하는) 이 테제가 정확히 무슨 작용을 하느냐는 것이다. 우리가 아는 것처럼 조건들의 교설은 동시대의 진리절차들이라는 조건 아래 철학이 그 자체의 개념들을 전개하며 개념들 속에서 진리절차들의 결과를 포착해냄을 천명한다. 그 과정에서 철학은 이 개념들을 위한 공가능성compossibility의 공간을 구축해야 한다는 제약을 받는다. 하지만 철학은 어느 동시대의 진리절차를 명명하거나 개념화할 것인지 결정하는 데 있어 상당한 주권을 유지한다. (그런데) 일단 철학이 어떤 특정한 유적 진리절차—집합론 같은—를 명명하게 되면, 피할 수 없는 귀결들이 뒤따른다. 첫째 귀결은 철학의 기존 개념들이 대체되고 그 관습적 논변들이 중단되리라는 것이다. 예컨대 국가의 소멸을 사유하는 사상가로서 바디우는 국가의 편재성을 어떤 존재론적 구조로 인정할 수밖에 없도록 강제된다. 둘째 예는 토대공리가 존재를 자연적 상황과 역사적 상황으로 지역화하는 바디우 철학의 교설을 불안정화한다는 것이다. 이에 따라 바디우는《세계의 논리》에서 인정하듯이 사건의 자리 개념을 개편할 수밖에 없었다. 〔철학의〕조건화에서 오는 둘째 중요한 귀결은 진부화의 가능성이다. 수학의 결과들은 새로운 결과들에 의해 능가될 수 있고, 정의에 대한 특수한 견해는 완전히 진부한 것이 될 수도 있다―그러면 그러한 수학적 결과나 정치적 견해에 의해 조건화된 철학은 더 이상 동시대적인 것이 아니게 될 것이다.[44] 이러한 진리절차들의 우발성 위에 세워진 철학의 토대는 마오주의적인 실천의 우선성 테제의 직접적 개작이다. 또한 이는 정확히 바디우가 전통적인 철학의 자기충족성을 무너뜨리는 방식이기도 하다.

하지만 집합론을 '존재론'이라 명명하고 그 결과들을 개념화하는 데서 오는 특별한 귀결들은 무엇인가? 우연히도 집합론적 존재론과 범주론적 현상학의 전개는 우리에게 바디우의 작업에서 발견되는 조건화의 가장 급진적이고 비대칭적인 예들을 제공한다. 철학은 그저 중단되어 미래의 변화의 그림자 아래 놓였을 뿐 아니라, 그러한 그림자는 철학으로부터 모든 영역의 전통적인 권한을 탈취했다. 만일 어떤 대칭적인 절차가 예술적인 유적 절차를 통해 미학에, 사랑의 절차를 통해 도덕철학에, 그리고 정치적 절차를 통해 정치철학에 일어난다면, 우리는 철학에 무엇이 남겨질 것인지 물을 수 있을까? 그러나 존재론이 수학에

넘겨지는 것과 동시에, 철학은 '메타존재론'이라 불리는 새로운 담론을 발전시키며, 특정한 예술적 절차와 관련해서는 더 이상 아름다움의 정의를 제공하지 않고 오히려 '비미학inaesthetics'이라 불리는 새로운 담론을 발전시킨다. 이런 방식으로 철학은 조건화를 통해 소멸의 위협을 받게 되는 것이 아니며, 오히려 전환을 감행한다. 그렇다면 이러한 견지에서 볼 때 바디우의 메타존재론에 관해 실행되어야 할 일은 무엇일까? 바디우 철학의 전반적인 규정은 순수한 해석에 관여해야 한다는 것이 아니라, 언제나 철학의 조건화라는 기초 위에서 자신의 논지를 발전시켜야 한다는 것이다. 그러한 조건화는 수학적인 것일 수 있으며, 바디우의 메타존재론에 대한 보충 또는 재편으로 이어질 수 있다. 그 결과 '수학은 존재론'이라는 최초의 테제는 오직 조건화에 대한 추가적인 철학적 경험을 통해 비판되거나 지지될 수 있다. 결국 이 테제는 오직 그 자체의 귀결들로 정당화될 수 있을 따름이다. 바로 《존재와 사건》 전체와 추가로 《세계의 논리》라는 구조물을 가져오게 된 철학적 명제들의 총체로 말이다.

철학과 그 조건들

바디우의 조건들의 교설은 두 가지 특징에서 철학을 혁명과 관련한 지식의 변증법의 일부로 간주하는 그의 마오주의 시기와 철저하게 다른 것으로 나타난다. 첫째 특징은 철학이 그 자체의 조건들로부터 분리될 경우 바디우가 '재앙'이라 지칭하는 것에 봉착하게 되리라는 규정이다. 철학은 스스로 정치, 과학, 예술, 또는 사랑의 본질을 확인할 능력이 있다고 믿을 때마다 이러한 조건 중 하나와의 융합을 시도한다. 그럼으로써 철학은 정치나 과학 등에 대한 규범적 모델을 발전시키고, 이에 따라 해당 분야 내부에서 모습을 드러내는 모든 가능적인 새로움을 실격시킨다. 그 귀결은 철학에 있어 매우 심각한 것이 되는데, 철학의 장래가 이상형ideal이자 규범norm으로 확인된 바 있는 정치나 과학의 특정한 심급과 함께 부침을 겪게 된다는 점에서 그러하다. 회고적으로 바디우는 알튀세르의 작업을 철학과 정치의 융합으로 진단한다. 둘째 규정은—바디우가 고통스럽게 인정하는 바인데—유적 절차가 상황의 진리를 펼쳐낸다 해도 철학은 그 자체로 진리를 펼쳐내거나 선언하지 않는다는 것이다. 철학은 부차적인 위치에, 즉 특정한 유적 절차 내부에서 출현하는 진리를 확인하고 개념화하며 재명명하는 위치에 자리하게 된다. 더구나 철학은 그 자체의 이름들이 특정한 진리절차의 이름들 및 언어 idiom와 분리되어 있도록 경계해야 한다.[45]

바디우의 마오주의 시기 저작과 친숙해질 때야 우리는—조심스러운 분리의 규정들과 세계를 재명명하고자 하는 철학의 야망에 대한 제한을 수반하는—이러한 조건들의 교설에서 나타나는 경건함에 진정으로 놀라게 된다. 이 경건함에는 원천이 있다. 비록 여기서 내 의심을 정당화할 수는 없지만, 나는 바디우가 필립 라쿠라바르트 및 장뤽 낭시의 저작과 마주친 것이 그 원천이라는 의견을 견지한다. 바디우는 자신이 그들의 사유로부터 면역되어 있음을 보여주기 위해 《철학을 위한 선언Manifeste pour la philosophie》에서 유한성의 철학들과 철학의 종말이라는 주제를 공개적으로 공격하지만, 한쪽에서 그의 철학은 점차 그 자체의 유한성을, 즉 그 자체의 '윤리적' 한계를 인정하고픈 유혹에 양보하고 있었다. 내가 보기에 그러한 어떤 한계도 바디우 철학의 보다 급진적인 추동력과 정합적이지 않다. 기존에 정립된 상황의 상태의 범주들로부터 유적인 진리절차의 유효한 감산subtraction이 이루어진다는 발상을 예로 들어보자. 그러한 범주들은 상황 전체와 그 경계를 위한 이름들을 포함한다. 만일 진리절차가 실제로 유적인 것이라면, 그것은 최초 상황의 경계와 동일성을 고정하는 그러한 이름들을 포함하는 상태〔국가〕의 모든 범주를 무효로 만든다. 우리는 존재론적 수준에서 어떤 진리절차가 현시의 수준에서 유적 다수를 더하는 방식으로 상황의 구조 자체를 변화시킨다는 것을 알고 있다. 이것은 '유적인 확장generic extension'이라 지칭된다. 어떻게 하나의 유적 절차—그 확장에 있어 무한한—가 그 자체의 상황과 철학의 상황 사이에 그어져 있다고 가정되는 경계에 영향을 미치지 않을 수 있겠는가? 철학은 바디우 자신의 용어로 하자면 수학과 마찬가지로 하나의 현시된 다수성이다. 철학이 그 일부 영역을 수학에 양보할 수 있다는 것은 수학에 의한 철학의 감염을 보여주는 징후인 것이다. 철학이 대학 안팎에서 강의의 형식으로 수행되고 있고 철학의 텍스트들이 그 자체의 배경을 포괄하기 위해 지속적으로 노력하는 것은 철학이 고대 그리스인들 이래 연극에 의해 감염되어 있었다는 징후들이다. 일단 철학이 유적인 다수들의 실존을 인정하고, 그것들의 동력을 〔유적〕 절차들로 예시화하며, 그것들의 엄격하게 무한한 확장을 규정하게 되면, 철학은 철학의 훈육과 수학의 활동 사이에 불투과성의 경계를 간단히 세울 수 없다. 유적인 진리절차를 사유하는 것은 내가 폭발성의 계보explosive genealogy라 부르는 것에 착수하는 것으로, 그러한 계보에서는 기존의 모든 철학적 범주가 점진적이지만 멈출 수 없는 해체의 대상이 된다. 따라서 '철학은 진리들을 생산하지 않는다'라는 테제는 반드시 재지정되어야 한다. 단지 철학적이라 생각되는 관점만으로는, 예컨대 비극을 정의하는 방식만으로는, 연극 같은 예술의 '진리'를 선언할 수 없다. 철학은 그 조건들을 포괄할 수 없다. 하지만 그 역은 참이 아니다. 철학을 감염시켰을 수도 아닐 수도 있는 어떤 한 조건의 관점에서 볼 때, 유적 절차의 진리는 매우 손쉽게 철학적 텍스트의 일부를 뚫고 지나갈 수 있다. 진리절차들은 적극적으로 철학을 불완전한 것으로 만든다. 그러므로 철학이 외부적 조건 중에서 유적 절차들을 명명할 때, 철학은 부지불식간에 그 자체의 일부를 명명하고 있을 수 있다. 이에 따라 조건들의 교설은 철학의 전환으로 이어져, 내부로부터 작용하는 그러한 진리절차들에 의해 철학이 어떻게 이미 전환되었고, 전환되고 있으며, 전환되어 있을 것인지 드러내 보이게 된다.

마오주의 시기 바디우의 방법: 변증법적인 브레이딩 대 모델링

《존재의 사건》 시기 바디우의 방법을 지칭하는 전반적인 이름은 조건화conditioning이다. 돌이켜보면 이는 또한 마오주의 시기에 사용된 그의 방법이기도 한 듯 보이는데, 왜냐하면《주체의 이론》이 정치적 시퀀스들, 시들, 정신분석, 수학의 단편들에 대한 탐구를 통해 그 개념들을 발전시키기 때문이다. 분명히 〔이후 시기의 방법과〕 어떤 유사성이 있기는 하지만, 다른 한편 우리는《정치는 사유될 수 있는가》에 명시적으로 마르크스주의적인 용어들의 폐기가 내포되어 있음을 알고 있다. 그러한 동향은 바디우의 방법에 영향을 미치지 않을 수 없다. 이러한 심문을 시작하기 위해 우리는《주체의 이론》에서 사용되는 방법의 특징을 알아볼 필요가 있다. 앞 장에서 자세히 살펴보았듯이, 그 저작 전반에 걸쳐 바디우는 괴리적인 출처들에 의지하고, 개념들을 식별해내며, 그런 다음 그것들을 분리한다. 이를테면 바디우는 유물론적 인식론들에서 네 가지 진리 개념을 식별하고 분리하는데, 수학에서는 대수학과 위상학을 식별하고 분리하며, 정신분석에서는 두 가지 실재 개념을 분리한다(TS, 139, 246, 243~244). 그는 또한 헤겔적 전환을 감행해 이따금 어떻게 두 가지 명백히 상반되는 경향―무정부주의와 구조주의―이 실질적으로 하나의 통합된 쌍을 이루는지 보인다(TC, 65). 보다 일관적으로, 개념들을 식별하고 분리할 때 그는 일치로서의 진리나 혹은 배제된 원인으로서의 실재 같은 특정한 개념들을 평가절하한다. 하지만 그는 그런 개념들을 사유의 오류나 고장으로 기각하지 않으며, 오히려 사유의 운동에 있어 필수적인 계기들로 통합한다. 말하자면 종합을 실행하는 것이다. 다양한 출처에서 오는 〔자료들에 대한〕 분리와 종합, 이것이《주체의 이론》에서 바디우가 사용하는 방법이며, 이와 같이 그 방법은 변증법적이다. 그는 때때로 느슨해지기도 하는 끈을 사용하여 변증법적인 브레이드〔겹줄〕braid를 짜내고 있는 것이다. 심지어 그는 거장들과 어깨를 나란히 하고 구분과 종합의 게임에 참여하여, 헤겔과 라캉을 분리하고 종합하며 마오를 양자 모두에게 맞세우기도 한다.

그러나 《주체의 이론》에 등장하는 심문 중 하나의 국지적 수준에서는 무슨 일이 벌어지는가? 예컨대 바디우는 말라르메의 소네트를 읽고서 어떤 방식으로 구조적 변증법의 사라지는 원인으로서의 실재라는 개념을 추출해내는가? 몇몇 문학비평가가 이야기하는 것처럼, 철학자들은 시를 읽는 데 있어 끔찍할 정도로 형편없는 독자이다. 그들은 투박하고 육중한 개념적 도식들을 부과하여 문학 텍스트의 의미론적 복합성과 역사적 특수성을 짓눌러버린다. 철학자들은 문학을 그저 이론의 예증으로 사용할 뿐이라는 이야기를 우리는 듣곤 한다.[46] 바디우는 그러한 범죄에 있어 유죄인가? 《주체의 이론》에는 말라르메의 소네트 독해만큼 면밀하고 자세한 독해가 없지만, 그 독해의 결과는 시가 구조적 변증법 그 자체를 무대에 올린다는 선언이다. 바디우는 가장 분명하게 유죄인 것이다!〔하지만〕 너무 속단하지는 말자. 철학적 논쟁이 고발과 항변이 오가는 재판정의 배경으로 환원될 때마다, 무언가를 놓치게 된다. 그리고 여기서 논점에서 어긋나 상실하게 되는 것은 바디우의 말라르메 독해가 실제로 이념을 생산하는 우연이라는 말라르메의 형상을 더함으로써 구조적 변증법에 대한 바디우의 생각을 〔한층 더〕 복잡하게 만든다는 점이다. '훨씬 나쁘다!'고 문학비평가가 외칠 것이다. '강제적 부과이자 전유!'라고 말이다. 그러나 정말로 바디우의 독해에서 일어나는 것은 문학비평을 비롯한 모든 지적인 분과에서 일상적으로 벌어지는 일들을 구성하는 강제적 부과와 전유라는 진부한 행위보다 훨씬 더 이상한 것이다.

바디우는 시 해석의 첫머리에서 말라르메의 바다와 공기가 변증법의 배치공간splace을 나타내는 은유이며(TS, 94), 다음으로 물거품은 외장소offsite의 은유라고 말한다(TS, 95). 물거품은 배의 난파 혹은 인어의 잠수가 남긴 흔적이며, 난파나 잠수 모두 결여의 인과관계를 나타내는 은유이다. 따라서 바디우의 독해는 이 소네트의 구조에서 그가 고대 그리스의 원자론자들에게서 찾아낸 것과 동일한 사라지는 원인을 찾아낸다. 그러나 바디우는 이어서 이 소네트가 단지 일련의 구조적 변증법의 은유들로 이루어지는 것이 아님을, 그저 사건의 사라짐(세이렌의 잠수, 배의 난파)만을 표상하는 것이 아님을 주장한다. 이 소네트는 구조적 변증법의 작용 중 일부이자, 사라지는 사건의 드라마라는 것이다. 더욱이 그 사건은 구조적 변증법 그 자체이다. "그 시는 더이상 변증법의 범주들에 대한 은유가 아니다. 그것은 그 범주들의 개념이다. 그 범주들의 현실은 시적인 사물을 움직이는 데 작용한다. […] 그 시가 말하는 것을, 그것〔그 시〕은 실행한다"(TS, 99). 이와 같이 바디우는 그 시에 자기반영성을 부여한다. 그 시가 말하는 것은 그것이 현실적으로 실행하는 것의 반영이며, 이것이 구조적 변증법의 개념이 해수면 밑으로 사라지는 장면을 연출한다. 이는 바디우가 한 편의 시를 자기반영적인 것으로 읽는 유일한 순간이 아니며—《세계의 논리》에 나오는 폴 발레리의 〈해변의 묘지Le cimetière marin〉 독해를 볼 것—우리가 보게 될 것처럼 자기반영성은 그의 사유에서 매우 중요한 구조임이 입증되는데, 그 이유는 자기반영성이 대체로 모든 마르크스주의 텍스트의 본질을 제공하기 때문이라고 그는 주장한다. 바로 〔모든 마르크스주의 텍스트가 무엇인가에 대한〕 규정이자 그 규정의 부분적 실현이라는 점에서 말이다(TS, 99~100). 그러나 문학 비평가의 모습을 조악하게 그려낸 우리의 개념적 인물은 여전히 분을 풀지 못한다. 자기반영성을 부여하든 아니든, 여전히 문학 텍스트 즉 기표들의 짜임이 '구조적 변증법'이라는 하나의 선험적 기의로 환원될 수 있지 않느냐는 것이다. 자신을 변론하면서 바디우는 오로지 말라르메 자신의 안내만을 따른다. 〈그녀의 순결하고 고귀한 손톱은…Ses purs ongles très hauts…〉이라는 시의 원래 제목은 〈그 자체에 대한 우의적 소네트Sonnet allégorique de lui-même〉였다(TS, 119). 흥미로운 것은 실제로 한 가지 기표(철학적인)에 대한 다른 기표(시적인)로의 치환이 일어나고 있다는 점이다. 은유들의 시퀀스를 배열할 때, 바디우는 다음과 같은 도식을 생산해낸다(M_o은 은유).

외장소	→	글쓰기	→	물거품
배치공간	M_o	빈칸	M_o	벌거벗은 몸

이 도식이 시사하는 것은 '외장소'가 말라르메 자신의 '글쓰기'에 대한 은유이며, 이것은 다시 소네트의 '물거품'에 대한 은유라는 것이다. 만일 바디우가 그의 철학적 기표들을 시의 기의로 놓는다면, 반대로 이야기할 수도 있을 것이다. 오히려 여기서 관건이 되는 것은 말라르메 자신의 기표들을 추가적인 은유로 더함으로써 그의 작품에서 이미 작동하고 있는 은유적 대체들을 연장하고 확대하는 것이다. 이로써 말라르메의 기표들은 바디우 이론의 기의로 자리하게 된다. 이런 이유로 우리는 바디우의 독해 방법이 경멸적인 의미가 아닌 매우 엄격한 의미에서 은유적인 것이라고 말할 수 있다.

이는 실제로 이상한 방법이지만 바디우의 저작에 전례가 있다. 1장에서 개괄한 것처럼, 《모델의 개념》에서 바디우는 한 가지 수학적 연산을 설명하는데, 이는 일련의 특수한 기호mark와 그것들의 조합을 위한 규칙들을 사용하여 하나의 문법syntax을 구성하며, 결과적으로 일군의 공리들로 귀결된다. 이어서 어떤 특정한 의미론적 영역으로부터 온 값들이 그 문법의 각 공리 또는 정리에 할당된다. 만일 이러한 의미값semantic value들이 할당된 이후에도 공리들이 서로 일관성을 유지함이 증명될 수 있다면, 그리고 다양한 정리가 여전히 [그 공리들로부터] 도출될 수 있다면, 하나의 모델이 원래의 문법으로부터 혹은 이론으로부터 생산되었다고 말할 수 있다. 바디우의 말라르메 소네트 독해에서 작동하는 것이 바로 그러한 연산[작용]이다. '물거품'이나 '세이렌' 같은 의미값들이 구조적 변증법의 문법에 할당되고, 그런 다음 재평가된 변증법이 그 소네트의 의미론적 장 내부에서 그 완성에 대한 시험을 받는다. 만일 그 모든 연산이─그리고 바디우는 강한 차이와 약한 차이, 사라지는 원인 등 각각의 범주를 재구성하는데─소네트 속에서 복원된다면, 그 소네트의 독해는 이론을 위한 하나의 모델이 되는 것이다.

그러나 이러한 방법은 무슨 소용이 있는가? 1장의 논의를 살펴볼 때, 수학에서 모델링〔모델 만들기〕modelling이라는 작업의 장점은 그 작업을 통해 수학적 이론들의 일관성과 상대적 독립성에 대한 증명을 제공하게 되며, 이에 따라 새로운 지식을 공급할 수 있다는 점이다. 바디우 철학의 맥락에서 모델 만들기라는 작업은 그것이 소네트 같은 어떤 이질적인 장 속에서 작동하는 방식을 보임으로써 그의 이론─구조적 변증법의 이론─의 일관성에 대한 증거를 제공하는 듯하다. 동시에 그 작업은 새로운 지식의 대상을 생산해낸다. 배의 난파에 관한 말라르메적인 구조적 변증법을 말이다. 하지만 여전히 보여야 할 문제가 남아 있는데, 그것은 이 모델링〔모델 만들기〕이라는 방법─국지적인 수준에서 작동하는─이 변증법적 브레이딩〔겹줄 짜기〕─전체적인 수준에서 작동하는─과 어떤 방식으로 통합되느냐는 것이며, 종국에는 이 두 방법 모두 조건화라는 방법과 어떤 관계를 맺느냐는 것이다.

시퀀스 만들기로서의 모델링과 브레이딩: 불완전의 논리

1장에서 나는 바디우에게 있어 모델 만들기가 중요한 것은 새로운 지식의 생산을 하나의 상황state of affiars에서 다른 하나의 상황으로 넘어가는 어떤 변함없는 작용으로서 설명할 이론적 근거를 제공하기 때문이라고 주장한 바 있다. 바디우가 자신의 텍스트들 내부에서 어떤 한 형태의 모델링을 채용할 때, 그 모델은 분명히 철학을 다양한 의미론적 영역과 연결하게 된다. 그리고 그 모델은 다양한 의미값을 철학의 문법에 할당하게 되면서, 이념의 기원으로서 우연이라는 말라르메적 모티프와 같은, 그 문법에 대한 새로운 원소들의 확장과 부가를 야기한다. 19세기 중반 프롤레타리아 정치의 장 내부에서의 변증법에 대한 모델을 만들고, 프롤레타리아가 그 주체적 힘을 집중하고 그 자체로부터 수정주의를 제거해야 할 필요성을 식별함으로써, 바디우는 파괴의 개념을 추출해내고 그런 다음 라캉에게 의지하여 파괴에 대한 라캉적 개념들—불안과 초자아—을 분열시킨다(TS, 162). 이런 측면에서 모델링은 이질적인 장들의 검토로부터 새로운 철학적 개념들을 생산해낸다는 점에서 조건화와 유사하다. 그러나 이는 모델링의 유일한 효과가 아니다. 앞서 나는 말라르메 소네트 독해에서 바디우가 시에서 이미 구성된 은유적 시퀀스에 자신의 기표들을 더하고자 시도한다고 이야기했다. 이런 방식으로 철학자는 불완전incompletion의 작용을 반영하며, 이 불완전의 논리는 유적인 진리절차 속에서 작용한다. 즉 시의 은유적 작용〔연산〕들을 확장함으로써 철학은 그 자체의 경계를 확대하고 시의 가정된 완전함을 붕괴시킨다. 따라서 어떤 시에 대한 모델링은 시를 탈전체화하고 그것이 철학 속으로 확장해 들어가게 하는 것이다.

그런데 정확히 이것이 조건화를 통해 일어나는 일 아닌가? 첫눈에 보기에는 그렇지 않다. 모델링은 조건화의 절차를 뒤집어놓은 역逆이다. 모델링의 경우에는 문법이 철학 속에서 구축되고 그런 다음 혁명의 정치나 말라르메의 시작詩作 같은 다양한 의미론의 장에서 시험된다. 반대로 조건화의 경우에 문법을 제공하는 것은 특정한 유적 절차이며, 철학은 의미론적 영역을 제공한다. 그러니까 '메타존재론'은 집합론의 모델인 셈이다. 그러나 이는 어쩌면 조건화에 대한 지나치게 청교도적인 이해일지도 모른다. 잘 알려진 것처럼 바디우는 때때로 거리낌 없이 집합론을 자신의 철학에 맞춰 개편하며, 《세계의 논리》에 수록한 한 주석에서 이를 인정하여 "아무리 형식적인 증명이 중요하다 하더라도, 여기서 그것은 오로지 개념을 위한 것일 뿐"이라고 이야기한다.[47] 그러나 그것은 단순히 어떤 구조에 대한 보다 포괄적인 철학적 설명을 선호하거나 혹은 심지어 한 개념의 다른 정식화를 선호하는 데 있어 어느 정도 거리낌 없는 태도를 취하는 문제가 아니다. 만일 철학의 과제가 일련의 유적인 진리절차 전체를 위한 개념적 공가능성compossibility의 공간을 구축하는 것이라면, 철학이 예술이나 과학, 정치나 사랑이라는 조건들 사이에서 순환되어야 한다면, 철학은 결코 단 하나의 진리절차에만 온전히 충실할 수 없을 것이다. 따라서 모델링과 조건화 사이의 비교라는 관점에서 볼 때, 우리는 단순하게 언제나 단 하나의 진리절차만이 그 모델을 위한 문법을 제공한다고 확언할 수 없으며, 때때로 철학 또한 다른 조건들과의 마주침에 기초하여 그 문법의 일부를 제공하기도 한다. 더구나 철학과 유적인 진리절차들의 마주침에서 오는 가장 극단적인 귀결은, 앞에서 주장한 것처럼, 철학이 더 이상 그 자체의 실천과 진리절차의 실천 사이에 엄격한 경계선을 그을 수 없게 된다는 점이다. 만일 철학이 고대 그리스인들 이후 부분적으로 연극적이라면, 어떻게 하나의 모델링 절차에서 사용되는 문법의 유일한 원천이 연극과 철학 중 하나일 수밖에 없다고 확고하게 말할 수 있겠는가? 모델링과 조건화 양자 모두에서 중요한 것은 한 편의 시 혹은 어떤 정치적 운동을 불완전하게 하여 사유의 시퀀스를 확장하는, 불완전의 논리를 통한 새로운 지식의 생산이다. 바로 이러한 불완전함과 확장의 절차가―그것이 모델링으로 명명되든 아니면 조건화로 명명되든―여전히 변증법이라는 이름으로 불릴 자격을 갖는 무엇이다.

그렇다면 바디우 철학의 방법에 대한 이러한 확인의 귀결들은 무엇인가? 주된 첫째 귀결은 그러한 방법의 결여의 징후가 바로 정체stasis라는 것, 즉 유효성이 증명된tried and true 철학적 범주들의 안정된 재생산 혹은 어떤 한 변증법적 시퀀스의 종결이라는 것이다. 그 결과로 바디우의 철학은 그 대화 상대자들에게 사르트르적 압력을 가한다. 다시 말해 대화 상대자들로 하여금 철학 자체의 시퀀스들과 불완전의 논리를 다른 영역들로 확장하도록 부추긴다. 동시대적인 조건들의 영역이건 철학사의 부분이건 상관없이 말이다. 그리고 이는 그저 독서회, 워크숍, 집담회, 출간, 우편물 수신자 명단 등의 조직을 함의할 뿐만 아니라, 행동주의 및 예술학교들 내에서 나타나는 바디우의 재편된 범주들의 활성화를 암시하기도 한다. 2장에서 나는 바디우 철학 내부에 현존하는 그러한 압력을 이질적 영역으로의 추방 욕망the desire for hetero-expulsion이라 명명한 바 있다. 바디우 저작의 현 시기, 곧 《존재와 사건》의 시기에 관건은 철학으로부터 이질적인 실천들로 옮기는 추방이라기보다, 오히려 철학과 특정한 정치적 실천이나 과학적 실천 사이의 변증법적 시퀀스들을 구축하는 것이다. 달리 말해서 철학을 조건화한다는 것은 철학과 특정한 실천들 사이에서 지속되는 마주침들을 무대에 올리는 것이다—요컨대 그 자체의 이름이 명령하는 것처럼, 철학은 유적인 것과 사랑에 빠져야만 한다. 바로 그러한 조합agencement이, 연결됨이, 다시 말해 철학과 유적인 진리절차들의 유기적 결합이 철학으로부터 예술이나 정치나 사랑으로 가는 이행을 허용한다. 그러한 이행의 가능성의 징후는 적지 않으며, 시와 수학의 연습을 수행하고 이로써 예술적 실천이나 과학적 실천의 특유한 일관성을 경험하라는 독자를 향한 바디우의 권고 또한 여러 차례 반복된다(TS, 124, 146). 이는 실천의 우선성에 대한 마르크스주의 교설에 바디우가 가하는 최종적인 비틀기이다.

바디우의 마르크스주의적 뿌리를 따라서, 그의 방법론에 관한 우리의 마지막 질문은 당연히 유물론적인 것일 수밖에 없다. 즉 우리에게 중요한 것은 결국 방법론 자체가 아니라 그 효과들이다. 이 효과들을 다음과 같이 열거할 수 있겠다. 첫째, 오직 모델링만이 어떤 특정한 영역에서 구체적인 어떤 것에 관한 새로운 지식을 생산해냄으로써 집합론적 존재론을 '구체적'인 것으로 만든다. 예를 들어 몇몇 주석가가 고지하는 것처럼 만일 철학자가 '사회적 존재론'을 바란다면, 사회적 기능장애의 지점에서 논의가 시작되어야 한다. 예컨대 부재지주가 있다는 문제나, 지대 상승과 거의 오르지 않는 임금 사이에서 가속화되는 불균형 문제 같은 기능장애의 지점에서 말이다. 둘째, 모델링 자체는 특수한 의미값들을 문법의 원소들에 할당하는 절차를 통해 일관적인 변화의 절차들을 생산해내며, [이에 따라] 변화를 하나의 일관된 과정으로 제시한다. 그럼으로써 모델링은 느리지만 멈추지 않는 전체적인 변화와 관련한 특정한 사람들의 지식과 경험을 증가시킨다. 셋째, 이 지식은 가치 있는 것인데, 왜냐하면 그러한 지식이 철학과 유적 절차들의 마주침을 거쳐 다른 실천들로 전해질 수 있기 때문이다. 예를 들어 프랑스혁명에서 유래한 어떤 일관된 정치적 절차의 철학적 재구성은, 일단 발표되기만 하면, 완전히 다른 정치 상황에 처한 한 사람의 투사[활동가]militant가 자신의 고유한 실천에 관해 사고하는 데 도움이 될 수 있다. 마찬가지로 정치적 실천의 모델에 대한 마르크스주의적 재구성은—비록 지금은 희미하게 퇴색했으나—수많은 투사가 정치사를 일군의 고립된 무정부적 사태가 아니라 어떤 특정한 원동력을 갖춘 정합적 시퀀스로서 다룰 수 있게 해주었다.

요컨대 예술과 정치와 과학과 사랑의 절차들에 대한 철학적 모델링은 그저 새롭게 출현하는 주체들의 식별뿐만이 아니라,

말 건넴과 도전과 발명으로서 그 절차들의 전달로 귀결된다.

1장에서 나는 한가롭게 바디우의 초기 문학 작업을 그의 철학 저작 전반과 관련하여 배치할 수 있으리라는 가능성을 생각하고 있었으나 그 야심을 바디우 저작 전반의 세 시기를 개괄하는 데 제한해야만 했다. 그러니 단순히 그의 철학적 작업의 주된 관심사에 대한 그 자신의 문학적 선취를 지시하면서 논의를 끝맺도록 하겠다.《알마게스트》서문 격인 부분에서 바디우는 이렇게 쓴다.

> 이 책은 [⋯] 우리가 그 작업을 파괴할 위험을 떠안게 되지만, 그럼에도 여기서 그 위험을 무릅써야만 하는 불길한 매혹과 영향력을 지닌 언어의 별자리들과 반짝이는 빛들에 대한 물질적 소개이자 해명으로 간주되어야 한다. 그것은 일종의 플라스마, **주체**와 **역사**가 그 속에서 형태를 갖추기 시작하는 세계의 창조다. [⋯] 나는 또한 이렇게 말할 수 있다. 내가 한 모델의, 문제적 대상의 생산을 통해 진입하기로 선택했던, 그리고 어쩌면 내가 철학을 수단으로 다른 곳에서 착수하게 될 영역은 증식prolifera-tion의 영역이며, 어쩌면 바로크의 영역인지도 모르겠다.[48]

원숙기에 이른 바디우의 철학은 전적으로 다수성의 현시— "증식"—와 일관된 구조적 변화의 절차들에 대한 이론화—"세계의 창조"—에 할애된다. 내가 앞에서 개괄한 논증을 통해, 한 모델의 생산은 단순한 다수―문법과 의미론적 영역이라는 두 가지 다수성―의 현시인 동시에 일관된 변화의 절차의 현시라는 점이 명확해졌을 것이다. 그러므로 바디우 철학에 따를 때 모델 만들기는 다수성을 사유하는 것인 동시에 그 다수성에서 일어나는 현저한 변화sea change를 사유하는 것이다.

알랭 바디우와의 대담, 2007년 12월 파리

올리버 펠섬 동시대의 정세를 묘사하면서 그것이 하나의 세계를
　　　형성하지 못한다고 말씀하실 때 그건 무슨 의미입니까? 세
　　　계가 부재할 때 철학의 양식 또는 주된 과제—비판, 계보학
　　　혹은 형이상학—는 무엇일까요? 철학은 그 자체의 세계를
　　　구축함으로써 이러한 세계의 부재에 대응해야 할까요?
알랭 바디우 제 말의 의미는 자본주의의 전체성이라는 체제에 의
　　　해 구성된 세계로서의 '동시대 세계'는 그것을 구성하는 여
　　　자들과 남자들을 위한 세계를 형성하지 못한다는 것입니다.
　　　달리 말해서 추상적인 자본의 세계는 있지만, 세계 속에 사
　　　는 모든 사람이 우애적인 거주자로서 서로를 인정할 수 있
　　　도록 구성되는 세계는 없다는 것이지요. 이러한 조건들 아
　　　래에서 철학은 묘사하는 언표로서가 아니라 규정적인 언표
　　　로서, 즉 오늘날 해방의 정치에 지침을 주는 무엇으로서 '단
　　　하나의 세계만이 있다'고 말해야 합니다.
펠섬 첫 소설 《뒤집힌 궤적: 알마게스트》의 첫머리에서 당신은
　　　다수성의 모델에 대해 이야기했습니다. 당신의 철학적 기획

을 다수성의 모델 구축으로 설명할 수 있을 듯합니다. 무한한 세계들의 다수성, 그리고 어떤 한 진리의 갑작스러운 출현에 의해 실현되는 다수성, 곧 두 세계 사이의 변화에 관한 것으로 말입니다. 사회 경력의 초창기에 문학에서 철학과 수학으로 돌아선 이유는 무엇입니까? 철학이 이미 당신의 소설들에서 고지된 계획을 완수하고 있는 것일까요?

바디우 의심의 여지 없이 문학과 철학 사이의 관계는 보다 복잡합니다. 저는 철학이 어떤 긍정의 의무에 의해 지배된다고 느낍니다. 진리 개념의 구성에 기초하여, 철학은 자신이 이러한 개념을 지탱한다고, 인간 동물들은 삶이라는 이름에 걸맞은 삶을 살 수 있는 데 있어 진리에 빚지고 있다고 선언합니다. 문학은 세계의 직접적인 경험에 보다 파묻혀 있으며, 유아기의 정서나 영향에 보다 매여 있습니다. 저 자신은 본질적으로 긍정적인 사유자로 알려져 있으나 또 그만큼 상당히 우울한 작가라는 점 또한 분명합니다.

펠섬 《모델의 개념》에서 당신은 수학적인 모델 개념이 어떻게 '형식적'이라 불리는 것과 레비스트로스의 실증주의적 인식론에 따라 '경험적'이라 가정되는 것 사이의 관계를 뒤집는지 보였습니다. 그것은 경험적인 것의 모델을 제공하는 형식적 이론이 아니라 어떤 이론의 모델을 공급하는 특정한 의미론적 장입니다. 정확히 이러한 모델의 생산이라는 실천을 《주체의 이론》에서 당신이 수행하는 시 독해에서 찾을 수 있지 않을까요? 그 문법은 당신이 '구조적 변증법'이라 지칭하는―철학에 의해 구축된―어떤 것에서 발견되며, 일련의 개념―외장소, 힘, 배치공간―과 명제로 구성됩니다. 그럴 때 시인의 작업은 어떤 의미론적 영역을 제공하며, 거기서 의미론적 영역의 의미값들과 철학적 구문론의 원소들 사이의 일치가 정립될 수 있습니다. 이어서 그 모델은 공리들―명제들, 개념들―이 그것들의 시적 모델에서 어떻게 〔일관적으로〕 결합하는지 보임으로써 시험됩니다. 마지막으로 이 방법의 결과는 이러저러한 시의 비판적 독해가 아니라, 철학의 시적―말라르메적―모델의 생산 그리고 이에 따른 새로운 지식의 대상의 생산입니다. 그렇다면 철학의 과제는 새로운 지식의 대상들을 생산하는 것일까요? 만일 당신의 시 사유 방식에 대한 이 해석이 정확하다면, 《존재와 사건》 시기에 등장하는 철학의 조건화를 이러한 실천의 역전으로 이해할 수 있지는 않을까요? 말하자면 철학자는 자신의 문법을 더 이상 철학 자체 속에서 찾는 것이 아니라, 오히려 유적인 진리절차 내부에서 찾게 됩니다. 철학이 그 자체를 모델로 만들어내며, 다시 말해 시의 모델이나 정치의 모델 등으로 만들어내는 것이지요.

바디우 당신의 생각은 어쨌든 독창적입니다. 하지만 제가 보기에 다양한 진리절차는 이런 논점과 관련해 서로 상이한 운명을 갖는 듯 보입니다. 《주체의 이론》에 나오는 시의 기능에 관해 당신이 이야기한 것은 매우 놀랍습니다. 그런데 그 기능이, 예컨대 쉽게 사랑의 절차로 확장될 수 있을까요? 제

생각에 그 경우 문법은 고전적인 변증법의 법칙에 종속되지 않는 **둘**Two의 형태로 여전히 철학에 의해 생산되며, 그둘의 의미론적 다수성들은 사랑에 의해 생산됩니다. 당신의질문은 하나하나 개별적으로 재검토되어야 할 것입니다.

펠섬 '상파피에 집단들의 연합Le rassemblement des collectifs de sans papiers'의 정치적 요구를 고려할 때, 철학과 정치에서 경계 없는 하나의 세계를 사유할 수 있을지요?

바디우 언제든 경계들은 있겠지요. 하지만 이 경계들이 벽이 되어야 할 필연성은 없습니다. 결정적인 언표는—반복합니다만—단 하나의 세계만이 있다는 것입니다. 이 세계의 내재적 다수성은 환원불가능하지만, 우리는 그것을 모든 사람의그리고 모든 사람을 위한 세계로 사유하고 실천할 수 있으며 그렇게 해야만 합니다.

펠섬 2005년 11월 프랑스에서 벌어진 사건들*에서 프랑스 국가에 불안을 조성했던 것은 정치가들이 '혼합물amalgams'이라고 지칭한 것이었습니다. 니콜라 사르코지는 수차례에 걸쳐 "혼합물을 만드는 것은 피하자"고 말했지요. 이러한 혼합물

---

* 2005년 프랑스 폭동을 말한다. 2005년 10월 말경에 파리 교외의 도시인 클리시수부아에서 경찰을 피해 변전소로 숨어든 세 명의 이주민 청소년 중 두 명은 감전사를 당하고 한 명은 심각한 부상을 입었는데, 프랑스 국가 당국은 이후에 벌어진 시위에 대응해 최루탄 등을 동원한 강제 해산을 시도했고, 이 일이 도화선이 되어 프랑스 전국의 이주민 거주 지역에서 방화 및 기물 파괴 등을 수반한 소요 사태가 벌어졌다.

은 시위에 나선 사람들과 일반적인 '젊은이들' 사이의 구별, 취업 허가증이 없는 이주민들과 이주민의 아들딸들 사이의 구별을 흐리게 했습니다. 다른 한편으로 미등록 이주민들의 배제된 입지는 프랑스 국가의 문제가 되기보다는 오히려 국가의 억압 활동의 손쉬운 표적이 되었습니다. 아감벤이라면 벌거벗은 생명과 주권국가가 결합을 이루었다고 말하겠네요. 변화의 최초 현장을 어떤 불완전한 다수로 생각하거나, 혹은 어떤 배제된 원소보다는 정상적으로는 별개인 범주들을 가르는 경계의 흐려짐으로 생각할 수는 없을까요?

바디우 물론입니다. 이것은 제가 '큰 연합'의 잠재적 원소들이라 부르는 것으로, 말하자면 국가권력의 기초가 되는 강고한 주관적 장벽들의 적어도 국지적인 수준에서의 사라짐입니다. 예를 들어 젊은 고등학생이나 대학생과 고용되지 못한 노동 계급 젊은이를 갈라놓는 장벽이나, 평범한 노동자를 '새로이 도착한' 프롤레타리아로부터, 즉 외국 출신 노동자로부터 갈라놓는 장벽의 사라짐 말입니다. 새로운 정치적 힘은 어떤 것이라도 이러한 경계의 위반에서 유래하지요.

펠섬 당신이 보기에 교육부 장관이 고지한 개혁 조치에 대응하여 프랑스 교육 기관들 내에서의 변화라는 이름을 얻기에 합당한 변화는 어떤 것일까요?

바디우 중학교가 폐지되어야 합니다. 11~15세의 모든 젊은이를 예외 없이 생산적 작업에 편입시키고, [지금의] 절반 정도의 시간이나 혹은 4분의 1 정도의 시간만 공부하는 데 쓰도록

해야 합니다. 그들은 16세가 되면 전업 학생으로 돌아오게
될 것이고, 모두 끈기 있는 '노동자'의 모습을 하고 있게 될
것입니다. 이러한 후반기의 공부가 그들의 미래를 결정하지
는 않겠지만, 진리절차들에 대한 일종의 입문 의례를 제공
하게 되겠지요. 그 이후에 노동은 다양한 방식으로 조직되
어야 하며, 모든 사람이 각자 '다형적인polyvalent' 노동자가
될 것입니다. 실제로 이것은 공산주의적 프로그램입니다.
그런 방식만이 오늘날 어떤 급진적인 의미를 갖습니다. 선
별적이고 엘리트주의적인 '공화국의 학교'를 옹호하는 것
은 반동적인 일이 되었습니다.

펠섬 당신의 철학에 생태학의, 그리고 (정치경제학보다는) 정치
생태학political ecology의 가능성을 지닌 개념이 있을까요?

바디우 먼저 '인간의 권리' 이후 **자연의 권리**'의 발흥이 동시대적
인 형태의 인민의 아편이라는 점을 말해두도록 합시다. 그
것은 단지 약간 위장한 종교일 뿐이지요. 천년기의millenar-
ian 공포, 사람들의 고유한 정치적 운명을 제외한 모든 것에
대한 걱정, 일상적인 삶의 통제를 위한 새로운 도구들, 위생
에 대한 집착, 죽음과 재앙의 공포 등 그것은 주체들의 탈정
치화를 위한 거대한 규모의 작업입니다. 자연의 권리 이면
에는 엄격한 생태학적 의무를 이용하여 신흥국들이 기존
의 제국적 권력들과 지나치게 빠르게 경쟁하지 못하도록 막
을 수 있다는 생각이 있습니다. 중국, 인도, 브라질에 행사되
는 그러한 압력은 이제 막 시작되었을 따름이지요. 생태학

이 실제로 우리 '선진' 국가들에서 합의에 이르렀다는 사실은 좋지 않은 징후입니다. 이것은 하나의 규칙이라 할 수 있겠는데, 합의에 이른 모든 것은 의심의 여지 없이 인간의 해방에 해롭습니다. 저는 데카르트주의자이고, 인간은 자연의 주인이자 소유자라고 봅니다. 이것이 오늘날만큼이나 참이었던 적은 결코 없었습니다. 특정한 종의 딱정벌레나 튤립을 구하기 위해, 우리가 사용하는 것이 자연이 아니라 **국가**의 규제들이라는 점이 그 증거입니다! 그러므로 자연은 결코 인류 위에 놓인 규범이 아닙니다. 우리는 불가피하게 우리 이해관심의 다양성에 따라 결정을 내립니다. 생태학이 제 관심을 끌게 된다면 그것은 오로지 생태학이 인류 해방의 정치에 있어서의 한 가지 고유한 차원임이 증명될 때일 것입니다. 지금 당장에 저는 그러한 증명을 알지 못합니다.

펠섬 플라톤에 관한 당신의 영화 기획은 어떻게 되고 있습니까?

바디우 《국가》 전체의 번역 및 플라톤의 동시대적인 힘에 관한 월례 세미나와 병행하여, 저는 대본을 쓰기 시작했습니다. 아마도 1월이나 2월쯤에, 비디오카메라로 그 시작부의 얼개를 찍어보게 될 것입니다. 예를 들어 파리 14구에 위치한 플라톤 거리Rue Platon에서 촬영할 장면이 있는데, 그 거리에는 아프리카 출신 노동자들의 숙소가 있지요. 그들이 회합을 열게 될 것이고, 거기서 의제로 논의되는 항목 중 하나가 '플라톤'이 되는 것이지요. 이 회합이 영화의 다른 시퀀스들로 이어지게 될 것입니다.

감사의 말

2007년 여름과 가을에 이 책의 저술에 이르게 된 연구에서, 캄캄한 골짜기에서 벗어날 길을 찾는 데 도움을 준 것은 다른 연구자들, 즉 바디우의 저술에 지속적인 자극을 받고 있는 제이슨 바커, 브루노 베사나, 레이 브래시어, 로렌초 키에자, 저스틴 클레멘스, 엘리 듀링, 펠릭스 엔슬린, 재커리 루크 프레이저, 시기 요트칸트, 피터 홀워드, 도미닉 훈스, 게르노트 카메케, 퀑탱 메이야수, 니나 파워, 다비드 라부앵, 프랑크 루다, 애런 슈스터, 추치엔 토, 알베르토 토스카노 등과의 교류였다. 나는 파리 아메리칸 대학교 American University of Paris의 동료들과 친구들의 협력에 감사드린다. 마지막으로 내 이탈리아 및 오스트레일리아의 가족들에게 존경을 표하며, 햇빛이 한 가닥 실처럼 줄어든 자신만의 어두운 골짜기를 지나면서도 내게 보내준 그들의 지지에 사의를 표한다. 어쨌든 나는 그 한 가닥 실마리를 따라갈 수 있었고, 그 방법을 아는 사람은 오직 단 한 사람 바버라 포미스였다.

옮긴이의 말

오늘날 프랑스 철학에 대해 이야기하자면 결국 철학자 누구누구에 따른 철학을 이야기할 수밖에 없을 것이다. 알랭 바디우라는 철학자에 관심을 가지고 이 책을 읽는 독자라면 이해할 수 있을 것처럼, 현대 프랑스 철학은 종래의 철학에 대한 각자의 해석에 따라 철학을 변주하는 방식으로 이루어져왔으며, 그 경향이 마치 백가쟁명과 같이 전개되었던 것은 부정할 수 없는 사실이기 때문이다. 예컨대 오늘날의 프랑스 철학은 모두 데카르트에 대한 자기 나름의 해석들의 괴리적인 모임인 것이다. 이는 당연히 알랭 바디우의 철학에도 적용되는 이야기다. 하지만 그러한 여러 해석의 전장에서 바디우 철학의 특이점은 무엇인가? 오늘날 바디우의 철학이 이 해석의 전장에서 드러내는 그만의 고유한 양상은 어떤 것이며, 더 나아가 독자가 바디우의 철학에서 취할 수 있는 것은 무엇인가? 바디우에 관해 다루는 또 한 권의 책 번역을 마무리하며 이에 관해 간단히 이야기하고자 한다.

1

바디우의 철학을 소개하자면, 진리와 사건과 주체라는 세 가지 주된 키워드로 이야기할 수 있을 듯한데, 물론 이는 전통적인 철학적 진리와 이를 인식하거나 실천하는 주체와는 다른 모종의 개정을 거친 진리와 주체라 할 수 있겠다.

철학이 고대 그리스에서 시작되어 기독교라는 종교의 신학과 합류한 이래 철학의 담론에서 진리는 줄곧 단 하나뿐이며 절대적인 것의 자리를 점하고 있었다. 적어도 서양의 전통에서 진리란 기본적으로 플라톤과 아리스토텔레스가 집대성한 철학의 진리이자, 이를 기독교적으로 전유한 아우구스티누스 이래 종교의 진리였다.

하지만 서양 근대에 들어 시작된 과학의 발전과 함께 철학적 진리는 과거에 누렸던 일자적 가치를 상실하게 되었고, 무엇보다 서양 중세 이후로 교회의 진리라는 미명하에 자행된 종교적 탄압과 이를 기화로 발발한 근세의 종교 전쟁, 그리고 20세기와 함께 시작된 두 차례 세계대전의 참상은 그동안 인류가 중요시하던 많은 가치를 흔들어놓았다. 특히 절대성을 주장하는 일자적 진리는 이 혼란의 원인이 되었던 독재정치에 복무했다는 혐의를 받는 귀결로 이어지게 되었다. 부연하자면 히틀러와 나치스 정당은 순수한 독일 민족의 생활권이라는 이데올로기를 주창하며 2차 대전과 유대인 학살의 참상을 자행했고, 이러한 이데올로기에 이론적 기틀을 제공한 자들의 이름 중에는 독일 철학자들, 그중에서도 20세기의 가장 중요한 철학자 중 하나인 하이데거의 이름이 포함되어 있기도 했다. 즉 하나뿐인 진리의 독점은 다른 모든 담론에 대한 절대적 우위를 점하게 되었고, 따라서 그러한 진리를 보유하고 해석할 권리를 지닌 자로서의 주체는 진리를 위한 것이라는 미명 아래 어떤 일이라도 할 수 있었던 것이다.

이에 대한 근본적인 차원의 비판이 야기되는 것은 너무도 당연한 결과였다. 단 하나의 진리, 그러한 진리를 해석하는 담론으로서의 철학, 그리고 철학적 진리를 해석하고 떠받치는 자로서의 주체는 그러한 역사적 맥락 속에서 비판받고 해체되어야 할 무엇이었다. 이로 인해 진리는 과거의 영광이 무너져내린 폐허에 이르게 된다. 그리고 그 폐허에 남은 것은 오직 논리적 차원의 참과 거짓을 가르는 진리값이었으며, 철학은 심지어 거대 담론의 의미론적 차원마저 상실하고 과거 소크라테스가 시작했던 인간론과 윤리학의 차원으로 후퇴하게 된다.

바디우의 철학은 20세기의 철학 비판에 대해 제시된 철학의 대답이라 할 수 있다. 바디우의 작업은 그러한 비판에 대답하면서 전통적으로 철학의 가장 중요한 개념들인 진리와 주체 개념에 대한 개정을 모색하는 작업인 것이다. 전통적인 철학이 20세기에 직면하게 된 문제는 철학이나 이와 결탁한 종교의 진리가 일자, 곧 단 하나의 진리라는 점이며, 이로부터 야기된 일자적 폭력성이었다. 이를 해결하기 위해 바디우는 진리를 다수의 진리로 개정해 정치, 예술, 과학, 사랑이라는 네 가지 진리의 영역을 설정한다. 이와 함께 진리는 철학이 보유하고 해석할 권리를 행사하는 철학의 진리가 아니라, 반대로 철학의 성립을 위해 없어서는 안 될 조건으로 제시된다.

흥미로운 점은 그러한 진리가 오래전부터 존재해온, 변치 않는 가치를 지닌 무엇이 아니라, 바디우가 말하는 사건에 기반한 진리라는 점이다. 여기서 사건이란, 상황 혹은 일반적으로 상정하는 세계 속에서 과거부터 내려오는 모종의 흐름에 단절을 만들어내는 큰 사건이다. 그러한 사건은 예컨대 프랑스혁명이 왕정과 귀족정의 상황을 부르주아의 지배로 전환시켰던 것처럼 상황 속에서 마치 공백과 같이 취급되던 어떤 것들이 상황에 대한 귀속을 인정받게 되는 계기이다. 당연히 그러한 사건은 들뢰즈나 가타리가 말하는 미분적 사건들과는 다른 것으로, 세계의 역사가 증명하듯이 상당히 드문 것이다. 그리고 주체란 그러한 단절을 만들어내는 사건에 이름을 부여하고, 상황 속에서 이 이름에 어울리는 사례들을 수집하여, 이 사건으로부터 진리가 구성될 수 있도록 하는 물질적 계기가 되는 무엇이다.

2

이상은 '존재와 사건' 3부작의 1권인 《존재와 사건》(1988)에서 바디우가 수행한 작업 중 주체, 사건, 진리를 간략히 설명한 것이다. 바디우는 이러한 개정을 논하기에 앞서 수학, 특히 고전적인 집합론에 의거한 존재론을 전개하며, 그러한 존재론에 따라 구성되는 상황의 안정성을 무너뜨리고 확장할 수 있는 가능성으로서의 진리와 사건을, 그리고 그러한 진리를 떠받치는 물질로서의 주체를 제시한다.

이러한 종래 철학의 세 가지 핵심 개념을 개정하는 바디우의 작업을 일종의 사회 변동론으로 볼 수 있을 터인데, 여기에도 상당한 문제가 남아 있으며 이에 대한 비판이 뒤따르게 된다. 그 비판이란 바디우가 상황을 설명하는 방식에는 오직 주체만이 있으며, 세계를 구성하는 대상들과의 관계에 대한 설명이 결여되어 있다는 것이다. 존재와 사건 기획의 2권인《세계의 논리》(2006)는 이 비판에 대한 답을 제시한다. 이 책에서 바디우는 위상학을 통해 변화의 주체와 세계 내의 대상들 간의 관계를 설명하고, 0과 1 사이의 강도intensity로 표시되는 선험성이라는 집합을 통해, 아무 변화도 없는 상태와 사건 사이의 변화를 여러 등급으로 나타내기도 한다. 이와 관련하여 혹자는《세계의 논리》를 바디우가 제시하는 관계론이라 말하기도 한다.

존재와 사건 기획의 1권과 2권 각각은 전자의 경우 존재의 관점에서 진리를 서술한 것, 후자의 경우 나타남(혹은 실존)의 관점에서 진리를 서술한 것이라고 말할 수 있을 것이다. 올리버 펠섬이 이 책을 쓸 당시에는 아직 3권이 나오지 않았기에 그 기획의 세 번째 책인《진리들의 내재성》(2018)를 다룰 수 없었는데, 아주 거칠게 이야기하자면《진리들의 내재성》은 관점을 뒤집어 진리의 관점에서 존재와 나타남에 대해 논한다고 말할 수 있을 듯하다. 이 책은 앞서 이야기한 진리의 한계에도 불구하고 (즉 상황 혹은 세계의 유한성 속에 있음에도 불구하고) 어떻게 진리가 절대적인 것이 될 수 있는지를 설명하는 저작이라고 할 수 있겠다.

3

바디우에 관한 짤막한 소개는 이로 갈음하고, 잠시 펠섬이 쓴 이 책에 관해 이야기하도록 하자. 기실 이 책의 번역 및 출판은 상당히 때맞지 않은 것이기에 아쉬운 감이 있다. 나 자신으로서도 벌써 6년쯤 전에 바디우의 여러 저작을 상당히 포괄적으로 다루는 입문서(피터 홀워드,《알랭 바디우: 진리를 향한 주체》)를 번역 출간했고, 그 외에도 바디우를 다루거나 바디우 본인이 쓴 책들이 여기저기서 번역되고 있기도 하다. 그럼에도 바디우에 관한 또 다른 비판적 입문서 혹은 연구서를 번역해 내놓아야 할 이유는 무엇인가? 앞서 출간된 입문서들이나 바디우 본인의 책들을 읽는 것으로 충분치 않을까? 지은이 본인이 밝히는 것처럼, 바디우의 초기 저작에 대해 상당한 지면을 들여 상세하게 소개하는 책은 그리 많지 않다. 특히 초기에 주로 인식론에 치중했던 바디우가 어느 순간(정확히 말하자면《주체의 이론》부터) 수학적 존재론으로 방향을 전환하는 일종의 단절을 거친다는 점을 보이는 것이 이 책의 특별한 장점이라 할 수 있다. 물론 그로 인해 이 책은 홀워드나 제이슨 바커의 책처럼 주저《존재와 사건》에 관한 상세한 논의를 진행한다고 할 수는 없다. 그러나 초기 바디우의 관심사가 어떤 점에서 후기의 주요 저작들의 작업으로 이어지게 되는지에 관한 약간의 설명을 제공한다는 사실만으로도 이 책을 읽을 가치는 충분하다.

여담으로 이 책에서 잠시 언급되는 초기 작업의《동물우화집》에서 지은이 펠섬이 독수리나 두더지 혹은 부엉이를 이야기하는 단초를 찾을 수 있을 것이다. 개인적으로는 어떤 높은 하늘의 시점에서 전체를 조망하는 관점, 상황을 매우 자세히 살펴 진리 혹은 사건의 이름과 관련된 원소들을 하나하나 따지고 드는 관점, 그리고 시간이 지난 이후에야 모든 것을 되돌아볼 수 있는 관점을 말하는 세 가지 동물로 바디우 철학의 면면을 비유하는 것이 과연 적절했는지에 대한 의문이 남는다. 하지만 그러한 의문을 차치하고 가만히 생각해보자면, 지은이 펠섬은 바디우를 바로 바디우 자신이 젊은 시절에 기획했다가 완성하지 못한 동물우화의 관점에서 조망하려 한 것이 아닌가 추측하게 된다. 이 세 동물에 별다른 가치가 부여되는 것은 아니지만, 꽤 흥미로운 시도였다고 할 수 있겠다.

4

짧은 글을 마무리하며, 책의 출간에 관여한 여러 분에게 감사의 말씀을 드리고 싶다. 먼저 이 책을 번역할 수 있도록 출판사에 소개해준 친구 김현준에게 사의를 표한다. 현준이가 이 책을 책세상 출판사와 연결해주지 않았다면 적어도 내가 번역한 책의 출간은 없었을 것이다. 그리고 이 보잘것없는 옮긴이의 글을 잘 갈무리해주신 담당 편집자 님에게도 감사의 말씀을 드린다. 솔직히 이 책의 원서는 어느 정도 편집 상태에 문제가 있었기에 초고 상태에서 얼버무리고 넘어간 대목이 있었다. 그런 부분마다 따끔한 지적과 대안적 번역 혹은 표현이 제시될 때 외로운 작업을 하는 이 옮긴이는 작업적으로나 심정적으로나 큰 지지를 받는다. 또한 여러 면에서 작업의 진척을 지원해준 가족들에게도 감사의 말씀을 전한다.

2022년 2월, 경주에서

1장 알튀세르주의 시기: 인식론 그리고 변화의 생산

1 알튀세르가 먼저 했던 네 번의 강의는 알튀세르의 텍스트《철학 그리고 지식인들의 자생적 철학Philosophie et philosophie spontanée des savants》(Paris: Editions de Maspero, 1974)에서 찾을 수 있다. 다섯 번째 강의는 알튀세르의《철학적 저술들과 정치적 저술들 2권Écrits philosophiques et politiques, Tome II》(Paris: Stock/IMEC, 1995), 267~310쪽에 수록되어 있다. 프랑수아 레뇨François Regnault와 미셸 페쇠Michel Pêcheux의 〈인식론적 단절La 'coupure épistémologique'〉이라는 텍스트와 에티엔 발라바르Étienne Balibar와 피에르 마슈레Pierre Macherey의 〈경험과 실험Expérience et Expérimentation〉이라는 텍스트는 발간되기로 했으나 결국 빛을 보지 못했다. 이 글들은 초고의 형태로, 1965년에서 1968년 어간에 알튀세르와 그의 학생들 사이에서 벌어졌던 토론을 구성하는 많은 노트 및 편지와 함께 캉Caen 인근에 위치한 아르덴 수도원Abbey d'Ardenne에 소장되어 있다(1988년에 연구자들과 대학교수들 주도로 창설된 비영리 기관인 현대 출판 기록 보관소L'Institut mémoires de l'édition contemporaine, IMEC가 위치한 장소).

2 알제리 전쟁 반대 시위에 관해서는 현대 프랑스 철학 국제 교육 센터 Centre International d'Etude de la Philosophie Française Contemporaine, CIEPFC 웹사이트에 공개된 〈철학자의 고백L'aveu du philosophe〉이라는 글을 볼 것. 고등사범학교 점거에 관한 내용은 바디우와의 사적 대화에서 들은 것이다.

3 바디우,《모델의 개념Le concept de modèle》(Paris: Maspero, 1970), 7쪽. 새로운 〈서문〉을 수록하여 같은 제목으로 재출간됨(Paris: Fayard, 2007).

두 판본의 페이지 수를 모두 제시하며 첫 번째 판의 페이지를 앞에 표기.

4   재커리 루크 프레이저Zachary Luke Fraser가 주로 수행하고 추치엔 토 Tzuchien Tho가 조력한 이 텍스트의 영어 번역이 최근 멜번의 리프레스 출판사에서 출간되었다. Badiou, *The Concept of Model*, trans. Z. L. Fraser and T. Tho(Melbourne: Re.press, 2008).

5   1965~1966년에 국립 교육 자료 센터Centre national de documentation pédagogique, CNDP가 이 30분짜리 다큐멘터리 시리즈를 제작했다. 바디우는 명백히 이 다큐멘터리의 형식에 의해 제약을 받은 듯이 보이며, 영상에 나오는 대부분의 시간을 경청하거나 담배를 피우거나 유명한 선배들의 말을 잠시 끊고 질문하는 데 사용한다. 1968년에 바디우는 '모델과 구조Modèle et Structure'라는 제목이 붙은 미셸 세르와의 한 시간짜리 대담 프로그램을 진행했는데, 당시 세르는 막《라이프니츠의 체계와 그 수학적 모델들Le système de Leibniz et ses modèles mathématiques》이라는 기념비적 저작을 출판한 참이었고, 인식론에 관한 저술로 상당한 명성을 얻은 상태였다. 그런데 바디우는 단순히 다른 대담 프로그램에서 그랬던 것처럼 질문을 던지며 세르의 이야기를 끌어내는 역할에 머무르지 않고, 과학적 모델들의 본성에 관해 세르의 주장과 나란히 자신의 주장을 제시하였고, 이에 따라 이 방영분은 대담 interview보다는 철학적 대화dialogue가 되었다. 추치엔 토에 의해 시작된 이 인터뷰 녹취록 번역은 현재 미들섹스 대학 현대 유럽 철학 센터Centre for Modern European Philosophy에서 피터 홀워드의 총괄하에 진행되는《카이에 푸르 라날리즈Cahiers pour l'analyse》('분석 노트'라는 의미) 번역 프로젝트의 일부로 편입되는 것을 고려 중에 있다. 이 인터뷰 대부분은 프랑스 국립 도서관Bibliothèque Nationale de France에서 원본을 볼 수 있다(현재 이 인터뷰 일부는 유튜브 등의 영상 매체에 올라와 있고,《바디우와 철학자들Baidou and the Philosophers》이라는 제목으로 영역되었다).

6   이 시기 바디우의 글은《포르튈랑Portulans》에서 발췌해《레 탕 모데

른Les temps moderenes》에 기고한 〈인가L'Autorisation〉라는 글(258호, 1967, 761~789쪽)과 《데리에르 르 미루아르Derriere le miroir》 150호인 '다섯 개의 회화와 하나의 조각5 peintres et un sculpteur'(Paris: Maeght Editeur, 1965, 24~31쪽)에 수록된 〈마티외Matieu〉라는 글밖에 없다.

7   루이 알튀세르, 《마르크스를 위하여Pour Marx》, 1996년 재편집판 (Paris: La Découverte, 2005), 260~261쪽; 알튀세르, 《자본 읽기Lire le Capital》, 신편집판(Paris: Presses Universitaires de France, 1996). 이 텍스트에 대한 이후의 모든 인용은 LC라는 약호로 표기할 것이다.

8   같은 책, 176쪽.

9   예를 들어, V. I. 레닌, 〈우리의 혁명Our revolution〉, 《레닌 전집Lenin's Collected Works》 33권, 영어 번역 2판(Moscow: Progress Publishers, 1965), 476~480쪽. www.marxists.org에서도 볼 수 있다. 추가적인 언급에 관해서는 《마르크스를 위하여》, 96쪽 주석 15를 보라.

10 《마르크스를 위하여》, 209쪽 주석 45를 보라.

11 같은 책, 198쪽.

12 같은 책, 112, 214쪽. RM, 457쪽.

13 《마르크스를 위하여》, 98쪽.

14 알튀세르, 《마주침의 철학: 후기 저술들, 1978~1987년Philosophy of the Encounter: Later Writings, 1978~87》, G. M. 고슈가리언G. M. Goshgarian 옮김(London: Verso, 2006). 1960년대 초에 알튀세르는 역사적 필연성을 기각하지만 또한 헤겔적 형태와 기계론적 형태의 우발성에 관해 폄하하는 발언을 남기기도 한다―전자에서 우발성은 필연성의 실현에 있어 순수하게 우연한 매개체일 뿐이며, 후자에서는 분리되어 관계없거나 혹은 무관심한 힘의 매개체이다(《마르크스를 위하여》, 180, 203쪽). 이 시기 변화에 대한 알튀세르 이론의 주된 양상은 가능성인데, 이는 이차적인 모순들이 단절의 통일성으로 결합될 수도 결합되지 않을 수도 있는 다수의 방식이 있다는 점에서 그러하다.

15 《마르크스를 위하여》, 99쪽.

16 실제로 알튀세르는 아무 논증도 없이 "언제나 이미 복합적인 전체"의 단일성을 확언한다. 《마르크스를 위하여》, 208쪽을 볼 것.

17 같은 책, 167쪽. 게다가 이러한 실천 개념을 선택할 때 바디우는 원재료와 생산물이라는 두 범주가 단순히 과정의 한계이며, 말하자면 시작점이자 종착점이라는 점에서, 이 두 범주를 무시할 수 있다고 주장한다(RM, 454쪽).

18 이러한 생산주의적 모델은 아리스토텔레스를 형상〔형식〕form과 질료〔물질〕matter 사이의 난해한 관계로 인해 발생하는 실체〔기체〕substance의 단위나 그 정의와 관련하여 충분히 많은 문서 자료가 쌓인 문제들로 이끈다. 만일 그가 실체를 변화를 거치더라도 동일하게 남는 것—질료인—으로 확인한다면 단일성을 잃게 되는데, 왜냐하면 오로지 형상만이 단일성을 지니며 질료는 무한한 우유성으로 이루어지기 때문이다. 만일 그가 실체를 형상인 즉 본질과 동일시한다면 실존을 잃게 되는데, 왜냐하면 오직 구체적인 개별자들만이 실존하며, 이들이 형상과 질료의 문제적인 결합에 관여하기 때문이다.

19 베르그손과 들뢰즈를 비롯하여 화이트헤드까지 포함하도록 확장된 과정철학process philosophy의 전통 전체가 정확히 그러한 변화 모델에 전념한다.

20 생산주의에 관한 논증은 토니 프라이Tony Fry의 작업에서 영감을 얻었고, 특히 그의 책 《개조: 생태학, 디자인, 철학Remakings: Ecology, Design, Philosophy》(Envirobook, 1994)과 라이너 슈르만Reiner Schurmann의 《하이데거, 존재와 행위에 관하여Heidegger on Being and Acting》(Indiana: Indiana University Press, 1990)에서 아이디어를 얻었다.

21 알튀세르의 실천 개념에 관한 주석에서, 바디우는 원재료와 완성된 생산물—곧 변화의 유한한 시작점과 종착점—의 배제로의 전환 자체에 초점을 맞춘다(RM, 454쪽).

22 《마르크스를 위하여》, 24쪽.

23 같은 책, 25, 169쪽. 또한 《자본 읽기》, 17쪽을 볼 것.

24 에티엔 발리바르,〈바슐라르에서 알튀세르까지 인식론적 단절이라는
    개념Le concept de coupure épistémologique de Bachelard à Althusser〉,《알
    튀세르를 위한 글들Écrits pour Aithusser》(Paris: La Découverte, 1991),
    21~22쪽. '구조주의적 마르크스주의'라는 표준적인 알튀세르 분류에
    반대하여, 발리바르는 알튀세르가 인식론적 단절을 불변하는 두 패러
    다임 사이를 갈라놓는 불연속성으로 간주하지 않는 이상 그의 변화
    모델이 구조주의적이지 않다고 주장한다. 발리바르에게 있어 이는 알
    튀세르의 사유를 푸코나 쿤의 사유와 구별하는 것이다.

25 "과학/이데올로기 대립은 하나의 과정으로서 전개된다"(RM, 450쪽).

26 바디우는 이 시기에 과학을 오토마톤automaton의 한 형태, 즉 영혼 없
    는 담론으로 보는 고전적인 견해에 여전히 빚지고 있었다. 하지만 그
    는 또 다른 견해가 가능함을 인지했는데, 이는 특히 20세기 초 수학
    이 그 자체의 실천에 대한 인식론적 탐구에 착수했다는 미셸 세르의
    주장과 유사한 형태를 띤다.〈(재)시작〉, 453쪽 주석 21. 이 주석은 미
    셸 세르,〈수학에 있어서 고대인들과 근대인들의 싸움La Querelle des
    anciens et modernes en mathématiques〉(《크리티크Critique》 198호, 1963
    년 11월)을 언급하고 있다.

27 주석 1 참조. 알튀세르,《철학적 저술들과 정치적 저술들 2권》, 360~
    361쪽을 볼 것.

28 자크알랭 밀레,〈봉합: 기표의 논리의 요소들La suture: éléments de la
    logique du signifiant〉, 밀레,《삶의 시작Un debut dans la vie》(Paris: Le
    cabinet des lettres, 2002)으로 재출간. 재클린 로즈Jacqueline Rose에 의
    해 영어로 번역된 'Suture: Elements for a Logic of the Signifier'(《스
    크린Screen》 18호, 1978년 겨울)를 참고할 것. 이 영어 번역문은 lacan.
    com의 온라인 저널《증상The Symptom》에 약간은 조악한 형태로 재
    현되어 있다. 바디우의 글은 미들섹스 대학 현대 유럽 철학 센터에서
    피터 홀워드의 총괄 아래 진행되는《카이에 푸르 라날리즈》 자료 번
    역 프로그램의 일부를 구성하고 있다.

29 고틀롭 프레게,《산술의 기초The Foundations of Arithmetic》, 2차 개정판, J. L. 오스틴J. L. Austen 옮김(Northwestern University Press, 1980). 버트런트 러셀이 프레게의 책 출판 시점에 산술의 논리적 기초를 완전히 개작하도록 만들었던 편지에서 수에 대한 프레게의 정의에 반대의견을 제시했다는 점에 유의하자. 우리는 3장에서 집합의 정의와 관련하여 이 논점을 다시 다룰 것이다. 그 편지─철학사에서 가장 간결하고 폭발력 있는 텍스트 중 하나인─와 프레게의 답신은 J. 판 헤이예노르트J. van Heijenoort 편집,《프레게에서 괴델까지: 수리논리 자료집 1879~1931년From Frege to Gödel: A Source Book in Mathematical Logic, 1879~1931》(Harvard: Harvard University Press, 2002)에서 찾을 수 있다.

30 프레게,《산술의 기초》, §68.

31 같은 책.

32 프레게의 논증에 대한 명료한 주해를 보려면, 클로드 앵베르Claude Imbert가 자신의 번역본에 붙인 〈서문〉을 볼 것. Frege, *Les Fondements de l'arithmétique*(Paris: Seuil, 1969), 11~104쪽. 또한 바디우의 《수와 수들Le nombre et les nombres》(Paris: Seuil, 1990) 2장의 간결한 주해를 참고할 것. 이 책은 로빈 매케이Robin Mackay의 번역으로 *Number and Numbers*(London: Polity, 2008)로 영역되었다.

33 프레게,《산술의 기초》, §79.

34 밀레,〈봉합〉, 100쪽.

35 밀레는 프레게의 논증에서 비자기동일적 대상들의 비실존에 대한 유일한 가능적 지지대가 그가 수에 대한 정의에 앞서 인용한 라이프니츠의 동일률밖에 없다고 주장한다. "동일한 것들이란 진리의 상실 없이 서로 치환될 수 있는 것들이다"(프레게, §65). 하지만 하나의 전제로 기능할 수 있으려면, 동일률 원칙은 상당히 다른 명제로 변환될 필요가 있다. "진리는 있으며, 따라서 모든 대상은 자기동일적이다." 밀레는 진리의 실존에 대한 프레게의 일차적인 전념을 확인하지만, 그는 동일률의 이러한 암묵적인 변환을 인정하지 않는다.

36 같은 책, 107쪽.

37 같은 책, 96~97쪽.

38 바디우, 〈문화혁명: 마지막 혁명?The Cultural Revolution: The Last Revolution?〉, 브루노 보스틸스Bruno Bosteels 옮김, 《포지션즈: 동아시아 문화 비판: 특별호, 알랭 바디우와 문화혁명Positions: East Asia Culture Critique: Special Issue Alain Badiou and Cultural Revolution》, 13권 3호, 2005년 겨울, 481~514쪽.

39 바디우, 《수와 수들》, 42쪽.

40 물질화된 이론으로서 과학적 도구성에 관한 바슐라르의 입장을 자기 연구의 전제로 삼는 바디우의 언급을 보려면 《모델의 개념》, 53~54쪽을 참조할 것. 가스통 바슐라르, 《새로운 과학정신Le nouvel esprit scientifique》(Paris: Presses Universitaires de France, 1934), 14쪽을 보라.

41 《마르크스를 위하여》, 40, 239쪽.

42 BE, 486쪽, 60쪽 대한 주석.

43 은폐의 작용소〔연산자〕로서의 의미에 관한 MM, 151쪽 주석 3을 보라.

44 이 글의 앞부분에서, 유도라는 세 번째 기제에서 그것들의 비배치non-placement에 관한 괴델의 결정불가능한 명제들을 주해하던 중에 바디우는 명백히 밀레를 인용하여 "열상déchirure 혹은 강박적 반복은 봉쇄의 불가피한 대가라고 주장할 수 없다"고 말한다. 하지만 이러한 언급은 또한 괴델의 결정불가능성 정리들undecidability theorems에 대한 데리다의 활용을 비판하기 위한 요소들을 제공하는 것으로 상당히 용이하게 읽힐 수 있다. 〈흔적과 결여〉, 153쪽을 볼 것.

45 모리스 블랑쇼, 《문학의 공간The Space of Literature》(Lincoln: University of Nebraska Press, 1982)을 볼 것.

46 《모델의 개념》(2007), 34~36쪽.

47 《마르크스를 위하여》, 239쪽.

48 발리바르, 〈바슐라르에서 알튀세르까지 인식론적 단절이라는 개념〉, 19쪽.

49 바디우,《세계의 논리Logiques des mondes》(Paris: Seuil, 2006), 561~562 쪽에 나오는 바디우와 칸트의 관계를 볼 것.

50 바디우, 〈루이 알튀세르는 '철학'이라는 말로 무엇을 의미하는가? Qu'est-ce que Louis Althusser entend par "philosophie"?〉, 실뱅 라자뤼스 Sylvain Lazarus 편집,《루이 알튀세르의 저작에서 정치와 철학Politique et philosophie dans l'œuvre de Louis Althusser》(Paris: Presses Universitaires de France,1992), 32쪽.

51 그러한 한탄을 늘어놓는 자들이 '관계적인' 사회적 존재론을 제공하는 니클라스 루만의 사회체계 이론social sytems theory으로 손쉽게 돌아서지 않는 이유가 궁금하다.

52 이러한 견해는 알튀세르의 인식론적 단절보다는 바슐라르의 인식론적 단절에 가까운 것으로 보이는데, 왜냐하면 바슐라르에게 있어 단절은 날짜를 추적할 수 있는 시대를 결정하는 거시적 사건macro-event 이라기보다는 모든 과학 실험실과 텍스트 내부에서 과학적 지식의 연속적 구성 중에 나타나는 과정이기 때문이다.《새로운 과학정신》, 179 쪽에 나오는 오류의 영속적인 수정을 참조할 것.

53 이 텍스트에서 바디우는 수학과 철학 사이의 관계에 관하여 훗날의 조건들의 교설에서 볼 수 있는 것보다 훨씬 더 복잡한 그림을 제시한다. 이는 수학자는 아니지만 철학자이자 논리학자인 몇몇 저자—프레게, 괴델, 러셀, 카르나프, 콰인 등—가 등장하는 20세기 초 수리논리의 발전을 소재로 삼는 그의 논의를 고려할 때 그리 놀라운 것이 아니다.

54 예를 들어 바디우는 논리 지층logic stratum들을 하나의 지층에 색인함으로써 다수의 논리 지층을 환원시키게 될 지층화stratification의 논리 구성에 관한 콰인의 저작을 인용한다. 바디우의 관점에서 지층들의 다수성은 환원불가능하며, 따라서 그러한 시도들은 실패할 운명에 처해 있다.〈흔적과 결여〉, 161쪽 주석 16.

55 연속체 가설은 원래 칸토어가 개진한 것으로, 첫 번째 무한집합 알레프aleph의 멱집합의 기수성〔크기〕이 알레프에 대한 후계수의 기수성

이라고 상정한다.《존재와 사건》, 504쪽.

56 라캉이 이러한 금언적 경구를 발전시킨 정신분석적 골조 내에서, 실
재real는 행동이나 언어의 상징적 규약들이 분화되거나 증식되도록
하는 모종의 장애물로 구상되며, 이에 반해 현실reality은 무의식적 규
약이 어떠한 차단도 없이 작동하게 하는 것으로 이해된다. 따라서 실
재는 쾌락원칙pleasure principle의 연장으로서의 현실원칙reality prin-
ciple이라는 프로이트의 정의로부터 직접적으로 발전한 것이다. 자크
라캉,《세미나 11: 정신분석의 네 가지 근본 개념Seminar 11: The Four
Fundamental Concepts of Psychoanarysis》, 앨런 셰리던Alan Sheridan 옮
김(London: Penguin, 1994), 167쪽.

57 바디우는 변화의 몸의 기관들에 관한 논의의 전개부 전체를 갈루아의
언급에 대한 주해에 바친다.《세계의 논리》, 493~497쪽.

58 재주조라는 용어의 출처로 바디우는 인식론적 단절 개념에 관한 프랑
수아 레뇨의 강의(앞서 언급한 바 있는 알튀세르가 기획한 강좌)를 지
시한다. 〈무한소적 전복〉, 120쪽 주석 1.

59 바디우는 최근의 대담에서 이 판단의 진지함을 일축하면서 이런 종류
의 진단—'이론지상주의'라는 비난—이 당시에 널리 퍼졌을 뿐만 아
니라, 정치적 배경을 고려하여 자신이 전적으로 그런 진단에 동의했
고 실제로 '경고'를 썼던 편집진의 일부였다고 주장한다. 편집진은 그
경고의 글을 상당히 누그러뜨려, 레닌의 경험주의 비판을 인용하면서,
어떤 특정한 정세에는 순수하게 철학적인 작업이 요구된다는 점을 인
정한다.《모델의 개념》 영역판 79~104쪽에 수록된 〈모델의 개념 40년
후The Concept of Model 40 years Later〉를 볼 것.

2장 마오주의와 변증법

1 《모순의 이론Théorie de la contradiction》(Paris: Maspero, 1975), 2쪽.

2 이 시기 바디우 작업을 온전히 연구하려면 다음 텍스트들을 다루어야
한다. 통합사회당Parti socialiste unifié과 제휴하여 작성한 《새로운 유

형의 마르크스-레닌주의 정당 구성의 문제에 대한 의견서Contribution au problème de la construction d'un parti marxiste-léniniste de type nouveau》(Paris: Maspero, 1970), 《모순의 이론》, 프랑수아 발메스François Balmès와 공저한 《이데올로기에 대하여De l'idéologie》(Paris: Maspero, 1976), 프랑스 마르크스-레닌-마오주의 공산주의자 연맹 창설을 위한 모임Groupe pour la fondation de l'Union des communistes de France Marxistes Léninistes-Maoïstes, UCFML에 의해 발표된 〈조합주의에 반대하는 혁명적 노동 운동Le Mouvement ouvrier révolutionnaire contre le syndicalisme〉(Marseilles: Editions Potemkine, 1976), 루이 모소Louis Mossot와 조엘 벨라센Joël Bellassen과 함께 장시잉張世英의 텍스트를 주해한 《헤겔 변증법의 합리적 중핵Le Noyau rationnel de la dialectique hégélienne》(Paris: Maspero, 1977), 〈유출과 정당Le Flux et le parti〉(《안티오이디푸스L'Anti-Oedipe》 여백에 쓰였음), 바디우와 라자뤼스 편집, 《철학의 전선에 관한 현 상황Situation actuelle sur le front de la philosophie》, 카이에 예난Cahiers Yenan 4호(Paris: Maspero, 1977), 《붉은 스카프. 로망오페라L'Écharpe rouge. Romanopéra》(Paris: Maspero, 1979), 〈장폴 사르트르Jean-Paul Sartre〉(Paris: Potemkine, 1980), 《주체의 이론Théorie du sujet》(Paris: Seuil, 1982).

3 브루노 보스틸스는 최근에 컨티뉴엄 출판사Continuum Books에서 출간할 《주체의 이론》 번역에 착수했다. 또한 바디우의 마오주의와 마오주의 이후 시기에 관한 그의 훌륭한 논문 〈포스트마오주의: 바디우와 정치Post-Maoism: Badiou and Politics〉를 참고할 수 있겠는데, 이 글은 《포지션즈》지의 '알랭 바디우와 문화혁명'에 관한 특별호(1장 주석 38을 볼 것)에 수록되어 있으며, 프랑스 마르크스-레닌-마오주의 공산주의자 연맹 창설을 위한 모임(이 시기 바디우가 속해 있던 정치 그룹)의 전체 문헌 목록을 포함하고 있다. 또한 보스틸스의 〈알랭 바디우의 주체 이론: 변증법적 유물론의 재시작?(1부)Alain Badiou's Theory of the Subject Part I: The Recommencement of Dialectical Materialism?〉,

《플리Pli》, 12권, 2001, 200~229쪽, 그리고 〈알랭 바디우의 주체 이론: 변증법적 유물론의 재시작?(2부)Alain Badiou's Theory of the Subject Part II: The Recommencement of Dialectical Materialism?〉, 《플리》, 13권, 2002, 173~208쪽 참조. 알베르토 토스카노Alberto Toscano 또한 이 시기 바디우의 작업에 관한 논문을 썼지만, 그의 관심은 그가 '이행적 기간'이라고 부르는 1982년과 1988년 사이의 시기, 즉 《정치는 사유될 수 있는가Peut-on penser la politique?》(1985)의 시기에 중심을 두고 있다. 토스카노, 〈분열로서의 공산주의Communism as Separation〉, 피터 홀워드 편집, 《다시 생각하기: 알랭 바디우와 철학의 미래Think Again: Alain Badiou and the Future of Philosophy》(London: Continuum, 2004), 138~149쪽, 그리고 토스카노, 〈추방된 마르크스주의: 알랭 바디우의 전회Marxism Expatriated: Alain Badiou's Turn〉, 자크 비데Jacques Bidet 와 스타티스 쿠벨라키스Stathis Kouvelakis 편집, 《현대 마르크스주의 비판적 안내서Critical Companion to Contemporary Marxism》(Leiden: E. J. Brill, 2007), 529~548쪽 참조. 또한 소피 고슬린Sophie Gosselin이 《주체의 이론》에 관해 쓴 글인 〈선언된 말La Parole Manifeste〉을 볼 것. 이 글은 브루노 베사나Bruno Besana와 올리버 펠섬 편집, 《알랭 바디우의 사유에 관한 글들Écrits autour de la pensée d'Alain Badiou》(Paris: Harmattan, 2007), 171~185쪽에 수록되었다. 제이슨 바커Jason Barker, 《알랭 바디우 비판적 입문An Introduction to Alain Badiou》(London: Pluto Press, 2002)도 참조.

4 G. W. F. 헤겔, 《대논리학The Science of Logic》, A. V. 밀러A. V. Miller 옮김(New York: Humanity Books, 1969), 825쪽.

5 이 주해를 담고 있는 《모순의 이론》의 부분은 알베르토 토스카노의 번역으로 《포지션즈》지의 특별호 669~677쪽에 수록되었다(주석 3 참조).

6 《모델의 개념》 영역판에 포함된 바디우와 추치엔 토와 재커리 루크 프레이저의 인터뷰 참조.

7 바디우 후기의 집합론적 존재론의 관점에서 볼 때 여기서 그는 귀

속―단위unity의 문제―과 순서배열을 부당하게 뒤섞고 있다.

8   들뢰즈와 바디우에 관한 브루노 베사나의 비교 작업의 초점 중 하나
    는 정확히 상황들의 '생성genesis'이라는 골치 아픈 문제이다. 그의 〈사
    건의 존재L'être de l'événement〉를 볼 것. 이 글은 《알랭 바디우의 사유
    에 관한 글들》, 125~130쪽에 수록되어 있다. 이는 또한 펠릭스 엔슬린
    Felix Ensslin의 관심사이기도 하다.

9   라캉,《세미나 11》, 6쪽.

10 같은 책, 29쪽. 라캉은 1964년 1월 29일 강의 첫머리에 밀레의 질문을
    언급한다. 1964년 1월 22일 강의 시간의 질문과 대답은 망실되었다.

11 헤겔,《대논리학》, 521~523쪽.

12 2007년 7월 11일.

13 파슨스 디자인 스쿨Parsons New School of Design의 캐머런 톤킨와이즈
    Cameron Tonkinwise는 지속가능한 에너지 체계를 구축하기 위해서는
    오래된 에너지 기반시설들이 파괴되어야 한다고 주장한다. 사실상 우
    리를 미래에 단단히 붙들어 매는 기반시설들이 말이다. 톤킨와이즈,
    〈디자인은 끝났는가?: 탈물질화와 사물들의 변화Is Design Finished?
    Dematerialisation and Changing Things〉, 《디자인 필로소피 페이퍼즈
    Design Philosophy Papers》, 3권, 2004, 1~16쪽.

14 라캉,《세미나 1: 기술에 관한 프로이트의 글들Seminar I: Freud's Papers
    on Technique》, 존 포레스터John Forrester 옮김(Cambridge: Cambridge
    University Press, 1988), 199쪽.

15 오스트레일리아 토착민 정치에서 유적인 진리절차의 식별에 관해
    서는 나의 논문 〈정치에서 일어나는 단독성: 1972년 캔버라의 선주
    민 텐트 대사관Singularity happening in politics: the Aboriginal Tent Em-
    bassy, Canberra 1972〉, 《커뮤니케이션 앤드 코그니션Communication
    and Cognition》, 37권 1호, 2004, 225~245쪽을 보라.

16 이것 또한 바디우가 이후에 집합론과 유적인 집합에 의지해 하게 되는
    일이라고 반론할 수도 있지만―물론 이미 《주체의 이론》에서도 그렇

다! ─ 집합론의 드라마는 정확히 그것으로 인해 바디우가 양적인 순서에서 빠져나가지 않고서도 구조적 이질성을 사유할 수 있게 되는 것이다.

17 그러므로 기적과 절대주의에 의거한 바디우 철학 해석을 비판할 때, 브루노 보스틸스는 이 해석들이 사실상 바디우 자신의 철학에 내부적인 어떤 하나의 경향에만 집중한다고 비판하는데, 그것은 내가 '독수리'라고 지칭하는 경향이다. 바디우를 철저히 해석한다면 누구라도 변화에 대한 그의 사유에서 다른 경향들도 함께 인식할 것임이 분명하다. 보스틸스, 〈포스트마오주의: 바디우와 정치〉, 581쪽.

18 라캉, 〈세미나 23: R.S.I Seminar XXIII: R.S.I〉, 《오르니카?Ornicar?》, 3호〔여기서 R, S, I는 각각 실재real, 상징적인 것symbolique, 상상적인 것imaginaire을 지칭한다. '오르니카'는 프랑스어에서 쓰이는 접속사들을 나타내는 말이며, 라캉의 사위이자 라캉 세미나에 관한 권한을 부여받은 자크알랭 밀레가 창설한 정신분석 관련 저널의 제목이기도 하다〕.

19 탈존ex-sistence은 라캉의 신조어 중 하나로, 흔히 사라지는 원인으로서의 실재의 영향력을 나타내기 위해 사용된다. 즉 상징적 질서로부터 부재하지만 그럼에도 그 질서에 영향을 미치는 어떤 것─작은 대상 a objet petit a 같은 욕망의 대상적 원인─의 위치와 힘을 나타내기 위해서 말이다.

20 라캉, 《에크리Écrits》, 브루스 핑크Bruce Fink 옮김(New York: W. W. Norton, 2007), 161~175쪽.

21 이주 노동자들에 관한 이 입장으로부터 철학적 결론을 도출하기 시작하는 주요 텍스트는 《정치는 사유될 수 있는가》이며, 여기서 바디우는 상파피에sans papiers와 함께하는 작업의 시작을 1972년으로 잡는다(74쪽). 이 작업에 관한 기록을 보려면 니나 파워Nina Power와 알베르토 토스카노 편집 및 옮김, 《알랭 바디우의 정치적 저술들Political Writings》(New York: Columbia University Press, 2009)을 볼 것.

22 이 논증 전체는 2007년 1월 프랑스 소재 뉴욕 대학에서 개최된 '정치학 및 문화연구 세미나'에서 발표된 〈불완전의 쾌락들: 프랑스와 이전

식민지들The Pleasures of Incompletion: France and her Ex-colonies〉이라
는 글에서 전개된다.

23 프랑스 국가의 관점에서 보기에 몇 세대가 지나야 더 이상 이민자가
아닌 것일까?

24 에릭 말리에르Eric Marlière, 〈지역 주민들: 폭도의 적대자들 혹은 연
대자들Les habitants des quartiers: adversaires ou solidaires des émeutiers〉
에서 언급된 71세의 알제리 출신 은퇴 노동자. 로랑 무키엘리Laurent
Mucchielli와 베로니크 르 고아지우Véronique Le Goaziou 편집,《방리
유들이 불타오를 때: 2005년 11월의 소요 사태 되돌아보기Quand les
banlieues brûlent: retour sur les émeutes de novembre 2005》(Paris: le De-
couverte, 2006), 76쪽.

25 이 문제에 대한 내 관심은 알카에다 이데올로기의 이론화와 그 현상
을 설명함에 있어 '이슬람파시즘islamofascism' 또는 '이슬람 근본주
의islamic fundamentalism' 개념의 부적합성에 관련된 맥락에서 바디
우 저작에 등장하는 반동적 주체들의 문제에 천착한 알베르토 토스카
노의 탁월한 연구에 빚지고 있다. 토스카노, 〈부르주아와 이슬람주의
자, 혹은 정치의 다른 주체들The Bourgeois and the Islamist, or, The Other
Subjects of Politics〉, 폴 애슈턴Paul Ashton, A. J. 바틀릿A. J. Bartlett, 저
스틴 클레멘스Justin Clemens 편집,《알랭 바디우의 프락시스The Praxis
of Alain Badiou》(Melbourne: Re.press, 2006), 339~366쪽.

26 니콜라 사르코지: "프랑스는 세계의 모든 비참한 사람을 수용할 수 없
다. 우리에게는 누구를 환영할 것인지 선택할 권리가 있다." 세골렌 루
아얄과의 텔레비전 토론에서 발언. 2007년 5월 2일, TF1.

3장 집합론적 존재론과 변화의 모델 만들기

1 《정치는 사유될 수 있는가》(Paris: Seuil, 1985)는 장뤽 낭시와 필립 라쿠
라바르트가 조직한 철학과 정치에 관한 두 차례의 학회에서 바디우가
발표한 글에서 유래한 텍스트인데, 이 두 학회의 글은 각각—바디우의

텍스트를 제외하고—《정치의 재시작Rejouer le politique》 (Paris: Gal-ilée, 1981)과 《정치적인 것의 후퇴Le retrait du politique》(Paris: Galilée, 1983)로 발간되었다. 이 글 모음에서 낭시와 라쿠라바르트의 발표문만 뽑아놓은 선집이 사이먼 스파크스Simon Sparks의 편집으로 *Retreating the political*(London: Routledge, 1997)로 영역되었다. 바디우의 텍스트들은 브루노 보스틸스에 의해 *Can Politics Be Thought?*으로, 그리고《모호한 재앙에 대하여: 국가의 진실의 결말Of An Obscure Disaster: The End of the Truth of State》(Durham: Duke University Press, 근간)로 번역되었다(《정치는 사유될 수 있는가》와 《모호한 재앙에 대하여》는 한 권으로 묶여 *Can Politics Be Thought?*으로 2018년에 영역되었다).

2 다니엘 벤사이드Daniel Bensaïd, 〈알랭 바디우와 사건의 기적Alain Ba-diou and the Miracle of the Event〉, 피터 홀워드 편집,《다시 생각하기: 알랭 바디우와 철학의 미래》, 104쪽.

3 이는 오직 정치적 갈등 중에만 이데올로기가 분열하여 그 다수성을 드러냄을 말하는 《이데올로기에 대하여》에서의 입장을 확장한 것이다(DI, 37쪽).

4 낭시,《무위의 공동체La communauté désœuvrée》(Paris: C. Bourgois, 1986), 라쿠라바르트,《정치적인 것의 허구La fiction du politique》(Paris: C. Bourgois, 1988).

5 G. W. 라이프니츠, 〈아르노에게 보낸 1687년 4월 30일 편지Letter to Arnauld April 30 1687〉,《철학 문집Philosophical Writings》, J. M. 모리스 J. M. Morris 옮김(London: Dent & Sons, 1934), 72쪽.

6 마르틴 하이데거,《존재와 시간Being and Time》, 존 매쿼리John Mac-quarrie와 에드워드 로빈슨Edward Robinson 옮김(Oxford: Blackwell, 1962), 26쪽. 나중의 글 〈오늘날 존재의 문제The Question of Being To-day〉에서(《이행적 존재론 소고Court traité d'ontologie transitoire》에 수록), 바디우는 하이데거의 저작에서 자신이 주로 인용하는 문헌 중 하나가 〈형이상학으로서의 존재의 역사에 대한 소묘Sketches for a His-

tory of Being as Metaphysics〉임을 밝히며, 하이데거적 문제의식에 대한 자신의 재구성을 위해 그 글을 인용한다. 하이데거, 《철학의 종말The End of Philosophy》, 조앤 스탬보Joan Stambaugh 옮김(Chicago: University of Chicago Press, 2003), 55~74쪽을 볼 것.

7   레이 브래시어Ray Brassier는 바디우가 어떤 근거에 기초하여 그의 라 캉적 테제 "**일자적인 것**이 있다there is Oneness"를 도출하는지가 불 분명하며, 따라서 수학과 집합론의 동일시에 대한 철학적 입문에서 그 테제가 등장함에도 불구하고, 그것의 유일한 기초는 집합론 자체 와 변항들의 형태를 취하는 통합된 집합들의 조작일 수 있다고 상당 히 정확하게 지적한다. 레이 브래시어, 〈알랭 바디우의 《존재와 사건》 에서 반현상으로서의 현시Presentation as anti-phenomenon in Alain Badiou's Being and Event〉, 《컨티넨틀 필로소피 리뷰Continental Philosophy Review》, 39호, 2006, 59~77쪽.

8   아닌디아 바타차리아Anindya Bhattacharya는 토대공리와 중립적 상황, 자연적 상황, 역사적 상황에 관한 바디우의 교설을 사용하여 바디우 의 문제를 우회하는 '해결책'을 발전시킨다(아직 발표되지 않은 논문). 그리고 보 매디슨 마운트Beau Madison Mount가 수행한 집합론에서의 구성가능한 우주에 관한 연구를 볼 것. 〈칸토어의 혁명: 알랭 바디우와 집합론의 철학The Cantorian Revolution: Alain Badiou and the Philosophy of Set Theory〉, 《폴리그래프Polygraph》, 17호, 2005, 41~91쪽. 또한 재 커리 루크 프레이저의 〈주체의 법칙: 알랭 바디우, 라위천 브라우어르 그리고 강제와 헤이팅 대수 계산에 대한 크립키적 분석The Law of the Subject: Alain Badiou, Luitzen Brouwer and the Kripkean Analyses of Forcing and the Heyting Calculus〉, 애슈턴, 바틀릿, 클레멘스 편집, 《알랭 바디우의 프락시스》, 23~70쪽.

9   바디우, 《모델의 개념》(2007), 34~36쪽.

10 도널드 데이비드슨Donald Davidson, 《행동과 사건에 관한 시론들Essays on Actions and Events》(Oxford: Clarendon Press, 1980).

11 분석적 형이상학의 이름으로 수행된 긴장감 넘치는 바디우 존재론 비판을 보려면 에두아르도 아코토Eduardo Acotto의 〈사라진 세계의 존재론L'ontologie du monde perdu〉을 볼 것.《알랭 바디우의 사유에 관한 글들》, 83~100쪽.

12 만일 우리가 하나의 상태(국가) 또는 재편의 기제의 실존을 위한 필수적인 기초라는 이 개념의 계보를 바디우 저작 내부에서 구성하는 것이 가능하다면, 우리는 과학-이데올로기 관계의 환원불가능성에 대한 알튀세르의 견해로 되돌아가게 될 것이다.

13 바디우, 〈민주주의라는 개념에 대한 고도의 사변적 논고Raisonnement hautement spéculatif sur le concept de démocratie〉, 《메타정치론Abrégé de métapolitique》(Paris: Seuil, 1998), 91쪽. 나의 번역.

14 같은 책, 91쪽.

15 바디우의 메타존재론에서 자연적 다수와 역사적 다수의 구분에는 한 가지 잘 알려진 문제가 있다. 한편으로 서수집합들은 자연적 상황들의 존재를 표기한다고 말해진다. 다른 한편으로 토대공리는 모든 개별 집합이 사건의 자리를, 즉 최초의 집합과의 교차(교집합)intersection가 공백void이 되는 원소를 내포하게 됨을 명기하며, 이에 따라 모든 집합은 역사적 상황들의 존재를 표기한다. 바디우는 하이데거의 존재론적 차이를 동원하는 어색한 방식으로 이러한 난점을 우회한다. 이를 설명하자면, 존재론의 상황에서 모든 집합은 공집합void-set에 의해 토대 지어지며, 존재의 상황 혹은 비존재론적 상황에서 공백이 아닌 단독적 다수들에 의해 토대 지어질 경우에 특정한 상황들은 역사적이라는 것이다. 앞서 이야기한 것처럼, 아닌디아 바타차리아는 이 난점을 우회할 해결책을 발전시켰다.

16 프리드리히 니체, 《도덕의 계보Genealogy of Morals》, II, 12, 월터 카우프만Walter Kaufman과 R. J. 홀링데일R. J. Hollingdale 옮김(Vintage Books, 1989).

17 엄격하게 말해서 이는 아리스토텔레스적인 생산의 개념에 대한 메가

라학파 방식의 일탈이 될 것인데, 이에 따를 때 잠재성(가능태)은 오직 존재가 현실화되는(현실태가 되는) 순간에만 실존을 얻는다. 메가라 학파에 대한 아리스토텔레스의 논박에 관해서는 《형이상학》 IX, 3 참조(파르메니데스의 논리를 계승한 메가라학파의 주장은 정확히 "참으로 존재하지 않는 것은 어떤 것도 가능하지 않다"는 것이다. 즉 "현실적인 활동을 할 때만 능력이 있는 것이고 현실적인 활동을 하지 않을 때는 능력이 없는 것"이라고 말하는 셈이다. 아리스토텔레스는 이에 대해 건축가의 예를 들어 반박한다. 건축가는 집을 짓고 있지 않더라도 건축가로 존재한다고 말이다. 건축가의 건축가로서의 존재는 집을 짓는 행동이 아니라 집을 지을 수 있는 능력에 있다는 것이다).

18 브래시어, 〈풀려난 무: 감산적 존재론과 자본주의 사유하기에 대한 논평Nihil Unbound: Remarks on Subtractive Ontology and Thinking Capitalism〉, 《다시 생각하기》, 50~58쪽을 볼 것.

19 라캉, 《세미나 11》, 52~63쪽을 볼 것.

20 바버라 포미스Barbara Formis, 〈사건과 기성품: 지연된 사보타주 Event and Ready-made: Delayed Sabotage〉, 《커뮤니케이션 앤드 코그니션: 기적은 일어난다: 알랭 바디우에 관한 시론들Communication and Cognition: Miracles do Happen: Essays on Alain Badiou》, 37권 1호, 2004, 247~261쪽을 볼 것.

21 베르길리우스, 《아이네이스The Aeneid》, 로버트 페이글스Robert Fagles 옮김(New York: Viking Books, 2006), 62~64쪽. 1권, 1장, 550~596(456~493).

22 베사나, 〈사건의 존재〉, 《알랭 바디우의 사유에 관한 글들》, 125~130 쪽을 볼 것.

23 바디우, 《세계의 논리》, 381쪽.

24 피터 홀워드는 유적 다수와 바디우의 초기 글 제목에서 따온 어떤 주권 형태를 연결한다. 〈유적 주권: 알랭 바디우의 철학Generic Sovereignty: The Philosophy of Alain Badiou〉, 《안젤라키Angelaki》, 3권 3호, 1998,

87~110쪽. 결단주의decisionism 문제에 관한 바디우의 의견을 보려면 바디우,《무한한 사유Infinite Thought》, 저스틴 클레멘스와 올리버 펠섬 편집 및 옮김(London: Continuum, 2003) 말미에 수록된 인터뷰 참조 (172~173쪽).

25   바디우,《세계의 논리》, 381쪽. 암묵적으로《존재와 사건》에서도 인정되는 이 난점들은 토대공리와, 그에 따라 어떤 한 유형의 사건의 자리—공집합—가 모든 상황에 귀속되어 있어 바디우의 존재의 지역화를 되돌려버리는 귀결과 관련된다(주석 15 참조).《존재와 사건》, 188~199쪽도 볼 것.

26   알튀세르,《마르크스를 위하여》, 110쪽.

27   이 논점의 추가적인 검토는《세계의 논리》에 나오는 지점들의 이론 theory of points에 대한 분석을 요구할 것이다. 문제는 바디우 자신의 말로 해서 그것이 "곧바른 타격coup de droit" 구성하는지, 즉 그가 지금은《존재와 사건》에서 유적인 진리절차들의 주체적 측면에 대해 과도하게 강조한 면이 있다고 진단하는 어떤 것에 대한 객관화된 수정을 구성하는지 아닌지 여부다. 고등사범학교 '지식 전파Diffusion des saviors' 사이트에 게재된 2006년 11월 24일 '세계의 논리에 관하여Autour de Logiques des mondes' 강연회에서 발표된 바디우의 글을 볼 것.

28   이는 바버라 포미스의 논증으로, 그녀는 주석 20에서 언급된 논문에서 이 논증을 전개하며, 박사학위 논문〈동시대 예술에서 평범한 몸짓의 미학Esthétique des gestes ordinaires dans l'art contemporain〉에서는 다른 개념적 구조틀을 가지고 훨씬 더 자세하게 발전시킨다(논문 지도 안 뫼글랭-델크루아Anne Mœglin-Delcroix, 철학과, 소르본 파리 1대학, 2007년 12월, 미출간).

29   바디우,《윤리학Ethics》, 피터 홀워드 옮김(London: Verso, 2001), 73쪽.

30   같은 책, 86쪽.

31   같은 책, 85쪽.

32   니체,《권력에의 의지The Will to Power》, 월터 카우프만과 R. J. 홀링데

일 옮김(New York: Vintage Books, 1968), 359쪽의 §678 참조.

33   바디우, 《윤리학》, 46쪽.

34   바디우의 들뢰즈 존재론 비판을 보려면 그의 《들뢰즈: 존재의 함성
     Deleuze: The Clamor of Being》, 루이즈 버칠Louise Burchill 옮김(Minne-
     apolis: University of Minnesota Press, 1999)을 볼 것.

35   카를로스 프라데Carlos Frade는 2007년 10월에 맨체스터 소재 솔퍼
     드 대학의 사회, 문화, 정책 연구소Institute for Social, Cultural and Policy
     Research에서 개최된 '바디우의 유럽 대 니체의 유럽: 해방의 정치와
     위대한 정치Badiou's Europe vs Nietzsche's Europe: Emancipatory Politics
     and Great Politics'라는 제목의 콜로키엄을 주관한 바 있다.

36   니체의 원정치적 입장에 대한 바디우의 비판을 보려면 〈세계의 역사
     를 둘로 쪼개기Casser en deux l'histoire du monde〉, 《르 페로케Le Perro-
     quet》, 37호, 1992년 12월, 5~25쪽 참조. 이 텍스트의 대부분이 알베르
     토 토스카노에 의해 〈니체는 누구인가Who is Nietzche〉라는 제목으로
     번역되었다(《플리》, 11권, 2001, 1~11쪽).

37   피터 오스본Peter Osborne, 〈바디우의 신고전주의Badiou's Neo-classi-
     cism〉, 《래디컬 필로소피Radical Philosophy》, 142호, 2007년 3~4월,
     19~29쪽을 볼 것. 슬라보예 지젝Slavoj Žižek, 〈진리의 정치, 또는 성 바
     울의 독자로서 알랭 바디우The Politics of Truth, or, Alain Badiou as a
     Reader of St Paul〉, 《까다로운 주체The Ticklish Subject》(London: Verso,
     1999), 127~170쪽. 이후의 텍스트들에서 지젝은 바디우에 대한 입장을
     미묘하게 바꾸었다.

38   바디우, 〈사로잡힘, 풀려남, 충실성Saisissement, Desaisie, Fidelité〉, 《레
     탕 모데른: 사르트르의 증거 1권Les Temps Modernes: Temoins de Sartre
     Vol.1》, 531~533호, 1990년 10~12월, 14쪽.

39   나는 다음 글에서 그러한 결과에서 도출되는 귀결들을 검토한 바 있
     다. 〈폭발성의 계보: 연극, 철학 그리고 현시의 예술An Explosive Gene-
     alogy: Theatre, Philosophy and the Art of Presentation〉, 《알랭 바디우의 프

락시스》, 247~264쪽.

40 이러한 비난에 관해서는 오스본, 〈바디우의 신고전주의〉, 22쪽 참조.

41 바디우, 《무한한 사유》, 178쪽.

42 바디우, 〈일자, 다수, 다수성(들)One, Multiple, Multiplicities〉, 레이 브래 시어와 알베르토 토스카노 편집, 《이론적 저술들Theoretical Writings》 (London: Continuum, 2004), 78쪽.

43 바디우, 《무한한 사유》, 171쪽.

44 이는 퀑탱 메이야수Quentin Meillassoux가 탁월한 논문 〈새로움과 사 건Nouveauté et événement〉에서 펼치는 주장이다. 샤를 라몽Charles Ramond 편집, 《알랭 바디우: 다수를 사유하기Alain Badiou: penser le multiple》(Paris: Harmattan, 2002), 39~64쪽.

45 1965년에 바디우와의 인터뷰에서 원래 '철학은 진리들을 생산하지 않 는다'고 말한 것은 바디우가 아니라 조르주 캉길렘이다. 이 발언은 일 련의 인터뷰를 마무리 짓는 난상토론에서 레몽 아롱, 바디우, 캉길렘, 미셸 푸코, 장 이폴리트, 폴 리쾨르 사이에 상당한 토론을 야기했다.

46 문학에 대한 철학적 독해와 관련하여 가장 엄격한 정식 중 하나를 보 려면 라캉의 에드거 앨런 포 독해에 대한 데리다의 비판—〈진리라 는 요인Le Facteur de la vérité〉, 《포스트카드The Postcard》(Chicago: University of Chicago Press, 1987), 413~496쪽—과 말라르메 시 〈이중의 시 간The Double Session〉에 대한 데리다 자신의 독해—《산종Dissemina- tion》, 바버라 존슨Barbara Johnson 옮김(Chicago: University of Chicago Press, 1981), 172~286쪽—를 볼 것.

47 이 부분에서 바디우는 유물론의 공준에 대한 자신의 정식화를 수학에 기초해 비판하는 것을 언급하고 있는데, 이는 세계의 논리를 세계의 집합론적 존재론에 고정시키는 데 있어 필수적인 요소이다. 《세계의 논리》, 559쪽.

48 바디우, 《뒤집힌 궤적: 알마게스트Trajectoire inverse: Almagestes》(Paris: Seuil, 1964), 9쪽.

참고문헌

선별된 알랭 바디우의 저작들

세 장 각각에서 다룬 바디우 작업의 시기에 맞춰 저작들을 연대순으로
배열했다. 영어 번역이 있을 경우 각각의 원서 뒤에 표시했다. 완전한
참고문헌을 보려면 피터 홀워드가 《다시 사유하기: 알랭 바디우와 철학의
미래》, 259~266쪽에 제시한 목록이나, 폴 애슈턴, A. J. 바틀릿, 저스틴
클레멘스가 《알랭 바디우의 프락시스》, 393~409쪽에 제시한 목록을 참고할
것을 권장한다. 특히 바디우의 후기 논문들에 대한 완전한 리스트를 얻으려면
이 책들을 참고하면 좋을 것이다.

1장의 시기

Almagestes: Trajectoire Inverse, novel (Paris: Seuil, 1964).

Portulans: Trajectoire Inverse, novel (Paris: Seuil, 1967).

'Matieu' in *Derrière le miroir: 5 peintres et un sculpteur* (Paris: Maeght
    Editeur, 1965), 24~31.

'L'autonomie du processus historique', *Cahiers Marxistes-Léninistes*, Paris:
    École Normale Supérieure, Nos. 12~13, juillet-octobre 1966, 77~89.

'Le (Re)commencement de la dialectique matérialiste', *Critique*, Tome
    XXIII, No. 240, Mai 1967, 438~467.

'L'Autorisation', *Les temps modernes*, No. 258, 1967, 761~789.

'La subversion infinitesimale', *Cahiers pour l'analyse*, No. 9, Juin (Paris: le
    Graphe, 1968), 118~137.

'Marque et Manque', *Cahiers pour l'analyse*, No. 10, Jan (Paris: le Graphe,
    1969), 150~173.

Le concept de modèle (Paris: Maspero, 1970); re-edited with a new preface
    as *Le concept de modèle* (Paris: Fayard, 2007); *The Concept of Model*,
    trans. Z. L. Fraser and T. Tho (Melbourne: Re.press, forthcoming 2008).

2장의 시기

Contribution au problème de la construction d'un parti marxiste-léniniste de type nouveau, in collaboration with the Parti socialiste unifie (Paris: Maspero, 1970).

Théorie de la contradiction (Paris: Maspero, 1975).

De l'idéologie, in collaboration with F. Balmès (Paris: Maspero, 1976).

'Le Mouvement ouvrier révolutionnaire contre le syndicalisme', published by the Groupe pour la fondation de l'Union des communistes de France Marxistes Léninistes Maoïstes (Marseilles: Editions Potemkine, 1976).

Le Noyau rationnel de la dialectique hégélienne, commentary on a text by Zhang Shiying in collaboration with L. Mossot and J. Bellassen (Paris: Maspero, 1977).

'Le Flux et le parti (dans les marges de *L'Anti-Oedipe*)' in A. Badiou and S. Lazarus (eds), *La Situation actuelle sur le front de la philosophies*, Cahiers Yenan No. 4 (Paris: Maspero, 1977); 'The Flux and the Party: in the Margins of Anti-Oedipus', trans. L. Balladur and S. Krysl, *Polygraph* Nos. 15~16, 2004, 75~92.

La 'Contestation' dans le P.C.F. (Marseilles: Potemkine, 1978).

L'Écharpe rouge. Romanopéra, novel/libretto (Paris: Maspero, 1979).

Jean-Paul Sartre (Paris: Potemkine, 1980). Reprinted in Petit Panthéon Portatif (Paris: La Fabrique, 2008).

Théorie du sujet (Paris: Seuil, 1982); *Theory of the subject*, trans. B. Bosteels (London: Continuum, forthcoming).

3장의 시기

Peut-on penser la politique? (Paris: Seuil, 1985); *Can Politics be Thought?* Followed by *Of an Obscure Disaster: The End of the Truth of the State*, trans. B. Bosteels (Durham: Duke University Press, forthcoming).

L'être et L'événement (Paris: Seuil, 1988); *Being and Event*, trans. O. Feltham (London: Continuum, 2006).

Manifeste pour la philosophie (Paris: Seuil, 1989); *Manifesto for Philosophy*, trans. N. Madarasz (Albany: SUNY Press, 1999).

Le nombre et les nombres (Paris: Seuil, 1990); *Number and Numbers*, trans.
R. Mackay (London: Polity, forthcoming 2008).

Rhapsodie pour le théâtre (Paris: Le Spectateur français, 1990).

'Saisissement, Desaisie, Fidelité', *Les Temps Modernes: Temoins de Sartre*,
Vol. 1, Nos. 531~533, Oct.-Dec. 1990, 14~22.

D'un désastre obscur: sur le fin de la verité de l'état (Paris: Editions de l'aube,
1991); *Of an Obscure Disaster: The End of the Truth of the State* in *Can
Politics be Thought?*, trans. B. Bosteels (Durham: Duke University
Press, forthcoming).

'Qu'est-ce que Louis Althusser entend par "philosophie?"' in S. Lazarus
(ed.), *Politique et philosophie dans l'œuvre de Louis Althusser* (Paris:
Presses Universitaires de France, 1992), 29~45. Reprinted in Petit
Panthéon Portatif (Paris: La Fabrique, 2008).

'Casser en deux l'histoire du monde', *Le Perroquet*, No. 37, Décembre 1992,
5~25.

Conditions (Paris: Seuil, 1992); selections have been translated in
Theoretical Writings and *Infinite Thought*.

L'éthique: essai sur le conscience du mal (Paris: Hatier, 1993); *Ethics: an
Essay on the understanding of Evil*, trans. P. Hallward (London: Verso,
2001).

'Silence, Solipsisme, Sanctité: l'antiphilosophie de Wittgenstein', *BARCA!
Poésie, Politique, Psychanalyse*, No. 3, 1994, 13~54.

Ahmed le subtil, play (Aries: Actes Sud, 1994).

Ahmed se fâche followed by *Ahmed philosophe*, plays (Aries: Actes Sud,
1995).

Citrouilles, play (Aries: Actes Sud, 1995).

Beckett: l'incrévable désir (Paris: Hachette, 1995); *On Beckett*, trans. N.
Power, A. Toscano with B. Bosteels (London: Clinamen Press, 2003).

Gilles Deleuze: la clameur de l'être (Paris: Hachette, 1997); *Deleuze: the
Clamor of Being*, trans. L. Burchill (Minneapolis: University of
Minnesota Press, 2000).

Saint Paul: la fondation de l'universalisme (Paris: Presses Universitaires de
   France, 1997); *Saint Paul: The Foundation of Universalism*, trans. R.
   Brassier (Stanford: Stanford University Press, 2003).

Calme bloc ici-bas, novel (Paris: P.O.L., 1997).

Court traité d'ontologie transitoire (Paris: Seuil, 1998); *Briefings on
   Existence: a Short Treatise on Transitory Ontology*, trans. N. Madarasz
   (Albany: State University of New York Press, 2006).

Abrégé de Metapolitique (Paris: Seuil, 1998); Metapolitics, trans. J. Barker
   (London: Verso, 2004).

Petit manuel de l'inesthétique (Paris: Seuil, 1998); *Handbook of Inaesthetics*,
   trans. A. Toscano (Stanford: Stanford University Press, 2003).

Circonstances 1: Kosovo, 11 septembre, Chirac/Le Pen (Paris: Léo Scheer,
   2003); in *Polemics*, ed. and trans. S. Corcoran (London: Verso, 2006).

Infinite Thought: truth and the return to philosophy, ed. and trans. J.
   Clemens and O. Feltham (London: Continuum, 2003).

Antiphilosophie de Wittgenstein (Paris: Nous, 2004).

Theoretical Writings, ed. and trans. R. Brassier and A. Toscano (London:
   Continuum, 2004).

Le siècle (Paris: Seuil, 2004); *The Century*, trans. A. Toscano (London: Polity,
   2007).

Circonstances 2: Iraq, foulard, Allemagne/France (Paris: Léo Scheer, 2004);
   in *Polemics*, ed. and trans. S. Corcoran (London: Verso, 2006).

Circonstances 3: portées du mot 'juif' (Paris: Léo Scheer, 2005); in *Polemics*,
   ed. and trans. S. Corcoran (London: Verso, 2006).

'The Cultural Revolution: The Last Revolution?', trans. B. Bosteels in
   *Positions East Asia Culture Critique: Special Issue Alain Badiou and
   Cultural Revolution*, Vol. 13, No. 3, Winter 2005.

Logiques des mondes (Paris: Seuil, 2006); *Logics of Worlds*, trans. A. Toscano
   (London: Continuum, forthcoming).

Circonstances 4: de quoi Sarkozy est-il le nom? (Paris: Nouvelles Éditions
   Lignes, 2007). Petit Panthéon Portatif (Paris: La Fabrique, 2008).

Political Writings, ed. and trans. N. Power and A. Toscano (New York:

Columbia University Press, forthcoming 2009).

바디우에 관한 개론서, 단행본 및 글 모음집

Barker, J., *An Introduction to Alain Badiou* (London: Pluto Press, 2002).

Besana, B. and Feltham, O. (eds), *Écrits autour de la pensée d'Alain Badiou* (Paris: Harmattan, 2007).

Calcagno, A., *Badiou and Derrida* (London: Continuum, 2007).

Hallward, P., *Badiou: Subject to Truth* (Minneapolis: University of Minnesota Press, 2003).

Hallward, P. (ed.), *Think Again: Alain Badiou and the Future of Philosophy* (London: Continuum, 2004).

Hewlett, N., *Badiou, Balibar, Ranciere* (London: Continuum, 2007).

Ramond, C. (ed.), *Alain Badiou: penser le multiple* (Paris: Harmattan, 2002).

Riera, G., *Alain Badiou: Philosophy and its Conditions* (Albany: SUNY Press, 2005).

Tarby, F., *Philosophie d'Alain Badiou* (Paris: Harmattan, 2005).

바디우에 관한 학술지

Ashton, P., Bartlett, A. J. and Clemens, J. (eds), *The Praxis of Alain Badiou* (Melbourne: Re.press, 2006), reprint of *The Praxis of Alain Badiou* double issue of *Cosmos and History: The Journal of Natural and Social Philosophy*, Vol. 2, Nos. 1 and 2, 2006. Available online.

Barlow, T. (ed.), *Positions East Asia Culture Critique: Special Issue Alain Badiou and Cultural Revolution*, Vol. 13, No. 3, Winter 2005.

Beaulieu, A. and Calcagno, A. (eds), *Symposium: Special Issue Alain Badiou, Being, Events and Philosophy*, Vol. 12, No. 2, 2008.

Hoens, D. (ed.), *The True is Always New: Essays on Alain Badiou*, special issue of *Communication and Cognition*, Vol. 37, Nos. 1/2, 2003.

Hoens, D. (ed.), *Miracles do Happen: Essays on Alain Badiou*, special issue of *Communication and Cognition*, Vol. 37, Nos. 3/4, 2004.

Wilkens, M. (ed.), *The Philosophy of Alain Badiou*, special issue of *Polygraph*, 17, 2005.

Cahiers du Collège International de Philosophie, No. 8., 1989.

또한 다음에 열거한 학술지들에서 바디우가 쓰거나 혹은 바디우에 관해 쓰인 논문들을 찾아볼 것. *Angelaki, Collapse, Cosmos and History, Lacanian Ink, La Distance Politique, Multitudes, Paragraph, Pli, Radical Philosophy, Rue Descartes, S, Les Temps Modernes, Theory and Event.*

2차 자료

Althusser, L., *Pour Marx*, re-edition of 1996 (Paris: La Découverte, 2005).

———— *Lire le Capital*, new rev. edn (Paris: Presses Universitaires de France, 1996).

———— *Philosophie et philosophie spontanée des savants* (Paris: Editions de Maspero, 1974).

———— *Philosophy of the Encounter: Later Writings, 1978~87*, trans. G. M. Goshgarian (London: Verso, 2006).

———— *Écrits philosophiques et politiques, Tome II* (Paris: Stock/IMEC, 1995).

Bachelard, G., *Le nouvel esprit scientifique* (Paris: Presses Universitaires de France, 1934).

———— *La formation de l'esprit scientifique* (Paris: Vrin, 1938).

———— *L'activité rationaliste de la physique contemporaine* (Paris: Presses Universitaires de France, 1951).

Balibar, E., *Ecrits pour Althusser* (Paris: La Découverte, 1991).

Bosteels, B., 'Alain Badiou's Theory of the Subject Part I: The Recommencement of Dialectical Materialism?', *Pli*, Vol. 12, 2001, 200~229.

———— 'Alain Badiou's Theory of the Subject: The Recommencement of Dialectical Materialism? (Part II)', *Pli*, Vol. 13, 2002, 173~208.

Brassier, R., 'Presentation as Anti-phenomenon in Alain Badiou's *Being and Event*', *Continental Philosophy Review*, Vol. 39, 2006, 59~77.

Brassier, R. and Toscano, A., 'Postface: Aleatory Rationalism', in *Theoretical Writings*, 2nd edn (London: Continuum, 2004).

Davidson, D., *Essays on Actions and Events* (Oxford: Clarendon Press, 1980).

Formis, B., 'Esthétique des gestes ordinaires dans l'art contemporain', supervisor Prof. Anne Mœglin-Decroix, Department of Philosophy, Sorbonne University Paris I, October 2007, unpublished.

Frege, G., *The Foundations of Arithmetic*, 2nd rev. edn, trans. J. L. Austin (Evanston, IL: Northwestern University Press, 1980).

Fry, T., *Remakings: Ecology, Design, Philosophy* (Sydney: Envirobook, 1994).

Hallward, P., 'Generic Sovereignty: The Philosophy of Alain Badiou', *Angelaki*, Vol. 3, No. 3, 1998, 87~110.

Hegel, G. W. F., *The Science of Logic*, trans. A. V. Miller (New York: Humanity Books, 1969).

Heidegger, M., *Being and Time*, trans. J. Macquarrie and E. Robinson (Oxford: Blackwell, 1962).

────── *The End of Philosophy*, trans. J. Stambaugh (Chicago: University of Chicago Press, 2003).

Kacem, M. B., *Événement et répétition* (Paris: Tristram, 2004).

────── *Manifeste antiscolastique: l'esprit du nihilisme 2* (Paris: Nous, 2007).

Lacan, J., *Seminar 11: The Four Fundamental Concepts of Psychoanalysis*, trans. A. Sheridan (London: Penguin, 1994).

────── *Seminar I: Freud's Papers on Technique*, trans. John Forrester (Cambridge: Cambridge University Press, 1988).

────── *Écrits*, trans. B. Fink (New York: W. W. Norton, 2007).

Leibniz, G. W., *Philosophical Writings*, trans. J. M. Morris (London: Dent & Sons, 1934).

Lenin, V. I., 'Our revolution', in *Lenin's Collected Works* Volume 33, 2nd English Edition (Moscow: Progress Publishers, 1965).

Miller, J. A., *Un début dans la vie* (Paris: Le cabinet des lettres, 2002).

319

Nietzsche, F., *The Will to Power*, trans. W. Kaufman and R. J. Hollingdale (New York: Vintage Books, 1968).

———— *Genealogy of Morals*, trans. W. Kaufman and R. J. Hollingdale (New York: Vintage Books, 1989).

Schurmann, R., *Heidegger on Being and Acting* (Indiana: Indiana University Press, 1990).

Toscano, A., 'Marxism Expatriated: Alain Badiou's Turn' in J. Bidet and S. Kouvelakis (eds), *Critical Companion to Contemporary Marxism* (Leiden: E. J. Brill, 2007), 529~548.

Virgil, *The Aeneid*, trans. R. Fagles (New York: Viking Books, 2006).

Žižek, S., *The Ticklish Subject* (London: Verso, 1999).